# 学生管理艺术与教育研究

曾 驰◎著

图书在版编目（CIP）数据

学生管理艺术与教育研究 / 曾驰著. -- 长春：时代文艺出版社，2024.1
ISBN 978-7-5387-7473-3

Ⅰ.①学… Ⅱ.①曾… Ⅲ.①学校管理－研究 Ⅳ.①G47

中国国家版本馆CIP数据核字(2024)第070559号

## 学生管理艺术与教育研究
XUESHENG GUANLI YISHU YU JIAOYU YANJIU
曾驰 著

| 出 品 人：吴　刚 |
| 责任编辑：陆　风 |
| 装帧设计：文　树 |
| 排版制作：隋淑凤 |

出版发行：时代文艺出版社
地　　址：长春市福祉大路5788号　龙腾国际大厦A座15层　（130118）
电　　话：0431-81629751（总编办）　0431-81629758（发行部）
官方微博：weibo.com/tlapress
开　　本：710mm×1000mm　1/16
字　　数：250千字
印　　张：16.25
印　　刷：廊坊市广阳区九洲印刷厂
版　　次：2024年1月第1版
印　　次：2024年1月第1次印刷
定　　价：76.00元

图书如有印装错误　请寄回印厂调换

# 前　言

我国的高等教育机构是人才培养的核心场所，其中大学生管理工作占据了重要地位。高校学生管理工作的目标主要是为了培养出具备创新精神和实践技能的优秀人才，并且包含了学员日常行为管理以及思想政治教育工作。如何有效地开展这一工作，将完成人才培养使命与建立和谐社会目标相统一，是高校工作者要深入研究的问题。随着社会主义市场经济体制的逐步完善，高等教育事业的快速发展以及信息时代对大学生思想观念的影响，大学生的思想观念日益复杂，高校学生工作管理面临着严峻的挑战。

学生管理是教师工作的重中之重。学生管理工作不仅会直接培养学生对待学习的态度，还可能对校园风气、班级氛围和学习环境的建立及其好坏产生影响，从而培养学生的人生观、世界观以及人生取向。因此，研究学生管理技巧在社会进步和时代发展中具有重大意义。在新的教育理念的引导下，教师应当以实现科学合理的有效学生管理为目标，积极探索，勇于创新，基于学生思想、内心情感和行为准则的变化来灵活地开展学生管理工作，促进教育的有效改革。

本书从学生管理理论透视入手，介绍了学生事务管理与运行保障，并详细地分析了学生时间管理艺术、学生学业管理艺术、学生班级活动管理艺术、班干部建设管理艺术及学生心理健康管理艺术，接着重点探讨了大学生的教育管理策略。本书理论和实践相结合，力图从大学生管理工作的实践出发，把高校大学生管理的丰富实践经验上升为理论成果，再运用到大学生管理工作实践中，不断丰富和发展大学生管理的理论成果和实践经验。

在编写此书的过程中，笔者受到了许多专家的援助和引导，对此感到深深的感激。由于笔者个人能力有限，再加上时限仓促，书里涉及的内容难免会出现欠缺地方，希望各位读者给出宝贵的建议，以便笔者能够进一步修改，使其更为完善。

# 目　录

## 第一章　学生管理理论透视
第一节　学生管理的内涵、对象与任务 …………………………… 001
第二节　学生管理的基本理念与原则 ……………………………… 015
第三节　学生管理的方法与过程分析 ……………………………… 026

## 第二章　学生事务管理与运行保障
第一节　学生事务管理概述 ………………………………………… 052
第二节　学生事务管理运行保障 …………………………………… 064

## 第三章　学生时间管理艺术
第一节　认识时间管理 ……………………………………………… 076
第二节　学生时间管理的现状 ……………………………………… 079
第三节　学生时间管理策略 ………………………………………… 088

## 第四章　学生学业管理艺术
第一节　加强专业知识技能学习 …………………………………… 100
第二节　改善学业管理 ……………………………………………… 106

## 第五章　学生班级活动管理艺术

### 第一节　研究性学习活动 ··································· 118
### 第二节　社会实践活动 ····································· 123
### 第三节　信息技术活动 ····································· 128
### 第四节　文化教育活动 ····································· 133

## 第六章　班干部建设管理艺术

### 第一节　基于自主管理的班干部选拔使用 ················· 138
### 第二节　提升班干部的沟通能力策略 ······················ 142
### 第三节　班干部轮换制策略 ································ 148

## 第七章　学生心理健康管理艺术

### 第一节　高校学生心理健康现状 ··························· 156
### 第二节　高校学生情绪管理 ································ 164
### 第三节　高校学生抗压管理 ································ 178
### 第四节　问题学生教育管理策略 ··························· 190

## 第八章　大学生的教育管理策略

### 第一节　大学生教育管理理念更新 ························· 198
### 第二节　大学生教育管理方法创新 ························· 208
### 第三节　大学生教育管理途径拓展 ························· 217
### 第四节　高等院校教育管理主体素质提升 ················· 230
### 第五节　激发学生个人的主观积极性 ······················ 234

## 参考文献 ························································ 251

# 第一章　学生管理理论透视

## 第一节　学生管理的内涵、对象与任务

### 一、学生管理的内涵

**（一）学生管理的界定**

管理，从字面解读来看，就是指控制和处理的含义。由于管理涉及的领域非常广泛，所以人们通常根据特定需求、从不同视角去理解和讨论管理，因此，对管理也产生了多种不同的诠释。

综合各种观点，管理是一个社会活动过程，它在特定组织中通过决策、规划、组织和控制，有效地运用人力、物力、财力、时间，以及信息等资源，以实现预设目标。

高等学校的管理中，学生管理扮演着关键角色，同时也是人才培养任务的核心环节。因此，学生管理不仅具备了一般性质的管理特点，还有其独特的属性。这主要体现在：

首先，高等学校的特殊环境决定了学生管理的实施。事实上，所有管理行为都必须在一个特定社会团体内执行，这表明管理本质上是由调节个人与他人之间的互动需求所驱动的。作为一种旨在系统地培育专业技能的

人才机构，高等学校的主要职责就是对学生进行教育及培训，因此，学生管理工作也成为高等学校为了完成这项核心使命而采取的一种特别的管理手段。

首先，教育的主要任务是达成高校对人才培育的要求并推动学生的全方位成长。任何形式的管理都具有明确的目标，即要达到某个特定组织设定的预期结果。世界上的所有管理都是有目标导向的，而没有目标的管理是不存在的，同样，无法达成的目标也与管理无关。因此，对于大学生来说，他们所接受的教育是一个关键的部分，旨在完成大学在人才培训方面设定的前景，以支持他们的全能进步，让他们能够具备道德智慧身体素质均衡发展的能力，并且拥有创造力和执行力来为中国社会主义的发展做出贡献。

其次，教育管理的目标是充分运用校园的所有设施来协助学子的发展与进步。其主要职责在于确保学子能够成功毕业并保持身心健康的进展过程中的所有方面都得到适当的支持及指引，这涵盖了对于个体的行为规范及其团队的影响力的调控；针对贫困家庭的援助措施以满足他们的需求；还有就是为了让应届毕业生找到合适的工作而实施的服务等内容。因此需要借助合理的决定制定策略规划组织的执行管控等方式去合理使用学校所有的资产如人手、物资、资金、时间、资讯等方面才能达到这个目标。

总的来说，学生管理就是高等教育机构为了达成人才培养目标并推动学生全面发展而进行的社会活动过程。这个过程中，他们通过决策、计划、组织和控制各种资源，以便有效地帮助学生成长和发展。

（二）学生管理的特点

作为高等教育机构为了达成人才培养的目标，学生管理所具备的独特性质。

1. 教育功能突出

高等教育中，学生管理扮演着关键的角色，因为它不仅包含了管理的特性，也具备了教育的特质，展现出显著的教育作用。

首先，学生管理的目标服从和服务于学生教育的目标。学生是为了接受大学教育而跨进大学之门的，学生管理则是高等学校为实现学生教育目标，促进学生圆满完成大学学业而实施的特殊管理活动，因此，学生管理的目标必然服从和服务于学生教育的目标。

其次强调的是，教学策略在学生的管理方式框架内有着显著的影响力。它被认为是最常用的且广为应用的基本工具之一，涵盖了所有的管理行为，无论大小规模。原因在于所有形式的管理都需要人类参与，而且人们的行为往往受到思维观念的驱动。所以，每个管理过程必须遵循先导理念原则，重视对人的思考工作的处理，并借助这种影响力来指导或约束个人的行动。而在学生管理这个环节里，它是学生教育与培育整体流程的一个关键要素，自然需要更加强调利用教导的方法，以便提升其有效性。

最后，学生管理的全过程也包括了教育的环节。大学作为培育特殊技能人才的地方，所有的工作都需要能有效地教导并塑造他们。在学生管理的过程中，我们需要坚持人道主义原则，实行法治，保持公平与和谐；我们要根据学校的实际情况和学生的需求来制定策略，遵守教学及管理的原则，采取务实的态度。此外，我们也应该利用民主的管理方式，按照法律的规定行事，运用科学的方式去处理问题，这些都能在无形中给学生带来深远的影响。所有的规则和规定，都是根据学生发展的原则和需求来设立的学生管理的基石，它们都能够从心理上引导学生，激发他们的动力，并且约束他们的行为。同样地，教师或其他负责人的情绪、观点及行动也可能成为学生的榜样和模范。因此，我们可以看出，学生管理不仅是一个控制他们活动的方式，更是一种教导他们的手段，它对于塑造学生的道德品质有着深远的影响。

2. 价值导向鲜明

学生的教育始终是为了特定社会培育所需的人才而服务，其目标、管理模式及方法都受限于该社会的基础经济、政治结构和思想观念。所以，学生管理必定带有明显的价值观指引，这通常反映出某一社会的主要价值观系统，并且对学生价值观的塑造、转变或进步产生直接的影响。作为一个人民民主主权下的社会主义国度，我们的高等学府致力于为社会主义的发展贡献力量，这也明确规定了我们中国学生管理必须坚持社会主义的价值观方向。更具体的来说，这种价值观指导可以从以下几个角度来看：

（1）基本特性在于人类实践活动中存在明确的目标。这些目标通常由特定的需求及对于实践对象属性和变动情况的理解来决定，并反映出某种价值理念。同样的原则也适用于教育管理工作。实际上，教育的管理目标和它们的整体系统，都是在特定价值观念的基础上确立和规划的，它们始终贯彻并且体现了某些价值观点和价值追求。因此，教育的价值方向不仅仅影响了教师的管理方式和学生的日常行动，还对其价值观的发展产生了关键的影响和推动力。

同样，学生的管理也是教育过程中不可或缺的一环。对于培养何种人才以及如何培养这些人才，始终是教育过程中最关键的问题，当然也是学生管理的首要任务。很明显，解决这个问题必须清晰地展现出某种价值观和追求。当前阶段，我们需要展现社会主义核心价值观，并且体现出实现中国特色社会主义共同理想对人才培养的期望。因此，我国学生管理的目标也必须反映出社会主义价值导向。

（2）学生的管理思维模式对他们的教育方式有深远的影响。这种思维模式作为一种基本原则，决定了如何实施有效的管理策略。同时，它也是社会价值观的一种反映，通常代表了进步的社会意识形态在学校管理实践中的应用情况。比如，"以人为本"的管理思路就是核心价值观之一，并在学校管理过程中得到了充分的体现与执行。如果能在学校的管理工作中完全落实这一理念，即始终关注个体需求、尊重新生的人格、依赖他们实现自我提升、为他们的发展提供支持，这无疑会引导学生更好地理解人类的价值所在，从而树立正确的"以人为本"的核心价值观。

（3）管理制度。科学而又严密的规章制度，是学生管理的基本手段，是学生管理规范化、制度化和法治化的基本保证和主要标志。而管理规章制度总是人们在一定的价值观念指导和影响下制定出来的，总是体现着一定的价值导向，具体表现为要求学生做什么，不做什么；鼓励和提倡做什么，反对和禁止做什么；奖励什么样的行为和表现，惩罚什么样的行为和表现；等等。学生管理制度中的这些规定无不体现着鲜明的价值导向。

3. 复杂的系统工程

学生管理就像其他的管理活动一样，也是一个系统性的工程，它包含了整体、层次、动态和开放等元素。同时，学生管理还具有独特的复杂性，因此它是一项极其复杂的系统工程。

（1）学生管理的任务是复杂的。既要紧紧围绕学生的中心任务，加强对学生学习行为和实践活动的管理和引导，又要切实为学生的健康成长着想，加强对学生日常行为包括交往行为、消费行为、网络行为的管理和引导，及时发现、校正和妥善处理学生的异常行为；既要加强对学生现实群体包括学生班级、学生党团组织、学生社团和学生生活园区的管理和引导，又要适应网络时代的新情况，加强对学生以网络为平台形成的虚拟群体的管理和引导；既要对学生在校园内的安全加强管理和引导，又要为学生在校外的安全提供必要的指导和督促；既要做好面向全体学生的奖学金评定工作，以充分调动学生的学习积极性，又要做好面向家庭经济困难学生的资助工作，以帮助他们顺利完成学业；既要引导新生科学制订职业生涯规划，明确努力的具体目标，又要为毕业生提供就业、创业指导和服务，使学生能够在合适的岗位上施展自己的身手、实现自身的价值。总之，学生管理渗透于学生专业学习和日常生活的各个方面，贯穿于学生培养工作的所有环节和全部过程，其任务是复杂而又艰巨的。

（2）教育过程中，我们面对的是拥有独特特征与个体特质的学生们。作为教育的主体，这些孩子们各自具备独特的思维方式、情感反应及生活习性等。即便是在同一年龄层或学科背景下，因为他们在不同环境中所接受的教育影响，他们的思考模式也会有所区别。此外，随着自我主权意识的发展，许多孩子开始重视个人特色并寻求个性化的进步与提升。对于每个学生来说，在生命历程中的各个阶段都有着不一样的特性。所以，针对这种多样化的情况，实施有效的教育管理需要灵活应对，以适应孩子的个性需求为基础，采取适当的方法引导他们走向正确的方向。这使得学生管理工作变得更为繁复且富有挑战性。

（3）对于学子的生长发育来说存在着诸多变数的影响要素，管理的目的在于推动他们的全面进步并促使其茁壮成才。这些影响力并非仅来自于学校的教导方式，还包括外部的各种条件所带来的变化。外界条件的形成过程相当繁复且多元化：从社会到自然界，再到物体及心灵层面都有涉及的元素——如财富分配问题也涵盖了经济学和社会学的范畴内的问题，文化背景也是不可忽视的一环（比如全球化的趋势使得人们更容易接触不同国家的文化和价值观），等等，都可能成为学子们发展的决定性的力量来源之一。此外，由于科技的发展让世界的连接变得更加紧凑便捷，因此我们需要考虑的是更广阔范围内的潜在的外部干扰源的存在的可能性也会增加许多倍！

此外，外界的环境对学子的影响也相当繁复。首先，它的影响力既包含了正面的部分，又包括负面的成分，两者常常相互纠缠并共同发挥效力。其次，同样一种环境要素可能因个体差异而在某些人身上造成截然相反的效果。比如，优越的家境条件对多数学子来说是有利于他们成功毕业的关键助力，然而却有可能变成一些孩子挥霍无度、过分消费或懒散懈怠、耽误学业的主要诱因。再者，它们的影响方式呈现出多种形式：有些是直观可见的，有些则是隐藏起来的；有些会以潜移默化的方法起作用，还有些是以明确的行为规范来施加影响。这些情况千差万别，难以尽述。所以，在教育管理的环节中，教师需要不但能够恰当地引导学生学习与生活，还需要能准确理解和有效控制各类环境元素如何影响到学生，尽量充分发挥它们对学生的正面效果，避免、抵抗或者转变那些负面效应。这无疑是一个极为艰巨的任务。

4. 显著的专业特色

传统的教学管理工作主要依赖于实践经验，然而，鉴于学生的特殊需求、内部的独特规则及独特的处理方式，我们需要建立起专门针对学生管理的角度、采用专业的策略并构建出一套专业的研究模型。因此，教育工作的管理具有高度的专业性质。

（1）学生管理有其特殊的管理对象。学生管理的对象是学生，而学生则有着区别于一般管理对象的显著特点。

首先，我们需要认识到学生是一个具备高度自发性和主观能动性的群体。他们的自主意识非常强，有明显的独立倾向，且智商发育良好，热衷于独立思维并追求自由自律的生活方式。当他们在被管理的过程中，不仅作为被动接收的管理目标存在，也同时成为积极行动的主导力量。面对管理的需求与规则，对管理者的指引和监督，他们总是会通过自身的判断去评估、挑选和回应。更为重要的是，他们也会主动投入到管理活动当中，自愿服从管理并且实施自我管理。因此，在学生管理方面，我们必须要注重调动和引领学生的主动主导能力，让他们可以自然而然地适应学生管理的目的和标准，自动接纳管理，积极执行自我管理。

其次，学生是正处于成长和发展关键时期的人。他们的心理日趋成熟但尚未完全成熟，智力迅速发展，情感日益丰富，自我意识显著增强，但又存在着诸如理智与情绪的矛盾、自我期望与自身能力的矛盾等心理矛盾。他们正处于思考、探索和选择之中，世界观、人生观和价值观正在形成，思想活动具有显著的独立性、敏感性、多变性、差异性和矛盾性。他们即将走上社会，正在做进入职场、全面参与社会劳动实践的最后准备。

显然，青少年和成年人都具有各自的特性，而这些特质与少年的特征有所差异。此外，因为他们仍在走向成熟的过程中，所以他们在各方面的潜力和发展空间都非常大，这意味着我们需要根据他们的个性来强化并且科学地执行教育引导和支持服务，以便推动他们的全面发育，实现最优的健康成长状态。

三点来说明学生的角色：他们以获取知识为主导并受教于老师引导下的独立学习者。他们的首要责任就是学问上的追求；这种学习过程是在老师的指引下，遵循既定的规则与规范，有着明确的目的、规划及组织的。此外，根据学校的规定，学生能够自由选择所学的科目，并且能有效利用大量的时间来安排自己的额外学习活动。因此，学生们除了需熟练运用恰当的学习技巧之外，还需要具备强烈的学习主动性和高效的管理能力。这意味着我们必须把对学生的管理重点放在其学习的目标上，强化对其学习行动的监督与调控。

（2）学生的管理工作具有独特的内部规则，这是由他们自身独特的问题所驱动的。这种问题是由于社会的对于特定技能的需求引发了他们在行动上的期望与其现实表现之间存在的冲突。这个挑战出现在所有关于他们的活动中并持续整个过程中，影响到整体的管理策略制定。它是基本的学生工作问题的核心部分，也使得它们不同于其他的社交经验或经历。这就是为什么我们把这些事情称为"特别的"原因所在：为了处理这个问题特意设计的、针对性的社团体验方式被称为"特别的社会实验方法"，即所谓的"student management"。所以虽然所有的管理都必须遵守一般的原则（如计划）但是在这个领域中也有一些不同的规定来适应它的特点；同样地，尽管教育的普遍原则适用于任何形式的教育内容上，但在某些情况下还是有一些额外的规范以满足该领域的具体需求——这些都是需要我们去深入理解并且进一步探讨的部分。总之，我们的目标是要找到那些能解释为何有些地方会比别的更有效率的原因及如何才能达到最佳效果的方法论原理。

（3）学生管理存在一套独特的策略框架。因为它有着特定的学生群体作为管理目标并遵循独特的行为模式，所以学生管理也拥有自己的策略架构。鉴于学生工作涵盖众多领域且极具复杂性，因此我们必须理解如管理学、教育学、心理学和社会学的多门学科的基本原理与技巧。然而，这种策略组合并非仅仅是各学科知识的堆砌或机械式叠加，而是要在深入了解各个学科的基础之上，根据学生的特性，利用学生管理的特别规则及实际情况，将其有效融合在一起使用，最终构建出属于自身的策略框架。

（三）学生管理的目标

教育者设定的教学目的是在特定的时间段里完成的教育活动的期望成

果。这既是教育的中心点也是其终极目标，它决定了教育的路线与使命，同时也影响到教导的方式和策略。有效且合理设定学习目标并在恰当的时候掌握它们，这是开展教育教学的基础，同时也是提升教育效果的核心要素。

1. 确定学生管理目标的依据

学生管理目标是为了实现学生的预期效果而设定的，虽然其形式具有主观性，但它并不是随意制定的。这个目标是根据高等教育机构对人才培养的需求和学生自身发展的实际情况来确立的。

高校的学生教育任务，构成了设定学生管理目标的基础。学生的教育活动是一项庞大的、多层次的工作体系，而学生管理工作则是这个系统的核心环节之一，它的主要职责就是向学生提供各类指引与服务，以此确保学校的教育目标得以达成。所以，制定学生管理的目标必须基于对大学教育的目标理解。事实上，学生管理的最终目的是反映并细化了大学的教育目标。

社会的进步需求构成了设定学生的教育目的的基础要素。这主要是由于高校的教育成果最终由其满足的社会进化所需的能力来定义。此外，学生的成长模式与整体情况本质上受到社会进展的影响及对其技能的需求程度影响着他们的发展方向。因此，教育的核心任务就是指导并协助学员有效地运用所有可用的资源去提升自我、达到符合时代要求的标准水平。为了建立中国特色社会主义现代化的国度并且使中华文明繁荣昌盛起来，我们必须培育具备道德智慧身体审美全方位能力的专业人士。中国共产主义运动的历史使命推动了这一设定的必要性和重要性的确立：除了要考虑整个国家的利益外还要考虑到个人自身的追求需要。

首先，学生是正处于发展之中的、具有鲜明个性的人。他们都有自己的思想感情、兴趣爱好和理想追求，都有丰富和发展自己的迫切需要。社会主义和共产主义的本质也就是要使人的个性得到充分、自由的发展。因此，学生管理的目标也就必然要体现学生自身发展的需要。

其次，学生既是管理的对象，又是能动的主体。学生管理目标能否实现，关键就看它能否激发学生自我管理的主动性和积极性。为此，学生管理目标，就必须体现学生受教育者自身发展的需要。只有这样，外在的管理目标才能转化为学生自身的内在追求，从而激励学生自觉地开展自我管理，不断地奋发努力。

2.学生管理的目标体系

学生的管理任务可以按照他们的位置与影响程度被划分为总体目标和子目标。整体而言，学生管理的总体目标是指所有学生管理工作应达成的期望成果。而每个领域的、各层级的以及不同阶段的管理工作都有各自特定的子目标，这些子目标都是为了达成预期的成果。总体目标为子目标提供了基本框架，反之亦然；总体目标指导并监控了子目标的实施过程，同时总体目标的完成也依赖于每一个子目标的成功。因此，学生管理的总体目标和子目标之间存在紧密的关联和互动，共同构建了一个完整的学校管理目标系统。

确保高校的教育教学环境及日常生活的稳定和谐，这是学生管理的主要任务。所有的管理行动的第一步或者首要目标便是创建并维持机构的常规状态。实际上，所有管理工作的起源在于对人类行为的标准化和调整，以便让组织的各种工作能依照既定的规则和准则顺利展开。这就如同一支交响乐团需要一位领导者，这位领导者的主要职责之一便是在保证整个团队都能遵循音乐曲目中的指示和需求来有序表演。同样的道理也适用于学生管理工作，其核心目的是指导、标准化和控制学生的行径，从而保障高校教育和学习的生活质量，使得各类教育项目和学生的生活节奏得以平稳运行。

确保学生的身心健康是管理学生的基础需求。身心健康涵盖了生理和心理的健康，是这两者的有机结合。

生理健康是心理健康的物质基础，心理健康是生理健康的精神支柱。身心健康是人的全面发展的基础和内在要求。一个人，没有强健的体魄、振奋的精神和坚强的意志，就谈不上全面发展，也不可能成为适应社会需要的全面发展的高素质人才保障学生的身心健康是培养社会合格人才的内在要求，是学生自身成长成才的迫切需要。当代中国学生大多为独生子女，他们是一个承载社会、家庭高期望值的特殊群体。他们自我定位比较高，成才欲望非常强，但社会阅历比较浅，心理发展尚未成熟，极易出现情绪波动。

伴随着社会进步与经济发展尤其是针对学子直接权益的相关政策实施后，学子的生存背景如社区氛围、家境状况及校园情况变得愈发多样化且错综复杂；他们所面对的教育挑战、职业选择和生活负担也逐渐加重，这无疑会对其心智甚至身体的健康造成影响。所以，强化对同学的管理工作以协助他们在学习生涯中找到方向并解决生活中的问题是至关重要的事情，同时也要确保同学们身体健康无恙。

促进学生德、智、体、美全面发展，是学生管理的根本目标。培养全面发展的人，历来是具有远见卓识的教育家们追求的理想目标。马克思、恩格斯科学地揭示了人的全面发展的内涵和历史必然性，创立了关于人的全面发展的理论。"要全面贯彻党的教育方针，落实立德树人根本任务，发展素质教育，推进教育公平，培养德智体美全面发展的社会主义建设者和接班人。"培养德智体美全面发展的社会主义建设者和接班人，是高等学校人才培养的目标。学生管理作为高等学校人才培养体系的重要组成部分，当然要为实现这一目标服务，以促进学生德智体美全面发展为自身的根本目标。

管理学生的目标类型繁多且复杂，主要包括以下几种：

（1）按学生管理的工作内容而确定的分项管理目标。学生管理是一个复杂的系统工程，具有多方面的工作内容，包括学生行为管理、学生群体管理、学生安全管理、学生资助管理和学生就业管理等。这就需要把学生管理的总目标分解到各个具体工作领域之中，以形成各项管理工作的具体目标，从而通过各项具体目标的达成，以实现学生管理的总目标。具体说来，学生行为管理的目标是，引导学生自觉践行学生行为规范，养成良好的行为习惯；学生群体管理的目标是，引导学生群体形成体现大学精神、积极向上的群体文化，开展丰富多彩、健康有益的群体活动，充分发挥对学生成长成才的积极作用；学生安全管理的目标是维护学校稳定，保障学生安全，建设平安校园；学生资助管理的目标是为贫困学生提供基本的经济保障，促进他们健康成长和顺利成才；学生就业管理的目标是引导毕业生树立正确的就业观念、增强职场竞争能力，帮助他们顺利找到合适的职业岗位。

（2）按学生培养过程的不同阶段而确定的阶段性管理目标。学生的培养过程具有明显的阶段性，各个阶段具有各自的工作重点，而不同学习阶段的学生也各有其自身的特点。这就需要依据学生管理的总目标和学生培养过程的内在规律性，科学地确定各个阶段学生管理的具体目标，并使之环环相扣、紧密衔接、循序渐进。就本科生管理而言，在一年级应注重引导学生实现角色转换，尽快适应大学的学习和生活。在二年级，应注重引导学生依据社会需要确定自己的奋斗目标，对未来的职业生涯做出初步规划，全面提高自己的知识素养和能力，有目的地发展自己的兴趣和特长；在三年级，应注重引导学生认识自身素质与社会需求的差距，抓紧时机，完善自己，提升自我；在四年级，应注重引导学生客观全面地分析自身情况，为就业或升学做好充分准备。

（3）根据学生的行政机构分配任务来确立具体的执行计划是必要的步骤之一。要达成这个目的需要所有的教育工作者们齐心协力地去完成它。每个负责的学生服务单位及其成员都应明确自己的责任范围与角色定位。为确保各部门能有效发挥职能并且协同合作从而产生更大的影响力，我们必须对总体的目标逐层细化并在不同的组织和个人之间设定相应的子目标。例如：学工部的使命；校团组织的义务；教学处的课程安排等等都是各自独立且互补的部分组成部分的一部分。唯有如此方能调动起校园内各种资源的力量以便顺利推进整体的管理策略实施过程。

## 二、学生管理的对象

"管理对象"一词代表的是"接受管理行为的事物"。随着对事物的理解不断深入并伴随著管理科技的发展，每个时代及各个流派都有各自的内容和观点：首先是对各类实体的处理，如早期的人力资源、财务和物品，后来扩展为时间和空间，最后加入了资讯元素，形成了七个基本要素，如此类推；其次，则是针对特定的系统来定义管理对象，即将它们视为由多个变量构成的有机统一体。该系统会与外部环境交换信息、能源和物质。对于大学生的管理工作而言，这是高等院校管理的重要环节，而相应的目标群体显然是大学生，从更广泛的角度看，这应该涵盖所有在学校学习的学生，无论是专攻或本科学位、研究生学位还是博士生学位。他们都应该是大学生的主要管理对象。由于这项工作涉及许多学科领域，例如管理学、教育学、青少年心理学、政治学和人材学，所以，大学的管理工作是一个高度综合性和强政策性的实用科学。它的独特研究主题是学生管理活动中固有的、内部的关系网络及其发展的模式。

学生管理作为学校管理的一个重要方面，同其他管理工作一样，都是以教育领域某一方面的特殊现象和规律为研究对象的，它必然要受到教育领域总规律的支配与制约。因此，它又不同于管理工作的其他分类工作，具有相对的独立性。人们只有既认识到高校学生管理工作与其他管理工作的密切联系，又认识到它与其他管理工作的不同特点，才能真正揭示高校学生管理现象本身所具有的特殊规律，使之成为一门具有特性并富有成效的管理工作。

一般来说，任何一项工作都需要有相关的领域理论来指导执行过程；同样地，每个领域的建立都需满足一定的必要前提——拥有完整的结构系统。这种架构不仅反映出我们观察问题的视角、阐明我们的关注点及它们之间的关系，还揭示着这些元素间的互动模式。所以，为了精确且适当描述大学生的教育与管理的主题范围，最有效的方法就是构建这个科目的基本构架及其相关概念网络。大学生教育的目标应该包括如下几个部分的研究方向：

1. 对于大学生的管理学来说，其理论探讨涉及了该领域的本质特征、基本原理、研究主题与范围、核心研究目标、学科的重要性及功能，以及大学生管理的核心理念及其准则。同时，我们需要从过往的历史经验中提炼出关键点并将其融入到理论框架内；此外，还需要借鉴或整合其他相关的学科理论，以此来持续地扩充、优化和提升大学的管理科学。

2. 方法论的研究。研究高校学生管理科学的方法论，一方面要研究根本的思想方法；另一方面还要研究具体的管理方法，如思想政治教育管理、学生社区管理、教学与学籍管理、校园文化管理（含网络管理）、奖惩制度管理、社会实践管理、社团管理、心理健康与咨询管理、就业管理、学生党员管理与党建管理、学生干部队伍的管理、学生群体性突发事件的应急管理等方面的管理方法与手段。

3. 研究组织学。高等教育机构的学生管理是一项复杂的系统工程，需要建立有效的网络系统以实现最大化的组织效益。比如，对于学校学生管理的组织领导结构、学生管理团队的构建、学生管理的现代化趋势等方面，都需进行更深入、全面的研究。

4. 研究学生管理体系与国家法律法规、中央相关政策、教育原则、教育法规以及政治文明建设的互动性，并探讨相关的政策法规和知识结构。

5. 对学生发展模式、心理和生理特性与管理职责的紧密关联进行探讨，以及青年群体间互动关系与大学生管理任务的相互影响和共生关系的研究。

## 三、学生管理的任务

学生的管理职责主要涵盖了对学生管理的学科体系的研究，这涉及关于学生工作及其活动的相关知识系统的理论构建。然而，更为关键的是，我们需要深入理解并掌握学生管理中存在的独特问题，以便能洞察其运作模式，从而有效运用这些信息来指导实际的学生管理工作。这样可以有针对性地推进学生管理工作，使之更加高效。

我们需要进一步深化对科学研究的投入，重视实际操作中的探究，以持续构建大学生管理工作的理论框架并促进其健康的运转。虽然大学生的管理工作拥有丰富的实践经历和深厚的历史底蕴，但在整体状况中仍有部分领域未能完全符合我国社会主义现代化的发展趋势，也仍然面对诸多急需处理的问题。无论是在理论层面或是实务层面上，都需要我们对其进行科学化、理论化、法制化和人文化等多维度的规整。所以，对于学生管理人员来说，他们应该更加关注于学生的管理工作的科研活动，勇于尝试新的方向，积极创新，准确理解新时代下学生管理所遇到的新挑战、新任务及新特征，运用新型的方法、思维和工具来应对学生管理的新规则和新环境，使得学生管理的理论和策略能够紧跟时代步伐，不断地充实和优化。

以理论创新推动实践创新，促进学生工作的科学化、法治化和人本化。如何体现其管理制度的科学化、法治化和人本化，就有一个理论研究的问题，不仅需要研究法律与青年学的相关理论，还需要研究管理学方面的理论，更应注重将管理学、法律学、青年学有机结合起来，形成理论上的创新，推动实践创新。因为学生的管理不是一般的管理，而是一种对青年的管理，这种管理是要将这些有着一定知识的青年培养成德智体美全面发展的人才的管理，换言之，这种管理的最高宗旨是要促进学生全面发展，使其成为国家的建设者和接班人。这就使学生管理工作牵涉到一系列的理论研究与实践探索，这就是现实交给学生管理工作者的光荣而艰巨的任务。

## 第二节　学生管理的基本理念与原则

### 一、学生管理的基本理念

对学生管理的核心观念是深入理解其运作规则和高度总结实践经验，这也是学生管理必须遵循的基本原则。在进行学生管理时，应该坚守以人为中心、科学化管理、提供服务并培养人才、依法治理的根本思想。

(一) 人本管理理念

理性化和人性化一直是管理发展中的两条重要线索。泰罗及其科学管理理论是理性主义的典型代表，并长期居于管理思想的主流。20世纪二三十年代以来，随着"人际关系理论"以及"行为科学"的发展，人文主义逐渐占据管理思想的重要地位，人性和个人价值得到普遍认同。人本管理的思想要求在管理活动中，始终把人放在中心位置。在手段上，着眼于所有成员积极性发挥和人力资源的优化配置；在目的上，追求人的全面发展以及由此带来的效益的最优化。

对于教育管理的任务中，我们需要始终坚守人性化的管理原则，即要从人的角度出发，这意味着我们要建立起对当代学生的正确认识，重视他们的主导角色，推动他们个性的进步，并实施多样的评估方式。具体操作时，应同等看待学生的自主权、差别性、多元性和特殊性，视之为拥有生命的个体而非冷冰冰的机器；我们将学生视为中心，真心地去尊重和理解他们，关爱他们，指导他们走向成功之路。

首先，满足学生的个人需要并助力他们的发展进步。我们需对各种类型的、各层级的学员有清晰认识，根据他们各自的特点及需求制定个性化的教学计划和管理策略。构建一套能够协助学生提升自我能力、处理困难问题、简化日常事务、保护其合法权益的工作机制，以提供最优质的教育服务为目标。因此，我们的学生管理工作应始于理解学生的需求，并将这些需求与他们的成长和成功相结合，同时关注他们在当下和未来可能面临的问题，确保他们的个体需求和社会需求相协调，表面上的物质需求与内在精神需求保持一致，力求培育出具备道德品质、知识技能和实践能力的社会主义事业领导人和可信赖的继承者。

其次，体现学生的主体参与，实现学生的自主发展。就是要充分发挥学生的主体作用，引导学生参与管理实践，使学生成为管理的主人。学生参与管理的主要平台有学生会、班委会、团支部、社团联合会等学生组织，可以通过学生干部定期换届等方式，努力让每个学生都有机会参与管理。

在就业管理、安全管理、资助管理等工作中，也要充分调动学生的积极性，引导学生参与相关政策的制定和实施，真正实现管理依靠学生。

最后，推行民主管理是人本思想的关键。实施民主管理时，我们应尊重学生的积极性和创新精神。因此，我们不仅需要提升管理者和学生对民主管理的认识，还需要完善民主选举、决策以及监督等民主管理运作机制，保证民主管理的顺畅进行。

(二) 科学管理理念

作为一种广泛应用于西欧国家的先进理念的体现者之一，"科学管理"被认为是由20世纪初期的一位名叫泰罗的人所创立并发扬光大，他因此也被尊称为"科学管理大师"，他的主要贡献就是把实际操作中的管理工作进行了规范化的处理与系统的整合，从而实现了由传统的手工式经营向现代科技型企业的转变过程。而这种新的模式的核心内容则包含了以下三个方面的要素：首先，"提升员工的工作效益及产出量"成为了这一新体系的主要目标所在，它也是所有相关理论构建及其具体实施方案制定的基本依据；其次，通过对各类规定条款等内容的精确设定来实现工作的高效运行则是此项改革的重要任务部分，这对于推动企业整体运营水平的大幅跃升具有决定性的作用；最后一点同样重要的是，我们不能仅仅停留在这些细微的具体措施上，而是需要从根本上去理解这个全新的思维方式带来的深远的影响力变化才是真正的关键之处！

在学生的管理工作中，科学的管理方法主要体现在标准化的操作流程、明确的规定条例以及固定的行为模式上。它的核心理念是在提升学生管理的效果中凸显出来，特别关注构建完善的组织架构、详尽的工作规划、严密的规则体系、清晰的责任划分、有序的管理步骤以及使用奖励机制和纪律规定来推动工作进程。在此种管理策略之下，学生的学习模式、纪律规矩、行为准则、运行过程均已标准化；信息的传输、各类学习活动也已经形成了有条理的过程，从而尽可能多地引领学生走向正确价值观的路径，以达到最大的管理效益。

首要的是，我们需要用科学且全面的规章制度来指导人们。尊重并不意味着放任自流，没有明确的规则就无法达成目标，培养良好的行为习惯是学生发展的关键因素。因此，我们应该积极推进学生管理的体系文化建设，打造一个科学且人性化的学生管理体系。

接下来我们需要建立一种公平且融洽的教师—学生关联，通过这种相互作用来达成教育的平衡。作为教育工作者不能只做指挥官式的角色，而是应该成为主动的教育引领人及公正的对话伙伴。我们要把学生视为朋友，用同等的态度去沟通，理解他们的独特性，并真心实意地给予他们学习、生活和心理的支持。特别是班主任或导师，他们在执行任务时，应当展现出自身的才能，并在与学生的交际和谈话的过程中实现自我目标和个人价值观的提升，达到真正的互相依赖、共同成长的目标。

最终的目标是构建一套整合性的运作体系及流程。提升对学生服务组织的建设力度，增强其实施协调的功能，明确各个层级、各类职位的学生管理的责任范围，确保各项工作的执行符合既定规范，保持一致的声音，并实现协同效应，共同推动进步。

(三) 服务育人理念

总而言之，对学生的管理旨在促进他们的全面进步和健康成长。唯有确立以服务为主导的学生管理工作观念，方能彻底改观我们对待学生的态度、思维方式、策略及风格。大学强化和优化学生思政工作是一个涵盖教学、管理和服务为一体的综合项目。我们要坚守"教育 + 管理 = 整体"的原则，要坚持"严格的教育，强有力的管理"原则，还要构建一套能满足学生发展的有效管理体制。始终要注意让思政教育渗透到学生管理中去，形成一种自我监督和他者监管相互配合且长期有效的激励—制约模式。

最后，增强服务的观念，专注于处理学生最为关注的具体难题。学生管理的范畴涵盖了众多影响他们生活质量的问题，例如学习上的困扰、职业规划的需求、家庭的财务困境及心理压力等。领导们需要对这类现实挑战给予足够的重视，让他们体验到关爱和支持，从而为他们接纳并响应我们的教导打下情感的基础。当我们在解决问题时，应同时兼顾思想层面的探讨，即不仅着手实务也阐述理论，始终保持管理和教育的融合，实现既有关注人的需求，也有助于他们的成长，同时也提供指导和引领。

其次，执行监管任务的时候需要关注到学生的情绪状态，同时也要兼顾规则的硬度与管理的灵活性。对学生的管理涉及的是人的工作，人是具有理智和感性的存在。尽管教育工具可能非常先进，但无法完全取代实际的人际对话；同样，即使媒体技术再怎么进步，也无法代替人类之间的情感互动。正是因为这些情感的影响力，才会使管理达到和谐且理想的结果，并激发学生的积极参与和自我驱动力。我们必须考虑到每一个学生的特殊状况，选择他们能更好地理解和适应的方法去完成管理工作。只有这样，才能让他们更愿意遵守规章制度的要求，自觉地将其转化为自身的行动指南，最终养成优良的行为模式和品格。

最后，构建优质的管理环境是关键。这不仅仅意味着管理人员需要以诚实、尊敬、同理心、关爱与信赖的态度对待学生，还包括他们必须始终关注自己的公众形象，并将其视为管理教育的核心手段之一。我们应该创建一种全校参与的教育模式，以便实现全体师生共同参与、贯穿整个学习过程及所有方面的教育目标。此外，我们要努力打造多元化且充满活力的学校文化，因为它拥有深远的影响力，能无声地影响着学生的思想观念和生活态度。通过举办各种校园文化活动，我们可以让学生的闲暇时光变得更为充实，提升他们的技能水平，展现出他们的才能，进而促进其综合素养的提升。同时，这种浓郁的校园文化也能让他们感到快乐，开阔眼界，从而达到全面而平衡的发展。

（四）依法管理理念

合法监管是在大学校园内具体实施的法治治理策略的一个重要方面。对于大学生管理的重视在于其需要遵循法规来执行各项任务与职责。换句话来说就是所有涉及的学生的管理活动如制定政策、规划方案等都需要遵守法律法规的规定而非违反之。此外，我们应该始终坚守并实践这种基于法制的管理办法是因为这正是当前教育环境下所需要的：首先，随着社会发展进步使得受教者群体结构发生重大变革，他们的权利观念也在不断提升并且更加注重自我权益维护。其次，现阶段的教育工作也遇到了许多新的挑战，例如：如何应对逾期还款的国家资助金的问题或者怎样妥善解决毕业生未按约定履行的劳动合同等问题又或是面对突发事件时应采取何种措施保障受害者的合法权益，还有那些因个人原因导致的事故该如何公正地予以处置？诸如此类的新形势下的难题都在向我们的教学工作者提出更高的合规化要求的呼声。

首要任务是提升对法律的认识并强化对其的学习。自新中国成立起，已经通过一系列的教育法律来规范其发展，如《中华人民共和国教育法》、《中华人民共和国高等教育法》《中华人民共和国教师法》等。此外，政府也发布了诸如《中华人民共和国学位条例》《普通高等学校学生管理规定》《教育行政处罚暂行实施办法》等多种相关政策与规则，构建了一个基于《中华人民共和国教育法》的核心教育法律框架。作为学生的指导者，我们需要深入研究这些法律条款，确保能准确把握核心要点，并在遇到困惑时能够迅速查阅资料。与此同时，我们也应该鼓励学生主动去学习各类常用教育法律、法规及规则，让他们明确自身的权益和责任，提高他们的法律保护意识和社会责任感，培养他们遵守法律的行为习惯，从而为他们在未来融入社会、助力国家的法治进步打下坚实的基础。

接下来，我们应该依据法规来设定符合校园实际情况的具体规则和条例。现阶段，针对学生的常规法令已相当完善，但各式各类、各种层级及各个区域的高等院校的学生管理情况却有所差异，因此必须根据如《普通高等学校学生管理规定》之类的相关法规，并结合学校的特殊状况来设立合适的校内详细规范与条例。

最终点是严守法规和规章制度。我们需要把对于学生的规则执行同保护他们的合法权利相结合，即要严肃但也要保持足够的尊敬并平等相待他们。特别需要注意的是如何应对违反纪律的学生问题上：必须确保事件真实且有充足的事实依据；运用正确的法条来解决问题并且遵循相关的流程步骤。避免权力被过度利用或用于私人利益而导致的不公行为发生。

## 二、学生管理的原则

学生的管理规则是指导学生管理工作的一系列核心规范，这些规则的设定主要是基于对学生工作内部逻辑和实际操作的理解，结合了党派的路线、策略和政策来决定。在这个新的时代环境中，学生管理的主要目标在于确保其导向正确、激发积极性、促进成长并赋予他们更多的独立决策权。

### （一）方向性原则

对学生的指导应遵循其基本准则，这是关于塑造何种人才及怎样塑造他们的核心议题。作为学院运作的关键部分，它构成了教学过程中的关键步骤，并且社会主义大学的首要任务就是培育符合社会主义事业需求的人才并确保他们能够成为优秀的继承者。因此，对于学生的工作至关重要，因为它们直接关系到这个主要目标的达成。该基本准则是设定学生管理的目的，执行相关工作时必须与其所在学校的总体教导目标保持协调，同时也要与党的教育理念、规定、法律条款及其所设定的教育目标和管理目标相互契合。这是一种基础性的原则，它是学生管理过程中起主导作用的原则。唯有坚守此项原则，方能推动学生管理朝向高等教育的整体教导目标前进，从而确立正确的导向，有助于培养出全方位发展的社会主义事业所需的人才。这种做法是由学生管理的社交特性所驱使的，同时也反映了我们国家的学生管理的历史教训。

在学生管理过程中，坚守方向性原则至关重要，主要需要实现以下三个目标：

首先，提升学生的领导力需要明确其政治性质。教育管理工作带有明显的政治倾向与价值观指引。所有社会的教育工作都服务于特定的社会或群体。虽然各个社会的教育目标、观念、职责、手段及方法都有显著区别，但在管理学生和实际操作上,常常出现忽略管理工作的政治属性与价值观引领的情况。有些人甚至否认了教育的指导作用。所以,强调教育的指向性问题在于提高管理人员的政治认识,推动他们在管理的过程中自觉考虑管理的政治取向和价值观引领。管理人员应把这种导向性的需求融入到整个教育管理流程和具体行动中去。鼓励更多的学生参与到改革开放和社会现代化的进程中来,通过对国家人民的无私奉献实现自我人生价值。

其次,我们需要用制度的合规性展示出管理的政治引导力。坚守指导性的准则要求我们主动服从党的工作,关键在于坚决遵循党的理念、策略和政策。教育机构的所有规则都是实现这些目标的重要工具,它们具体反映了社会的政治取向、价值观等。所以,在学校层面上设立的学生管理相关的所有规定都应该符合国家法律的规定。利用合法的制度确保学生的管理朝着正确的方向发展。我们要重视将指导性原则渗透到整个制度构建及实施的过程中,让学生更加坚信社会主义的目标并在此过程中茁壮成长。

最后,我们需要按照时代的呼唤适时地修改我们的管理目标。遵循的指导方针不仅仅局限于政治导向,还包括了看其能否满足党的主要工作和国家的主要使命。不同的时间段,党与国家的责任会有所变化,对于人才的要求也会有所变动。因此,这意味着我们要紧密跟随时代的步伐,持续更新我们的管理目标,并创造新的管理方式。当前,发展的主题已经成为社会的主流,而经济发展也成为党的首要任务。基于此,我们必须设定明确的学生管理目标来配合这个核心任务。

**(二)激励性原则**

激励性的指导方针是基于使用适当的物资或者心理工具来推动学生的思维和行动转变,激发他们的主动性和创新力,进而让他们的潜在能力得以充分发挥,以此达到管理的终极目的。在对学生的管理工作过程中,正确地应用这一指导方针,将会使得管理过程更加容易为学生所理解并有效执行,以达成管理的目的。

激励效果的好坏,取决于在实施激励过程中所采用的策略和方法是否符合学生的发展现状、是否能够满足他们的需求、是否能在学生心中产生自我激励的内在驱动力等。因此，在学生管理中执行激励原则时，需要做到以下三个方面：

首先，采用正面奖励方式，大学在处理学生管理的环节上，精确且合理的利用奖赏体系，可以激发学生的自主力和创新力，转变他们的思维与行动模式。这种正面鼓励可分为两类：一是以物质为基础，主要是涉及现金或物品等具体收益，这是人类生存及发展所必需的基本要素之一。对于学生实施适当的物质刺激，能够激活他们的工作热情和主动性。二是基于精神层面，包括多种形式的赞扬并授予一定荣誉。这些正面鼓舞有利于把外部驱使的力量转变成自身的努力源泉，充分挖掘个人潜力，进而高效地驱动学生的发展进步。在学生管理的过程中，需要平衡物质激励和精神激励之间的关系，根据学生的实际情况选择合适的激励方法，保证管理的效果。

其次，在管理过程中要塑造典型，通过这些典型来激励他们。典型能让人有明确的目标和方向。因此，我们需要擅长建立、培育和宣传榜样，并鼓舞学生去学习、争做、成为榜样。

最后，采取情感激发的方式。情感，是人格发展的诱因，是青年追求美好生活的动力。要确保管理目标的实现，一般都要有感情的催化。当管理者与学生平等对待、敞开心扉、相处愉快时，管理活动就比较容易开展；当双方针锋相对、互不理解时，学生往往产生抵触情绪，管理效果就会打折扣。因此要求管理者不仅要以制度约束人，而且要以真情感染人，注重沟通，消除疑虑，用欣赏的眼光去看待学生，使每一个学生的合理需求得以尊重、困惑得以解决、特长得以发挥。

（三）**发展性原则**

我们遵循着发展的理念来处理学生事务，这主要体现在两个层面：首先是持续改进我们的工作方法；其次是在管理过程中推动学生的全方位成长。对于第一点来说，随着中国社会的政治、经济和文化的发展，社会生活的复杂性和深度也在不断地演变，因此，学生管理的环境、对象及职责也随之发生重大转变。为了保证有效的学生管理效果，我们必须对管理制度与流程进行不断的改革，同时也要适时地调整管理的目标、手段和路径。

关键在于实现以下三个方面，即通过管理推动学生的全方位发展。

首先，我们需要建立起对发展的认识。思考决定行为，而对于发展的理解会影响到我们的管理方法及最终的结果。以往的教育管理更注重控制，即通过严格的管理规则来限制学生的自由度。一些教师可能会使用强制性的规定去规范或制约他们的行为，用警告或者指令替代交流。这种做法通常会对学生的自信造成损害，削弱他们自我主动的能力，这并不符合学生的全方位成长需求。因此，为了贯彻发展导向的原则，我们必须摒弃过去的想法，并有意愿从学生的全方面进步的角度出发来启动管理工作。在教育管理过程中，我们要坚定推动学生全面发展的使命感和急切感，突破旧有的思维框架，运用新颖的发展视角来引导我们的决策制定，规划出有利于学生全面发展的策略。

其次，持续推进管理革新。为了助力学生的全面发展，我们必须同步关注管理自身的进步，这其实就是一种创新。为实现学生全方位发展的管理创新是在遵从学生管理原则的前提下，紧跟潮流，保持传承与创新并行，以富有创意的方式执行任务，从而助推学生的全面成长及成就。当前，学生管理的体制、路径、策略等都是基于过去的背景下，针对过往情况设计的，然而随着社会的快速变迁，学生管理工作正遭遇新的挑战和难题，学生们的思维也变得困惑和迷茫，价值观趋向多样化。若继续坚守旧的管理方式肯定无法满足今日的需求，也不能解决问题。因此，改革学生管理工作已然成为时代的呼唤和社会的责任。

最后，整合各种资源以助力学生发展是必要的。长久以来，大学的学生管理工作被划分为两个部分：对学生的管理与为学生提供服务。然而，实际执行过程中往往是以管理为主导的。我们发现，如果能够让职业规划、日常援助、求职协助、心理咨询等工作融入整个管理流程中，这会更有利于调动学生的主动性和创意,进而推动他们的成长进步。为了实现这一目标,需要梳理学校各部门之间的关系,通过部门间的信息交流和协作来构建组织的完整体系,使得人力资源、财务物资、信息资料等得到最优化分配和使用,最终汇聚力量助推学生的发展。

(四) 自主性原则

大学的学生管理工作应秉持自立的原则:让学员主动地投入其中并激发他们的热情与创新力;实行民主体制下的自治式治理模式以达到自身的自律及服务的目的。这一理念由两个关键因素驱动——首先它有助于达成教育的培养目标,准则在于通过转变外部行为准入为内部思维方式的方式去引导被管辖者行动起来;其次也符合了当前社会环境下大学生们对于自身主导权的需求,他们希望能够成为各类事件的管理核心人物并在各种事情上都展现出自己的领导能力,以此最大化利用其个人动力进而完成自助式的管理和服务工作。

在学生管理中,我们需要坚守自主性原则,并且要实现以下三个目标:

首先,我们需要激发学生的自治意识。在学生的管理过程中,我们应该创造一个轻松、愉快和快乐的环境,尊重他们的自主需求;同时,我们也要让学生感受到自治的成就感,并享受自治带来的收益。

其次,构建以班级委员会、共青团小组及学生联合会等为主导的学生自治体系。通过提升其团结性和影响力,并实施定期的轮换制度与奖励政策,确保广大学生能够积极主动地投入到这个系统里。教师应勇于赋予学生更多的权力,让他们独立负责自己的事务,从而达到自我监督和服务的目的。

最后,我们需要强化对于学生的自我管理引导。虽然自我管理并非完全无约束,但只有通过有效的自我管理指导,才能够确立其正确的发展路径并实现实际效果。为了达成这个目的,我们可以从四个方面来理解:设定清晰的目标、制定合理的规范、实施有效监控以追踪工作的进程,并在必要时提供实时反馈以便于学生能根据实际情况适时调整自己的行为方式,从而始终保持在正确的道路上前进。

## 第三节　学生管理的方法与过程分析

### 一、学生管理的方法

要科学地执行学生管理，不仅需要全面理解学生管理的流程，还需要掌握有效的管理手段。学生管理的方式是多元且复杂的，每一种方法都具备其独特的功能和特性。全面理解并准确应用学生管理的手段，是提升学生管理效果的核心。

（一）学生管理方法的内涵

教育管理的策略是在执行管理任务时为了达到管理目的和确保管理工作顺畅运行所采用的方法。这些策略构成了管理过程中的关键操作手段，它们源于实际的管理经验，并与其发展出的管理理念有紧密联系。换句话讲，现代管理理论的发展趋势反映了管理策略的一步一步革新。

管理方式作为管理理念、原则的具体应用及实施，是引导管理活动的关键媒介和连接点，也是达成管理目的的路径和工具。因此，管理理论只有经过管理方式的执行才可以在管理实务中产生影响。而管理方式的功能是任何管理理论或原则都不能取代的。现在，基于对各种学科理论和知识的学习和借鉴，管理方式已经逐渐发展为一个具有一定独立性和完整系统的领域。

（二）学生管理方法的类型及特点

随着学生管理技巧的逐步完善，已经构建出了一个相对成熟的管理方法框架。

1. 法律方法与其特点

法制化的方式用于学生的管理，它主要利用法律法规及其相关的行为准则来调整学生管理体系内部及外部的各类关联，并规定其操作方式。在学校管理过程中，涵盖了多种类型的法律元素，这其中既有国家明确发布的关于学校管理的相关条文，也有地方政府部门设立的有法律约束力的政策、规程和制度。这种管理模式包含两个关键部分，即立法和执法/仲裁。这两者相互依赖且互补，缺少任何一方都会导致问题。如果只存在法规但没有执行或仲裁机制，那么这些法规就只能停留在表面上，难以产生实际效果；反之，如果没有完善的法规基础，那执法和仲裁的工作也将失去依据，从而引发混乱。因此，学校的管理采用的是一种具备以下特性的法律策略：

（1）严谨是法律法规制订的关键原则。其过程应完全遵循法定步骤，一经发布便具备一定的稳定度。任何人都不能随意更改或破坏这些规则，以确保它们的权威性和公正性。法庭活动尤为重要且需遵守纪律，只有这样才能保障法律的威信。

（2）标准化。所有的团体与个人都必须遵循法律法规作为行为指南，这些规定对于所有人都有同样的强制力。法律法规以严谨且精确的方式明确了其内容，并仅赋予它们唯一的解读方式。各法律法规间不能存在矛盾，法规需要遵从法律，而法律又需遵守宪法。

（3）一旦法律和法规被制定，就必须被强行执行。每个公民都应该无条件地遵守这些规定。如果不遵守，将会受到国家的严厉处罚。

2. 经济方法与其特点

利用各类经济学工具调整各方不同的财务权益关联并寻求最大化的财政与社会的收益是一种管理的策略——这就是我们常说的"经济办法"的主要内容之一。对于高校的学生治理来说，"经济方式"主要是指奖金制及处罚措施等等。所谓"奖金"就是由国家机关或者教育机构为了表扬或是鼓舞优秀的学员设定的荣誉或者是实物上的嘉赏机制；它的存在能够产生一种推动力效果。这个推动力的效果是由一些外部的影响元素如评选获奖人等方式产生的，它可以使得被选中的同学始终保持着高昂的精神面貌去实现他们的任务目的，从而更加强化他们内心的驱动力，也就是让那些表现出色的人得到认可赞扬，同时使这些事情广为人知，以此作为榜样带动其他的同学一起向前进，进而促进全校师生共同成长的目的。关于颁发什么样的项目、设定什么样标准的问题应该反映了学校的领导们希望看到的结果，同时也应当具备指导性的意义以便于指引同学们走向正确的道路而不是误入歧途。

（1）经济手段是利用利益机制来激励管理者追求特定的收益，从而间接地影响管理者的一种策略。

（2）关联性。经济手段的应用领域广泛，不仅各类经济策略之间的联系错综复杂，影响范围深远，而且每一种经济策略的改变都可能引发多个连锁反应。有时候它不只是影响现在，还可能对未来产生长期影响，引发一些意想不到的结果。

（3）灵活性。一方面，针对各种管理目标，经济手段可以有所不同。另一方面，在不同的情况下，对于同一个管理目标可以使用多样化的方法进行管理。

（4）平等性。经济手段认可所有受管理的机构和个体在获取其经济收益方面是一样的。学校根据统一的价值标准来计算和分配成果。各类经济策略的应用对于处境相同的学生具备同等的效用。

3.行政方法与其特点

行政方法是指依靠行政组织的权威，运用命令、规定、指示条例等行政手段，按照行政系统和层次，以权威和服从为前提，直接指挥下属工作的管理方法。行政方法的实质是通过行政组织中的职务和职位来进行管理。它特别强调职责、职权、职位，而非个人的能力和特权。由于在行政管理系统中，各个层次所掌握的信息也应当是不对称的，所以才有了行政的权威。上级指挥下级，完全是由高一级的职位所决定的。下级服从上级是对上级所拥有的管理权限的服从。行政方法实际上就是行使政治权威，其主要特点如下：

（1）依赖于权威性。行政手段建立在管理的组织与负责人的威信上，负责人越有声望，他们发布的命令被接受的可能性越大。提升各层级主管的权威度，是实施行政控制的关键步骤，同时也是确保其效果的重要基石。对于教育管理工作的人员来说，需要通过自身的优秀品格和出色的能力来加强他们的管理权势，而不是仅凭职务赋予的力量来加深它。

（2）强迫性的特征存在于行政权力的指令、指导或规则中，它们对于被管理的实体有着不同的压力强度。这就是行政手段的目的所在——利用此种强迫力以实现对管理行为的引导和管控。然而，需要注意的是，行政力量与法制力量之间存在差异：前者依赖国家的设备和司法机关实施，仅规范人们的可行性和不可行性；后者则需要个体遵从单一的目标，其原则上的行动一致性很高，但在策略选择方面却给予了较大的自由度。行政的力量主要依靠一连串的强制举措予以保障并得以实行。

（3）采用行政手段的管理方式主要依赖于行政体系及层级的运作，这通常意味着它是一种基本的纵向垂直型管理模式。一般来说，行政命令是由上级直接发出的，并沿着纵向路径传递至下属机构与负责人。他们仅对一位上级负责并受其指导，来自其他部门或人员的指示往往缺乏强制执行力。所以，使用行政手段时应始终保持纵向方向，避免横向传播命令。

（4）相较于其他方式，采用管理手段更为实际且详细。这不仅仅体现在其所针对的目标与任务的具体化程度之上，还表现在执行过程中根据目标、需求及时间因素的变化调整相应策略的方式中。因此，每项政府命令通常会在某个特殊时刻影响到某些特殊的个体并产生效果，具备清晰的目的导向和平稳期限特性。

（5）无偿性。采取行政手段进行管理，上层机构对下层机构的人员、资金和物品等的调配与使用并不遵循等价交换的规则，所有的行政管理都是根据需要来进行的，没有考虑到价值补偿的问题。

（6）稳健性是行政手段的一大特性。它主要应用于特定的行政体系中，通常具有严谨的结构、一致的目标、协同的行为以及强大的调整与管控能力，这使得其对外部的扰动具备了较好的抗压性，因此，通过使用这种方式来实施管理能提升组织的稳定度。

4.教育方法与其特点

教育是指按照一定的目的、要求对受教育者从德、智、体诸方面施加影响的一种有计划的活动。学生管理中的教育方法主要是指通过深入细致的思想政治教育，激发学生的积极性和主动性，引导学生的思想和行为，以实现学生管理职能的管理方法。教育是管理的基本方法之一。这是因为，管理的中心是人，而人的行为总是受一定的思想支配和制约的，因此，在管理中就要注意做好人的思想工作，通过影响人们的思想去影响人们的行为，从而促进组织目标的实现。而学生管理作为学生教育和培养工作中的一个重要组成部分，更要注重运用教育的手段，以增强学生管理的教育性。教育方法具有以下几方面的特点：

（1）引导式教学方式强调的是以理性、有说服力的沟通来激发学生的共鸣，让他们理解并且接受学校教育的宗旨，同时让他们的个人目标与学校教育理念相互融合，这样他们就能自然遵守校规，热情投入到实现学校教育目的的行动中去。

（2）学生管理的目标在于推动学生的全方位成长，让他们的个性得到展现和完善。在这一过程中，学生管理者的言行举止、人格魅力对学生产生了极其重要的示范效果。

（3）潜在性。教育学生的思想是一个如春风般温润、悄无声息的过程，它需要全身心地投入，并能产生共鸣。因此，这个过程具有深远的影响力。

（4）长期效益。通过教育手段，我们能够协助并引导学员建立准确的世界观、人生观和价值理念，进而对他们的行为产生持续的引领、激发以及规范作用。

（三）学生管理的主要方法

教育管理的策略既需要遵循管理学理的原则，同时也要通过自我成长推动其深度及广度的提升。由于学生的行为方式和环境不断变化，且实际情况也无法始终保持一致，因此实施的教育管理不能完全依赖固有的模型，没有一贯适用的管理方案，然而管理确实有特定的规律和基础理念，因此我们必须坚信这些基本准则，但在实践中应赋予它们更多的创意，使用各种管理手段都需具备一定程度的弹性，并针对不同情况做出具体的判断，过于拘泥于教条可能会导致相反的结果。

1. 目标管理方法

"目标管理"这一概念是管理专家彼得德鲁克提出的，旨在通过明确每个团队成员的责任来优化他们的工作流程，同时确保所有人的工作都朝着同一个方向前进。要达到这个目的，我们首先需要将公司的整体任务转化为具体目标，然后将其细分为各部门或各层级的子目标，接着公司的高层领导会按照这些子目标去监督和引导其下的员工完成各自的职责。目标管理的核心在于让每个人和每个部门都能积极参与到实现公司总体目标的过程中，并且能够自主地制定自己的目标，确定策略，建立规则，用最高效的方式达成目标。最后，我们会定期审查、评定每个人的表现，以此作为未来设立新目标的重要参照标准。

（1）目标管理的程序。第一，我们需要设立目的。这包含了确立整个校园的大目地及其各部分的小目的是什么。大目标代表着我们在未来的行动中希望达成的状态与水准，它依赖所有参与者们的齐心协力来达成，实现在此过程中每个人都应该制定出符合整体校方愿景和个人职责相一致的具体小目标，从而构建起从上至下的连贯统一的目的框架。当设定了这些目标之后，我们也期望每位同学能依据他们所在的学生服务机构及工作人员所提供的指导原则去规划他们的个人计划，然后对之加以调整最终经受住来自学生的教育和服务组织，领导层全面评估后的决策结果就是我们的终极选择。换句话说，设置目标意味着每间学院或班组都需要为其自身的发展历程中的每一个特定时期指定特定的任务。例如：学业进步的能力提升遵守规则的生活习惯，保持良好的健康情况，培养高尚的人格品质等，并且把它们视为自我发展的指南针，与此同时也必须确保所有的指标都是明晰可测量的，且其难度应适当既有激励作用又需经过一番辛勤付出才能完成另外还须给每一项工作规定好截止日期，也就是让各项工作的实施有期限限制而非永恒不变。第二，实施计划的目标是各个层级及学院的学生需要为达成各自的目标去完成特定的任务，并在此过程中运用到特定资源。为了确保他们能顺利开展这些目标导向的活动，就需要授予他们适当的权限来调度和应用所需的资源。一旦设定好目标，学生就能清楚知道他们的奋斗路径；同样，拥有了权利后，也会激发出对相应职责的责任感，进而充分展现出他们的决策力和创新力，使得目标落实的过程得以高效推进。第三，评估效果。通过实施奖励与惩罚，这不仅是执行奖惩制度的基础，也为师生提供了交流平台，并成为他们自我监督和自我鼓舞的方式。此处的评估包含了学生管理机构及工作人员对于学生的评定、学生们对自己所在的学生管理部门及其工作人员的评分、平行单位间的互相打分，以及各个层级的自我评估。这样的上级与下属之间互相对比有助于信息的传递和观点的交换，同时也便于组织的调控。至于各部门间横向关系的比较，可以确保各项活动能够有序地展开。最后，每个阶段的学习者对自己的评价，能推动其自身的自我激发、自我监控以及自我改进。第四，实行奖惩。学生管理部门和学生管理工作者对不同成员的奖惩，是以上述各种评价的综合结果为依据的。奖惩可以是物质的，也可以是精神的。公平合理的奖惩有利于维持和调动学生饱满的工作热情和积极性，奖惩有失公正，则会影响学生行为的改善。第五，设定全新的目标。启动新的目标管理流程。通过对已完成活动的成效及团队成员的表现给予评估和奖励，这不仅是对某个时期组织的运作情况和员工努力的回顾，同时也是为了给接下来的工作提供指导和启示。以此为基础，我们为各个组织及其各级别和各部门设定了新的目标并且进行了执行，从而开启了目标管理的新一轮过程。

（2）实施目标管理应遵循的原则。第一，授权原则就是在学生达成目标的过程中，学生工作管理者需要能够赋予学生适当的权力。第二，支持原则。也就是说，学生项目的管理人员需要向他们提交有关资料和帮助，同时还应该帮助他们回答实践教学过程中碰到的难题和询问。第三，培训原则。大学生的工作管理者需要一方面进行自我提升，以持续增强自己在目标管理上的能力；另一方面也应该对学生进行培训，帮助他们掌握相关技巧。第四，遵循管理基本原则。总体目标的达成是有时限的，要为保证其顺利实现，学生管理部门和学生工作管理人员在每个时期都需要对每个学生的行为进行督促和检测，并及时处理出现的问题以帮助纠正。第五，准则构成了成果评定标准。首先是透明度准则，它强调了公开的评估过程，例如让学生自己对自己的表现做出判断；其次是公允与公平的原则，即以事实为依据而非个人情感来衡量目标完成程度；最后一个原则则是成果分享，这意味着要全面认可并赞扬学生的努力成果。

2.刚性管理方法

"刚性管理"指的是一种依赖于法规条例来实施管理的模式，通过运用各种强制性的措施，如法律制约、纪律监察及奖励惩罚等方式去影响组织的员工。这种管理风格注重严密的管控，并采用垂直集中式的管理策略。通常情况下，这些规章制度会以规定的形式、条款、准则、纪律或指标呈现出来，主要关注外部监管和控制，拥有强烈的指导性和控制能力，且其约束力清晰明了。常言道：无规矩不能成方圆。每个组织都需要有严谨的规定和规范才能实现正常的运作和产生效益。刚性管理作为确保组织健康的必要管理体系的一部分，它基于"合法化"的原则来执行管理任务和方法。

正在成长期的学生们很容易被外部因素所影响并滋生懒散的习惯，他们的判别力和自控力也相对较弱。他们在个人进步的过程中往往会显露出现阶段性和内在冲突的现象，尽管他们具有较强的自主认知感却无法有效地监控自己；渴望独立思考与行动的同时也会因自身的条件及社会背景等方面的制约感到困惑不已。在此情况下实施严格的管理不仅必要且效果显著——其核心目标并非对学生的处罚而是通过遵循法律规定来引导正确的行为模式以确保学校的正常运行，从而优化教育品质，增强学习活动的成效，最终实现学生全面健康的发展。

硬式治理侧重于外部规则的应用，其主要手段包括各种政策法规条例等构成的有秩序的活动。领导者的心意透过具体的条款得以展现，学生的所有活动都能遵循规律并找到依据，对他们的是非评价也有一致的标准与准则。这种可见元素既能提供清晰的执行路径，让学生知道如何行动，也能给予他们一种安定感和依靠感，让他们能够毫无顾虑且满怀期待地在规定的范围内自主行事。实行严格的管理方式时，我们需要重点关注以下几个方面：

（1）遵循法律规定并实施有效的管理策略，建立起全面的管理框架。基于管理机构的核心架构，我们创建了一个全新的学生全局管理系统，通过法治建设的途径，确保了整体管理的有效且有条理的工作流程。伴随着教育的深度与广度的持续扩展，社会环境对教育活动的反应也在发生着诸多转变，学生的角色已经从单纯的教育对象变为学校的权力实体，他们需要承担责任的同时也能行使自己的权益。

（2）为确保校园内的学习与教导环境得以维持并保持良好状态，我们需要建立一套严密的规则体系并对违规者采取相应的惩罚措施。例如，对于那些参与考试舞弊或经常缺席课程、打架闹事等问题的人，应予以适当的处罚。然而，我们在执行纪律规定的时候应该遵循法律原则且明晰具体的标准，避免随意行使学生的管理权力。当我们决定影响到学生利益的行为时，应当履行必要的权力限制、实施要求、时间期限及通知、传递等相关流程责任，以保证我们的决策过程是公正无误、有充足证据支持、符合法规条款并且适度合理的。

（3）制定常规的工作流程。对于大部分的学生管理工作来说，其部分内容是可以预测和遵循一定规则的。通过创建标准化的常规工作流程，我们可以在实施与监管上得到制度的支持，方便监控的同时也能提升工作的效能并节省开支，从而有效地减少违规行为的发生。

3. 柔性管理方法

软化管理理念是在硬式管理的基础上提出的。随着21世纪的到来，我们对管理的期望不再仅仅局限于严谨、规则与科学性的领域，反而更加关注人际间的人文关照及个性尊严，致力于持续推动人们的情感交流和精神交融，进而共同达成团队的目标。这种鼓励全人发展的管理方式正逐渐被大众接纳并实践。因此，一种名为"柔软管理"的新概念诞生了。同样的情况也适用于学生管理工作，因为他们需要处理具有思考能力、情绪反应和理想追求的学生们，仅靠传统的硬式管理无法彻底解决问题，所以必须要结合使用柔软管理。柔软管理主张以人为本，重视人文关爱和心理理解，强调打造和谐的工作环境和共享价值观念来强化团体的吸引力和团结度，以此激发出每个人的积极性、主动性和创新思维。这是一种超越传统硬式管理模式的高级形态，基于硬式管理的基础和条件，目的是让团体充满生气和动力。如果把硬式管理比作静止的行为展示，那么柔软管理就是动态的精神融合。然而，就学生工作来说，无论是硬式管理或是柔软管理，最终目的都在于助力学生的进步成长。因此，这些策略就像车的两个轮子和鸟的双翅一样，它们互相补充，互补不足，应当达到"协同、共存、共建"的效果，实现硬软平衡。

对于高等教育的学生管理工作者而言，关键是实施人性化的灵活策略并重视人的因素和人文的关照。这种方法主张基于保护个人权利与荣誉的前提下激发学子的热情活力及创造力，让他们能在学习环境中变得更加自主且有动力去探索新领域；同时也能通过参与各种社交或社区服务项目来提升他们的道德品质和社会责任感。这样一来能有效地转变他们从被动的接受到自觉的行为方式，从而实现自律性的提高和个人价值的发展。最终目标就是培育出能够满足未来职业市场需要的专业人才：具备高水平技能知识储备并且拥有优良性格特质的社会公民。

实施柔性管理，应该遵循以下要求：

（1）确立"以学生为本"的管理理念。对于教育者的职责来说，他们有责任坚持"以人为本"的原则来处理他们的任务，并始终从"全心全意为学生着想，为学生的一切考虑，考虑到所有的学生"的角度出发。因此，我们应该摒弃传统的管理模式，即主要依赖于管理人员及规则系统，转而采用一种新的策略，即将管理工作转化为引领和服务的方式，同时也将教学风格转向示例式的方法，这才能真实反映出"以人为本"的态度。最重要的是要确保保护和捍卫学生的权益是我们的第一优先事项，以此推动学生的全方位和谐进步。我们要努力让学生感受到我们在感情上的支持，尊重他们在人格方面的需求，激发他们的求知欲，关注他们的日常生活，并在职业规划方面给予指引。我们会竭尽全力去协助和指导学生在各个领域的发展，包括学业、生活习惯和个人成就等，尽可能满足每个学生追求成功的需求。

（2）进行个性化管理。柔性管理的职能之一就是协调，而协调关系只能从个体开始。也就是说学生管理工作者必须与具体的学生打交道，在打交道中形成共识，形成相似。心理学家在对魅力的研究中发现，人们对于与自己相似的个体容易保持好感，这是"相似性吸引"使然。因此，学生管理工作者应该由个体入手进行工作，实施个性化管理，凡事因人、因事、因时、因地而异，充分考虑学生的个性特点、兴趣爱好、个人定位、个人素质和能力、优势劣势以及未来的职业目标等因素，既考虑学生思想动态、心理变化以及需求的共性，又要兼顾学生不同性格特点、兴趣爱好、未来职业选择和职业目标的差异性，进行有针对性（必要时可以一对一）的个性化管理。

（3）利用高校文化的指导功能。尽管高校文化是隐形的，但它是学校核心的存在，对于塑造学校的独特性和团结教职员工及广大学生的心灵有着巨大的影响力。健康的、富有活力的并且反映了当代精神的校园文化能够在引导学生建立正确的价值观、调整他们的行为模式并提高他们的素质上产生深远的影响。所以，在实施软性管理时，我们需要重视高校文化的领导力，针对性地将其融入学院的风气、班级的行为准则以及学习氛围的构建当中，甚至是所有活动里，以培育出一种积极向上的态度和优秀的品质，让学生不仅仅能熟练操作任务——获取知识与技能，还能具备做人的技巧——养成为善的习惯，形成健全的人格和高尚的道德观念，从而推动他们自身的进步和持续的发展。

（4）构建完善的奖励系统至关重要。若无激励则缺乏驱动力，换句话说，对于学生的监管主要依赖于激励手段。激励能推动学生保持自我驱动、主动参与和积极进取的精神状态，同时也是他们潜力和才能持久提升的关键因素。根据管理学的观点，人类的所有活动都受到动机的控制，而动机又是由需求触发的。不论哪种行为，其最终的目标都是为了实现目标以满足需求。因此，我们应从培育全方位发展的、符合社会需要的精英人才的角度出发，通过分析学生的实际需求、动机、行为及目标，创建一套完整的学生激励体系，重视他们的思维方式、情绪反应和人际互动，引导他们设定明确的目标，协助他们制定职业道路计划，从而扩大每个个体的发展领域。打造一股鼓励学生增强品质、提升技能、塑造性格、激发热情、追求卓越的环境氛围，鼓舞学生扎实掌握专业知识、持续提升自身能力和道德修养，让他们成长为具有远大抱负、清晰目标、执着追求和强大能力的杰出人才。

（5）强调亲身实践的重要性，管理的许多方面需要亲自参与和执行。若领导人无法有效地完成他们的工作任务，这会为其他员工带来误导性的示范。学生的管理方式各异，例如设立典范、提供参考资料、宣传规定、一对一交流、以负面案例为例示警、营造良好的氛围等等，这些方法中使用最频繁的就是口头教育，但实际效果最佳的方式却是通过实际行动来引导。

为了让大学生接受有效的管理，大学的学生管理者需要先赢得他们的尊敬。这不仅仅取决于自身的道德与能力，更在于用真实的自我来交换他们真实的心声、用诚实的态度构建他们的价值观、用实际的行为引导他们追求实际行动、用纯粹的美德影响他们的品质。只有这样，我们才能通过榜样作用激发他们的热情，用高尚的精神感染他们，用切实的方式推动他们，让他们感受到深厚的认可感和抵触感的消失，从而达到真正的言行相符和知识实践统一。大量的案例证实,这种方式能提升管理的效果并降低重复任务和低效率的工作。

4.民主管理方法

目前的教育管理任务中,推行民主化管理已成为必然趋势。对于民主的渴望是一种人类的高级需求。民主和个人的品质息息相关,而学生群体由于其较高的文化和知识水平,他们会提出更为实际且高的要求。实行学生的民主式管理,不但能促进他们的学业、日常生活及社会实践活动顺利展开,同时也能助力他们在个人成长上取得全方位的发展。执行民主化的管理方式时,我们需要重点关注以下三个方面:

(1)尊重学生的主体性。对学生进行民主管理,就是要求在对学生的管理中重视人的因素,也就是重视学生的主体性,把学生视为具有独立人格的个体。目前,有些学生工作管理者忽视学生的主体地位和平等独立的人格,比如,部分规章制度都是在学生不知情的情况下制定出来并要求学生遵守的,学生在这一过程中完全处于被动的位置。再如,为了执行上级任务,忽视学生主体意愿,单方面强制性开展活动。要实施民主管理,学生管理工作者必须改变态度,充分尊重学生的主体地位,将其视为实现教育目标的主体,实现学校特别是学生管理工作者与学生之间的互动,倾听他们的心声,反映他们的要求。对学生的重视和尊重,会激发学生对学校和学生工作管理者的信任和合作态度,进而支持其工作,如此就会实现学校和学生管理工作者与学生之间的相互信任、相互支持,从而取得良好的管理效果。

(2)准确理解学生的价值所在。作为教育的目标群体,我们需要关注并推动他们的身体与心理的健康成长,同时尊重他们个性的展现。在对学生的管理过程中,我们要积极推行民主原则,不仅要把学生视为学校管理工作中的被管理方,也要视之为主动参与的管理者。然而,一些学校的管理人员在实施管理和教育时过于专制,忽略了人们的自发性和重视规则的倾向,只注重纪律执行,却忽视了教导的重要性。这使得教师与学生之间的关系变得紧张,因此有必要放弃这样的管理方式,转而采用更加民主的方式来处理问题。我们的重点应该是激发学生的主导意识，指导他们在自我管理、自我教育、自我服务及独立发展的方面有所进步，以充分发挥他们的主观能动性，为其未来进入社会或参加工作奠定稳固基础。

（3）创新的学生参与式管理方式应被采用。基于学生的心理发展阶段，他们在探索自我的过程中形成了掌控自己和他人的欲望，并渴望得到外界的认可。相较于高中生，他们的思维和行动更具自主性和独立性。因此，当面对校方规定的规则和行为准则时，他们会对这些规定产生质疑，而非仅仅是遵从或接受。鉴于此种情况，我们需要摒弃传统的一元化管理方法，激发学生积极参与的管理热情，培养他们作为主导者的角色感，同时鼓励他们就校园各项活动提出战略性的建议，营造出一种民主化的管理风气，让学生能够深度介入大学的事务，从而彰显他们的核心作用。例如，我们可以创建学校与学生之间的平行沟通渠道，允许他们参加教育、行政、生活服务和社会团体等方面的任务，这既能降低可能出现的矛盾，也能优化师生间的关系，构建起互助、互相依靠、互相尊敬和平等交流的环境，实现双边主体之间良好的互动关系和伙伴关系。

5. 系统管理方法

所谓的系统化管理，就是把相互关联的步骤视为一个整体进行识别、解读和控制，从而使组织能够提升达成目标的效果和效率。

学生管理具有系统化的特性，主要体现在以下几个方面：

第一，我们必须认识到学生的管理是一个复杂且庞大的体系，它由许多分支构成，例如教育管理、日常生活管理、社交团体管理、社区服务与实习管理以及职业规划等等。每个部门都是相对独立的，但它们之间的关系却紧密相连并互相依赖。基于系统理论，若所有各部门都能有效地运作，那总体效果将会更佳。即便某个部门未能达到预期目标，只要形成了一个优秀的协同机制，通常也能实现较好的结果，这便是"整体优于各部分之总"的原则。

第二，相互关联性。在学生管理的各个环节，不仅存在着差异，也有着密切的联系、作用和依赖，并且每一环都有自己独特的职责。例如，尽管社团管理和社会实践管理的职责分工不同，但它们之间却有着紧密的联系。

第三，涉及对环境的适应能力。特定的环境塑造出独特的管理方式，而学生的教育和成长过程需要在一个固定的环境下完成，脱离这个环境是不可能实现的。如果学生的管理工作能适应并充分运用环境所提供的有益资源，那么它将会产生显著的效果。

第四，四个方面构成了学生的管理体系：首先，它是具有灵活性的；其次，它需要根据时间和地点来调整自身结构；再次，它的各个部分应能随社会的转变而作出相应调整；最后，这个系统应该能够自我调节，使之达到一种稳定的状态。例如，当前的社会经济状况使得雇主们对于大学生的工作技能有了更高的期望值，他们希望员工具备快速的学习能力，有创造力。因此，我们需要改革现有的教学管理方式，从只注重知识传授转向重视知识和能力的同步提升，同时增加社会实践的机会，以便满足这些新标准的需求。此外，我们也需确保该系统始终处于稳定的运行状态，这意味着所有组成元素都应当维持适当的比例关系，避免出现系统内的失衡现象，从而干扰整体功能的有效运作。

第五，明确的目的性质。学生的管理工作涉及多个不同的任务和目标。在这个复杂的环境里，既存在着总体性的使命也包含了各个部分的具体责任；这些整体与局部的关系构成了我们的工作愿景框架并持续改进以确保我们能够充分运用所有的可用资源来达到最佳效果。例如，我们可以尽可能多地使用学校的设施和服务同时也可以积极寻求外部社区的支持为我们服务，从而提升教育质量及扩大对学子的支持范围。因此，我们在执行这个系统的操作时需要重点关注如下几个方面的工作内容：

（1）构建一个全方位的学生活动系统，旨在用最优的方式并最大化地达到管理的目的。这个系统应该包含一组适合学生的教育方式及发展需求的管理策略，一系列标准化的操作步骤，一套严谨且高效的教育管理规则，以及一些实用的管理运行技巧等。

（2）准确解读并掌握系统内部各种流程间的关联性。在一个系统里，所有流程都是密切相关的，常常可能导致整个系统的变动。所以，对于学生管理工作的人员来说，他们需要努力确保在执行学生管理工作时能够全面考虑，以达到使系统内的各类流程之间达成协同与协作的目的，从而创造出大于二者的效益。

（3）各个部门和员工必须准确理解和掌握为了达到共享目标所需要发挥的功能和承担的职责。在同一系统中，不同层级、不同部门的管理人员都应该尽职尽责，各司其职，这样才能降低职责交叉带来的阻碍，顺利完成学生管理的任务。

（4）决策学生管理的人员需要精确地评估各个管理部门的组织实力，并在行动开始前明确资源的限制性，以防止因为决策错误或者思考不全面导致人力、物力和财力的浪费。

（5）设定目标，依据此制定策略和计划，明确在本体系中如何高效地执行一些特殊的活动。

（6）通过测量和评估，持续改进体系。通过研究制定完善测量、评估制度与办法，探索建立评估制度体系，加强对评估指标体系和规范简便评估办法的研究，及时进行检查和评估，从而不断提高学生管理的质量与水平，努力推进学生管理目标的实现。

## 二、学生管理的过程

### （一）学生管理过程的界定

1. 学生管理过程的定义

学生的管理流程是教育者针对可能阻碍或促进学生进步与发展的各个要素及它们的关联作出实时响应，以便达成总体的目标。这个过程中最核心的意义在于要了解组织的内外部环境、被管辖者的变动情况以及他们的发展趋势，然后依据机构的目标来灵活地调整管理策略，并在不断变动的情境中执行有效的管理任务。只有深刻理解了管理流程，我们才能够全面地领会到每个环节的管理行动，从而更有效率地完成各项学生管理的工作；同时也能站在全局的角度去理解这些动作如何组合成完整的管理活动，进而提升整个学生管理的效率。

2. 学生管理过程要素

学生的管理流程包含以下几个关键元素：负责管理的个体（管理者）、被管理的目标群体（管理对象）、执行的管理工具与职责（管理手段及职能）以及预期的管理成果（管理目标）。其中，管理者的角色是明确的，而管理对象则涵盖了诸如人类、财务资源、物质物品、时间和地点以及信息等多种因素；至于管理方式和责任，其涉及使用何种策略和技巧以实现特定目的，例如通过采用行政措施、法律法规、财政政策或教育途径等方式实施有效的管理行为，并针对这些管理对象进行前瞻性的分析、决定、规划、组织、指导、调配、激发以及监控等工作；最后，管理目标则是设定前进的路径和终极目标。以上四项核心元素必须紧密配合才能形成有效的学生管理工作。

**（二）学生管理过程的特点**

学生管理过程既拥有常规管理流程的特性，如目标明确、秩序井然、可操控等，同时也具备与其他管理流程不同的显著特征。相较于其他管理流程，学生管理流程主要展现出以下三个方面的特质：

1. 管理学生的过程实际上是一个由学生管理人员与学生进行双向交互的主动性过程。

学生管理的任务是一个繁复的人类社会行动。人类作为社会的主要构成元素，他们的行为形成了社会动作的基本框架。所以，在执行过程中需要同时利用领导者的主动性和受众的主观性，以期达成两者的一致性。管理流程是一项涉及管理者与受众之间的互相影响和交互的过程，它具有双向性的动态特性。管理人员应积极理解和塑造受众，反之，受众也需在管理人员的指导和引领下开展自我管理，进而完成自我教化，以此来促成对管理和自我的有效融合，让受众把管理员传递给他们的理念和规则融入自己的道德体系之中，形成一种内部的力量去掌控和调节他们的心智和情绪反应，也就是所谓的"内化"，实现了从"管制"向"治理"，从"外部约束"至"内部自觉"的跨越式转变。

2.学生的管理是一个有效地运用学校资源，以指导和服务学生成长并实现其才能的过程。

学生管理过程有别于一般管理过程就在于它以培养学生成才为根本目标，而要实现这一目标，就必须对学校的各种资源进行分析和管理，将人、财、物、时间、空间、信息等各种管理要素组织运转起来，以求有效利用这些资源，使之发挥最大的效益，为学生的健康成长和成才提供行之有效的指导。

3.学生管理是一个紧密与学生教育过程相关联的步骤，以确保教育目标能够顺利达成。

对于学生的管理人员来说，他们需要在执行任务时保持教育的平衡，同时也要注重管理的实践。现在的年轻人思维敏捷且独立，他们的自我尊重感和自信心都很强，这使得我们对教师的管理能力有了更高的期望。因此，在处理这些问题的时候，我们要以情感引导理性，用行动传达理念，持续提升我们的管理技能，努力让每个参与的人都能从中学到东西并将其融入自己的内心世界，从而转变成实际行动，培养出相应的习惯，也就是实现了"内在"向"外部"，"自我约束"至"主动作为"的跨越。

（三）学生管理过程的主要环节

学生管理的主要步骤包括决策、规划、组织和监控四个部分。这四个部分既有所不同，又存在着相互关联。

1.学生管理决策

学生的管理决定是教育者为达到特定目的而采取的一系列行动，这些行为基于他们所收集到的详尽数据并经过深入的研究后做出。通过使用科学的方式，他们在多个可能的选择之间做出合理的抉择。这个过程包含以下几个步骤：首先是对当前状况的调查；其次确定问题的性质与目标；然后制定、评估及挑选解决方案。

（1）研究现状。有问题有待解决才需要决策，也就是说，决策是为了解决一定的问题而制定的。因此，制定决策，首先要分析问题是否已经存在，是何种性质的问题，这种问题是否已经对社会、对学校、对学生自身以及未来发展产生了不利影响。分析学生学习、生活、各种能力的培养、实践活动以及未来就业、创业等可能遇到的种种问题和面临的挑战，确定问题的性质，把问题作为决策的起点。当然，研究这些问题的主要人员应该是学校高层管理人员，这不仅是因为他们要对学校的发展负责、对学生的带来发展负责，而且由于他们在学校中所处的地位使他们能够通观全局，高屋建瓴，易于找出问题的关键所在。

（2）设定目的。经过对学生的学业、日常生活、各类技能提升、实际操作及未来的职业与创业等方面的问题、所遭遇的困难或矛盾进行了深入的研究后，我们需要更进一步地探讨应对这些问题的策略应该满足什么条件，必须要产生怎样的影响，也就是说，我们要清晰地确定我们决定的目的。

要确立目标，须做好以下方面的工作：

首先，我们需要设定目标。这些目标应该涵盖最高目标（理想的目标）和最低目标（必须达成的目标）。

其次，我们需要确定各个多元化目标间的关联性。对于各年龄层及各类学科的学生而言，他们的目标的重要性程度有所差异。在一个特定的阶段里，决定只聚焦于某一具体的目标成为必然。然而，这些多个目标间存在着一种复杂且矛盾的关系，它们彼此相连却也可能会互相冲突，例如，对于即将毕业的学生来讲，他们同时面临考研、就业和参加公招考试的选择，这三种情况就构成了这样的一种既有连接又有抵触的情况。所以，当我们在做出关键性的抉择时，还需要清楚地了解这个主导目标和其他次要目标之间的互动关系，以免在执行决策的过程中把过多的注意力放在那些次要任务上，从而错失重要的机会。

最后，限制目标设定。实施目标可能会产生对校方及学员有益或有害的影响。制定目标时需平衡其潜在的好处与坏处，并明确界定哪些负面影响是可以接受的，如果超过这个范围就应立即中断原本的方案，结束目标任务。一般来说，任何类型设定的目标都需要满足以下三大特性：可度量的、具有时间性的，且能指定负责人。

（3）制定决定策略关键点在于挑选，为了做出正确的选定，我们需要准备多个备选项。根据实际经验，每个目标都有许多种方式达成，因此没有提出几种达到该目标的选择方案是非常罕见的。对于管理者来说，若只看到唯一的方法，那这个办法很可能是错的。在这个背景下，管理者可能会停止寻找其他能提升决策质量的方式。决定策略详细说明了学校实施目标所采用的所有具体手段与主要流程，然而，因目标可通过多样化的途径完成，故应预先设定不同的工作计划。

首先，我们必须保证有充足的可能性。为了确保选择的方案具有意义，各种方案应当互相区别而不是互相包容。如果一个方案的行动被包含在另一个方案中，那么这个方案就失去了其存在的价值和意义。

其次，构建初始计划。通常来说，每个计划的生成都需要基于对环境的详细研究并找出存在的问题，接下来，依据问题类型及其解决目标，提出多种改良想法，并且针对这些想法进行评估、梳理与分类，最终得出多个不同版本的初始计划。

最后，我们会创造一系列的可能性方案。在对各种初步设想进行筛选和补充后，我们将对这些筛选出来的方案做进一步的优化和完善，并预测其实施效果，从而产生了一系列不同的可能性方案。

（4）评估并挑选。我们必须理解各选项的长处和短处，为了实现这一目标，我们有必要对各个选项进行评判和对比。这其中包含以下几个方面：①执行该计划所需的环境是否可行？如果可以的话，那么为达到这个环境又需投入多少代价呢？②此项决策能为校方及学员分别产生怎样的收益

（既包括长远效益也涵盖近期成果）？③在此过程中可能会出现哪些挑战？它们引发项目失败的风险程度又是如何？

根据上述评价和比较，便可以寻找出各种方案的差异，分析出各种方案的优劣。在此基础上进行的选择，不仅要确定能够产生综合优势的实施方案，而且要准备好环境发生变化时可以启用的备用方案。确定备用方案的目的是对可预测到的未来变化准备充分的必要措施和应急对策，避免在情况发生变化后因疲于应付而忙中添忙或因束手无策而蒙受这样或那样的损失。

2. 学生管理计划

学生的管理规划是在确定了目标后，基于实际状况对未来的行为策略做出预测并制定出详细的实施步骤。换句话说，这意味着把学校的各项任务分配到各个负责的学生管理部分、阶段及个人，这样一来，他们的工作和活动都能得到监督和管控，同时也能确保达到决策的目标。

学生的管理规划是一个协同进程，其向学生管理的机构及工作人员提供指导并明确方向。一旦所有的相关参与者理解到组织的宗旨及其需达成的贡献，他们就会调整自己的行为以协作配合，共同构建团体。然而，若缺少规划，可能会导致诸多迂回曲折，使得达成目标的路径变得低效。此外，学生管理规划也能够推动学生管理机构和工作人员预测未来的趋势，洞察变革，并设定合适的策略应对，同时也降低了未知因素、重复工作和资源浪费的可能性。最终，学生管理规划还可通过设置目标来实施监控。在规划过程中需要确立目标，然后在监督职责下，人们会对实际情况与设定的目标进行对比，找出潜在的大规模偏离，并采取相应的矫正措施。因此，可以这样说，如果没有规划，也就无法有效地执行监管。

（1）通常，我们可以按照以下步骤来制定学生的管理计划。

第一，收集资料，为计划的制定提供依据。计划是为决策的组织落实而制定的，了解决策者的选择，理解有关决策的特点和要求，分析决策制定的大环境和决策执行的条件要求，是制定行动计划的前提。由于计划安排的任务需要不同专业、不同年级的学生利用一定的资源去完成,因此,计划的制定者还应该收集反映不同专业和不同年级学生的活动能力以及外部有关资源供应情况的资料,从而为计划制定提供依据。

第二,我们需要把决定好的学校总目标细化并分配给每个单位和个人。这意味着我们要把长远计划拆解为若干个短期小目标。这样一来,我们可以明确每一个部门及个人的具体责任和期望达成的标准。这个过程会产生出学校的目标体系,它包含时间维度和空间维度的目标架构。该系统阐述了高阶目标(例如全校大目标和长期规划)如何影响低级别的目标(比如各部门的小目标和小阶段的大目标),同时也说明了反向的影响力:即部门目标是如何支撑整个学校目标或者说小阶段目标又是怎样支持长期战略的。

第三,我们需要执行的是目的构造解析这一过程:它主要关注低级别的目标准则如何保障高级别标准的实施和贯彻——也就是评估教育机构各阶段具体的计划是否有能力达成并确保长远规划得以实行;同时也要考察每个部门或单位实际达成的短期指标与总体战略的关系,如一旦发现某一特定级别下的任务无法完成时,应思考可能采用哪些弥补手段以解决问题?如果没有这样的应对策略可供选择的话,就需要去审视更高层级的设定需求了,有时候甚至是必须全面修改所有设定的方案来达到新的平衡点。

第四,全面权衡。通常情况下,全面权衡的目标是关注以下几个方面:首先,评估教育机构中各项任务之间的连贯性和协同性,特别是它们在特定时段内的匹配程度。这主要涉及的是时间和地点上的均衡问题。其次,探讨教育过程中的资源分配情况,确保有充足且合适的资源来支持教学活动。最后,检查每个阶段任务执行所需能力和实际能力的匹配度,包括所有部门是否有足够的实力应对各种挑战。然而,考虑到外部环境及活动中可能会出现的变化,这就需要对任务和能力做出适度的预留,以便在必要时刻能有效地适应这些变动。

第五,制定并实施行动方案。在达到全面均衡的前提下,学校能够为各个部门设计出不同时间段的行动方案(例如长期、年度和季度),并发布执行指令。

（2）执行学生管理计划的目标是为了实现这个目标，而这个过程需要学生管理者和学生的共同参与。因此，能否在计划执行的过程中保证计划的质量和数量，很大程度上依赖于学生管理者和学生的积极性。

（3）在执行学生管理计划的过程中，有时候需要根据实际情况的变化进行调整。这不仅可能是因为计划活动所处的环境可能会发生改变，还可能是由于人们对客观环境的主观理解出现了一些变化。

为确保学生们的各类团队项目能适应自然条件需求，我们需要及时地修改规划方案。这就是所谓的"动态策划"，它是一种现代化管理策略，旨在实时更新与优化实施中的决策以应对不断变动的现实状况或外部因素的影响。此种方式会依据实际操作进程及外界影响来定期更改未来预设的目标，并将这些目标逐步推前到当前时间点上，从而实现长期战略跟短线行动之间的无缝衔接。

鉴于规划过程中的难以精确预估未来可能对发展产生的影响变量，且随着时间的推移，这些未知数会变得越来越多，若坚持按照多年前的方案实行，有可能导致无谓的损失。通过使用滚动规划技术，我们可以防止这种情况导致的负面结果。基本策略是在制定学校的某个时间段内的行动计划之后，在执行的过程中依据校园内外的条件变动持续修正它，让计划逐步扩展并向前进。滚动规划的主要用途在于长远计划的编制与调适。原因在于，通常情况下，长远的计划面临的环境较为繁杂，利用滚动规划能依照环境转变及校园内在活动的实际情况及时做出调整，从而确保学校总有一份引导各个部门和不同阶段的活动方向的长久计划。然而，此种规划模式也可用于短期的计划任务，例如年度或季度的计划编写和更新。

3.学生管理组织

大学生的行政管理体系是为实现预设目标而设立的学生管理工作团队与执行者的协作网络。他们通过创建管理部门并明确职务、责任及权力来确保各部门之间的顺畅沟通，进而把组织的各部分整合成为一个有生命的统一体，使得人力、财务、物品、资讯、时间和科技等各种资源能够得到最优化的分配和使用。

学生管理机构设置是否科学合理，组织工作是否有效，直接关系到学生的成长和未来发展，关系着学生管理目标能否实现。要有效地实施学生管理，一定要使学生管理组织机构科学化、合理化，为此，就需要构建一套科学的学生管理机构并使之有效地发挥其职能。

现阶段，各大学的学生管理体系已经形成了基本一致的组织架构，具体包括：校党组织和行政部门→校党委副书记及副校领导→学员管理工作处与团委→专业院系党总支副秘书长→班级班主任辅导员→学生联合会。

作为兼具行政与思政职责的部门，学生工作处在执行各项如招收新生、处理毕业事宜、奖励或处罚违规者等方面的工作外，还承担着对大学生的学习和生活提供指引的责任。此外，它还需要开展针对大一新生的入门培训课程，以确保他们能更好地融入校园环境；对于即将离校的学生，则需要引导他们的职业发展方向并提升其价值观。这种设置有助于实现管理的有效性和教育的深度融合，使学校能够按照预定的规划有序推进各项工作，避免了管理与教学分离的情况出现。

团委的主要职责在于，受学校党委的引导，全方位地负责建设和管理中小学生团组织；对学生会以及学生协会进行管理与引导；开展并引导学员参与各类社区实际项目和义工服务工作等。

学生会。学生会具有比较完整的组织系统，包括校学生会、院（系）学生会以及各班级的班委会。学生会具有比较严密的管理系统，各部门、各成员之间既有分工也有合作，既是相对独立的，又是一个整体。要使学生管理工作有效实施，必须完善、巩固和依靠学生会组织。对学生会组织，学校上级管理部门除了给予必要的指导外，在财力上也要给予一定的支持。同时还应该给予他们一定的权力和地位，充分发挥他们的积极性和主观能动性。由于学生会组织的结构设置涉及广大学生的方方面面，代表的是广大学生的利益，所以如何使学生会组织真正起到学生与学校之间的桥梁作用，对有效实施学生管理非常重要。

当前，一些高等院校已经开始实施建立学生自主管理组织，通常隶属于校方的学生事务处或者团委会下设，设有如生活保障部、住宿管理部及纪律监督部等分支单位。主要职能包括协助推广建设卫生食堂的活动并提供相关培训，旨在优化用餐环境，维持餐桌礼仪，矫正不良习惯，打造健康和谐的生活空间。而住宿管理部的核心工作则是在配合学校的宿舍管理中心或物业服务公司来执行宿舍的管理，力图给广大师生创造一个整洁、宁静且舒适的学习与居住环境。至于纪律监督部，它的主要责任就是净化校园氛围，可以定期或随机抽查学生中的违规行为，同时也负责守护餐厅秩序、巡查学校情况以及评估学生的出勤状况等问题。

学生管理工作者的职务设计。为提高大学生管理工作的效果，各大院校正积极探索新颖的学生管理人员的职位设定，旨在达到"三化"目标——即职业化、专业化与专家化。大学生的管理工作涵盖了理论、知识、实际操作、当代趋势及实时性的综合元素，其目的是促进学生的全面进步和发展，因此应被视为一项专业的任务。

作为一名学生管理的专职人员，他/她应该具备处理各种学生工作任务的能力，包括但不限于学生的职业规划、学业辅导和生活协助、个人成长的引导、心理健康咨询及政治观念的教育等等。只有这样，他们才能有效地应对各类学生管理工作，提升其效果。实际上，他们在执行职责时必须同时兼顾常规事项并深入探讨新出现的挑战，如同专业的研究者一样对待他们的责任，将其视为一项使命而非仅仅是份工作来投入精力和热情，探索出学生管理工作中的规则和技巧，从而使自己成为这方面的高级专家。

关于学生的行政团队成员配置问题上。以提升高等教育机构对大学生的监管质量与效果为主旨，各个学校应当依据国家教委的规定并结合实际情况来配齐足够的大学生服务工作人员数量；不仅要确保人员的充足度还要实现全兼任模式下的持续改进组合方式。当前阶段下大部分学校的学生活动组织都采用学院主导的管理制度，即有党委书记副手（或称之为党务工作者）担任主管职务，同时还有专门从事此项工作的助理教师等辅助角色共同参与其中。另外考虑到当下毕业生求职环境愈发紧张的情况之下，部分院校开始考虑增加一些具备职场引导能力的员工加入他们的教学团体当中去以便更好地协助他们完成毕业后的顺利过渡过程。

# 第二章　学生事务管理与运行保障

## 第一节　学生事务管理概述

### 一、高校学生事务管理内涵

（一）高校学生事务管理的概念

"学生管理工作"这个词通常是指中国大学生的非学术性和课后生活的一系列活动，涵盖了诸如道德观念的教育、法律遵守和行为准则的学习、日常的管理、学生组织、各类课程外的活动、文化体育的活动、资金的支持、贫困学生的援助、心理咨询、身体健康保障、职业发展辅导等多个方面。如同教导和研究工作是高等教育的核心元素一样，学生事务也是其必不可少的构成要素之一。随着大学生事务的不断演变和细分，越来越多的专家和实践者开始重视"学生事务管理"这一概念。然而，当前国际国内对于"学生事务管理"尚未达成一致性的定义标准。

（二）高校学生事务管理内涵

"学生事务处理"指的是高等院校对于学生的相关事件的管理规划及实施过程，涵盖了一系列涉及学生的非学术性的任务，例如生活辅助、课余活动、健康维护、职业指引、心理支持、兼职工作、校园安全、奖惩制度等等。其主要目标在于为学生提供优质的服务，以助力他们的全人成长。所以，如何实现有效的教育教学、研究和服务融合，成为现阶段大学学生事务管理工作的关键趋势。而大学的这一职责应被理解为由以下三部分构成：

1. 教育

学生的日常管理工作包含了教育的核心元素，它作为高校的一项重要组成部分，同时也在推动着学生的全面发展和社会化的进程中发挥作用。因此，任何一种形态的学校工作都需要具有一定程度的教育意义。对于学生来说，他们需要接受积极的道德观念培养，以建立正确的价值取向、人生理念和生活态度；通过提升他们的心理健康水平来指导他们在未来的职业道路上做出明智的选择；并努力打造出优秀的个人品德和人格魅力。

2. 服务

所有与学生相关的事务处理，例如登记入学资格、实施奖学金项目、宿舍安排、参与社区服务、制定职业生涯计划、提供心理辅导、组织娱乐活动等众多领域都不仅包含了管理的职责，还展示出了服务的特性。而所谓的学生事务管理的服务理念就是指怎样为学生的进步、技能提升及个人发展的需求创造有利的环境。

3. 管理

针对学生的事务处理有着明确的目标需求，这需要具备专门的技术和实践经历，并需合理分配各类资源以确保其有效运作。所以，这是一个独特的管理过程。对于学生事务管理的核心在于促进学生的成长和进步，主要是关于维持学校正常的活动规则，例如保障学校的安全稳定、优化学生的学习氛围及安排课余时间的学习计划、评估学习成果并对优秀者给予奖励或惩罚；同时还涉及指导学生参与班级和社会团体的工作，如组织的各项活动等等。

## 二、高校学生事务管理基础理论

### (一) 学生发展理论

遵循提升学生全方位成长的目标,学生的进步理念被划分为两个主要部分:心智与品德的发展观念。这些概念对于大学生的管理领域有着深远的影响,并能有效地引导以发展为中心的学生服务工作。它们也为我们设计有助于学生全人发展的策略及服务项目提供了理论支持。

#### 1.心理发展理论

心理学的发展理念主要涉及学生进步的内容和本质,其焦点落在探讨"自我认同"如何从个人的角度向社会层面推进。这一观点主张"进化"是一个持续的过程,每个人都可以应对各个时期所遇到的问题,而这些挑战随着时间变化并保持连贯性。这种观念及其相关的研究策略对大学生的管理工作产生深远的影响,尤其是那些能直接触动的学生工作,如艾瑞克森的生命周期的概念、罗杰斯的"以人为本"的辅导思想等等,它们都强调了大学生管理工作应立足于发展视角,旨在协助学生顺利完成各阶段的转变过程,推动他们的全面成长和成就。

#### 2.道德发展理论

基于社会的需求而产生的道德发展理论是由众多如皮亚杰、柯尔伯格、班杜拉、马斯洛等的教育与心理学者们通过大量的研究工作构建、深化并优化而成。该理论阐述了道德教育的普遍法则,强调个人的品德并非来自教师有意识地培育,而是伴随着个人性格的发展和社会化的进程自然形成的。因此,唯有适应学生的道德进步情况,才能实现有效的道德教育。

### (二) 马克思主义对于人的全面成长的理论阐述

马克思主义教育理念中的一个核心观点是人的全面成长。人的全面成长是社会进步的基础问题,同时也是我国大学生活管理的基本目标和价值导向。对于人的全面成长的理解,是优秀大学生活管理的基础和先决条件。

"个人全能发展的理念首次由卡尔马克斯于其作品《德国思想体系》提出并系统化描述；之后他也在其他关键文献里对这个主题进行了深入探讨和解释。人格全方位成长被视为一种综合且平衡的方式来实现人类需求得到满意度提升与能力增强的社会关系多样性和个性独立表达及主导地位充分发挥等等多元化的目标——这便是马克思对于人性完善理解的核心意义所在：它涵盖了个体的全部生活领域如物质需要获得充实感、精神力量增长和社会交往深度拓展等方面的人类活动方式及其结果都应达到均衡状态，以达成个体自我价值最大限度体现的目标。

人类进步涵盖了全方位的提升。马克思持续提及的"全人化"并非意味着个人成长的目标应该是达到完美或超越自我。他主张，没有人能具备拉斐尔的天赋。然而，社会应当给予所有人同样的机会，让那些拥有此种天赋的人能够无拘束地充分发挥并展现他们的才华。实现个人的最大潜力就是"全人化"的核心内涵。当这一目标达成时，也即标志着人类的自由和平等得到了真正的体现。因此，从这个角度来看，"全人化"与人格独立、平等是相一致的理念。

"人类的全方面进步"被马克思视为至高无上的价值观念。这是人类进化的最终阶段及完美形式。这种状态并非天然形成，而是在历史进程中逐渐演变而来。其关键因素在于人类的历史成长及其所带来的条件。首要的是，这意味着人类的发展达到了极致，涵盖了各种技能如工作能力和社交活动的最大化提升，也反映出人们的社会联系更加复杂且完整，需求得到全方位的满足与扩展。此外，这也代表着人类追求自我解放的过程，体现出了个体独立性和掌控力的增强，展现了他们对于个性表达和个人时间的充裕利用。

人格的发展构成了马克思主义中对于人类全方面进步的核心要素。完全实现自我个性化的过程，被视为人类全方位提升的目标与终极体现。此处的"完全实现自我个性化的过程"是指基于整个人类的或者个体自身的自由独立发展基础之上，通过其独特的性格及行动方式来展示，并重点关注于心智特质及其技能水平等方面的高度完善。根据马克思主义理论，因为私人所有制的出现和社交分工作业的影响，人们的活动已经发生了异变，使得物件的力量开始控制着人类自身。由随机因素导致的个性抑制现象，已经在资本主义社会变得最为严重且广泛存在。直到进入到社会主义阶段，当外部的环境能够真正地促进个人才华的实质性进展并且能被个人自己掌控时，每个个体都可以充分发挥出他们的特色、完整性和全面性，使每一个人都是既自由又有各自特点的存在者，同时也将形成一个充满各种不同个性的自由人士的社会群体。

人格的全方位成长一直是引领中国高等教育的学生服务管理工作理念的核心内容。大学致力于塑造"全才型人才"的目标，通过向学生传授正确的世界观、生活态度及价值观念来实现他们的多元化发展，并确保他们在各个领域都能均衡地进步。与此同时，我们需要把马克思主义对于人类全面提升的概念融入学生服务的日常运营过程中，关注学生的个性和自主能力的发展，持续优化学生服务管理的策略和方法，从而推动他们朝着"全才型人才"方向前进。

## 三、高校学生事务管理内容

我国的大学生事务管理应当涵盖以下内容，即鼓励、资助、勤工助教、心理咨询、平时教育、文化教育活动和实践、宿舍管理及纪律处罚等。

### （一）学生奖励

这是我国大学生活的核心部分和常规任务，也是管理和鼓舞学生的有效方式和关键工具。奖励就是从积极的角度肯定学生的思维和行为中的正面元素，以实现激励优秀者、树立典范、弘扬正义的目标。

中国的大学校园中，激励方式主要分为两类：精神性和实物性的。前者包含了公开赞扬、公告嘉奖、颁布勋章、发放奖牌或者授予名誉职位；后者则涵盖了奖金与礼品等等。目前，大部分学校都采取了综合的方式来激励学生，即既提供精神上的鼓励也提供实际的支持。一般来说，这种激励制度是以年度或学期为周期，通过评估学生的道德品质评分及学业成果，从而确定是否应该获得奖学金或是被评为"优等生""杰出的领导人"或者是"优秀的团队"等。部分高等院校还会选取一些毕业典礼中的佼佼者。对于那些积极参与社区服务、团体活动并能带来正面影响的学生来说，他们可能会得到相应的认可和奖励。而大多数时候，这些工作是由基础教育部门的人员负责实施，如口头的称赞和奖励。至于更高级别的表扬和奖励，例如学校的官方表彰，往往以书面形式发布或者举办一场盛大的仪式来庆祝。

自 1975 年以来，中国高等教育机构逐渐改进了资助体系并推广了获奖者系统在全国范围内实施。各类不同的资金都是为了表彰和鼓励学习优秀及做出贡献的其他方面的人才制定出来的。根据财政资源分配方式来看，主要分为两类——由政府规定且提供的常规型补助金和社会组织和个人捐款建立或者通过名人筹款的方式来创建的社会公益性质的项目等类型。另外还有三种常见的使用途径包括：对优秀的全能人才给予认可与激励性的现金补贴（一般按照级别划分）；针对特定项目或是活动的专门设定用来表扬那些在此活动中脱颖而出的人员获得的资金支持；特制型的资金授予给某些在学校内外的重大场合上展现出非凡才能或者是产生重要影响力的事件中的杰出人物。

（二）学生资助

自 21 世初以来，全球普遍面临大学资金不足的问题已经成为一种现象级事件；而伴随着"谁应该承担"这一问题的讨论——即应让那些从学校中获益的人来支付其费用，许多国家都开始采取这种方式作为政策指导方针。然而，因为社会的经济状况及个人间的收入差距的存在使得大学生们的背景也有所区别：一些家庭的负担能力有限以致于他们无法承受学费带来的压力与挑战；因此为了维持各国快速增长的高教事业并确保所有人都能够获得优质的教育资源（尤其是贫困生）就必须建立一套完善且有效的助贷制度，其中包含对于各种类型的奖金奖励计划、生活补贴项目及其他形式的支持措施的研究管理工作。

作为一种由政府、院校及社会赞助组织所提供的激励机制，以表扬并嘉奖优秀的学子，奖学金已成为高等教育管理的核心手段之一。它涵盖了有关奖学金创建、评估、分配等方面规则和规定，构成了我国大学生的经济援助系统的关键环节。其目标在于激发学生的积极性和潜能，推动他们发挥出最大的能力，进而提升他们的综合素质水平。此外，除政府和学校的设置外，来自慈善团体、商业机构、工场或者个人捐赠也常常构成奖学金的主要来源，使得各类奖学金形式多样化，这无疑是对大学生财政支援系统的强有力的支撑。

鉴于学生奖学金无法惠及所有的学生，因此，学生补助等资助方式也是学生资助体系中的关键环节。在我国，大学的援助措施主要涵盖以下几个部分：

1. 建档案库

建立贫困学生的家庭信息库，全方位了解这些学生的基础状况，以提高资助工作的目标和针对性。

2. 对新生开放"绿色通道"

"减免、延迟支付和免费"是关键策略，针对一年级贫困学生实施学费延期付款或者直接取消收费。

3. 完善国家助学贷款工作

大学的学生事务管理部门需要与贷款发放的银行部门合作，构建风险基金和诚信体系，以促进学费的有效收取。

4. 临时困难补助发放

此策略旨在处理学生的紧急问题和挑战，特别是那些因个人财务困境或者家庭突如其来的变化而导致无法获得足够资金以满足基本生活的需求的情况下的救助方案。同时，该计划亦包含了对教育的支持方式——借款制度。许多国家的银行和其他相关组织均提供了这种服务。同样，我国也在高等院校内为大学生们设立了一项无需支付利息的教育援助项目贷款。

在当前的教育环境中，如何将以上提到的学生资助体系的元素融合，并建立更高效的资助制度，逐步成为许多国家大学事务管理工作面临的挑战。

### (三) 勤工助学

高校学生勤工助学活动，也可称为是勤工俭学活动。我国《高校学生工作辞典》中，对其内容范围进行了明确的界定：勤工助学是为了培养高校学生的劳动观念、自立精神和创造能力而开展的校内外各种有偿服务活动，是高校学生社会实践活动的一种特殊形式。同时，勤工助学活动还能够帮助家庭经济困难的学生获得一定的报酬，顺利完成学业，促进学生综合素质的提高。高校在其学生事务管理中，要提倡和支持学生在不影响学习的前提下，利用课余时间从事健康有益的勤工助学活动。同时，还要评定勤工助学活动的利弊，检验勤工助学活动的内容是否有利于锻炼学生的社会活动能力，是否有利于促进学生把被动接受知识与主动消化、运用知识结合起来，是否有利于引导学生树立正确的市场经济观念和法治观念。

高校事务管理部门在理解勤工助学定义时，应注意两点：一是"勤"，必须是诚实、合法、适当的劳动；二是"助"，有助于学生的学业和成长，既能获取经济上的报酬补贴学业，更能从知识上、能力上得到有益的补充，同时还有一定的社会效益。同时，还应适应形势发展，明确其指导思想，在勤工助学活动中培养学生的自我管理、自我教育、自我服务的能力；培养学生热爱科学、热爱劳动、敢于创新、自强自立的成才价值观；培养学生树立正确的市场经济观念、竞争意识和法治观念。此外，负责高校勤工助学的学生事务部门还应该围绕勤工助学的派发程序、社会的投诉处理、奖惩学生等内容来制定规范、合理、切实可行的管理制度，并及时建立人才供需信息库，及时有效地架起供需双方的桥梁，使勤工助学管理走向有序、高效。

### (四) 心理辅导

心理健康已经成为大学生身心健康的一个关键指标，并且在大学教育中占据了重要的位置，这也逐渐引起了大学和社会的广泛关注。

由于这个原因，各大院校都积极地创建了专门针对学生的心理咨询和指导部门，比如设有心理咨询处、学习中心和心理社团等等。这些心理辅导机构需要在学校的充足人力和财务支持下，建立起全面且多元化的指导系统。其服务范围涵盖了心理咨询、情绪调整、技能提升、调研探索以及国际交流等多方面。具体的实施方法可以是单独或集体式的辅导，包含心理评估、教学研讨班、大规模实践活动等多种形式。所提供的培训项目则涉及个人的成长进步、恋情处理技巧、实用心理学知识以及身体健康维护等多个领域。他们可以通过团体咨询和个人咨询的方式来回答学生们关于学业和生活上的各种心理困惑，例如如何应对新的环境、如何有效的学习、如何化解师生或者同窗间的矛盾等问题。心理辅导的主要任务不仅在于弥补和教导，同时也关注防患未然的研究探讨。另外，心理辅导还需要向学生提供一系列的标准规范测试。

此外，大学在执行这项任务时，需要将心理健康的教学内容整合到整个指导过程中，并且让两者之间形成紧密联系，然后在实践操作上重视利用心理学的原理去解决与解析大学生所面临的问题，例如尽可能挖掘他们的优势，为他们提供展示自我才华的机会，以此激发他们的特殊才能，让他们感受到自身的存在感和价值感，同时也探索如何将这样的激励转化为有价值的内在动力，推动大学生全方位的健康成长。

（五）日常思想教育

对于中国大学的学生管理工作来说，常规的思维训练不仅是一种独特的特征与传统的延续，同时还是其核心部分的重要组成元素之一。这其中涵盖了党的组织建设培训课程；班集体的管理任务执行情况及各类的教育活动的举办安排等环节；对个别学生的心理辅导及其家庭成员的关系处理方式也包含在了这个过程中；此外还需调动学校内部各个部门之间的合作关系以实现"教学培养""行政监管"并结合到"后勤保障"，从而达到全面提升大学生综合素质的目的。

党的团体训练主要是依赖基层党组织来引导大学生思考问题的方式，通常是由各个学院/学科的学生党支部书记主理并且监督团委及学生联合会的运作情况。他们利用非正式的学习中心与"两个同时研究"（即研读马克思主义理论和社会科学基本法则）的小组，强化了对于大学生的领导者培训过程中的政治意识形态塑造任务；同时也加强着他们的入党和选派工作的实施力度，从而建立起一支能够充分发挥其引领示范功能的核心团队——也就是那些被选拔出来的优秀共产党员。另外，借助学校共青团委员会及其他相关组织的协助下开展各种丰富多彩且富有吸引力的教学实践项目也是一种有效的手段：这些方式不仅能使学员从中获得乐趣也能让他们从中学到知识。每个教室都是我们每天所要面对的最直接最基础的信息传递场所，因此教师或者助教都会定期举行主题讨论会议或是其他一些常规性的课堂互动环节以便让所有同学都能参与进来接受这种信息传播的影响力并对自己的行为产生影响。值得一提的就是近些年来新生报到后的第一堂课已经受到越来越多的关注而且也逐渐形成了一定的制度，规范流程使得这项原本可能只属于某个老师的工作变成了整个学校的共同责任而不仅仅只是某个人可以独自去执行的一个简单的操作步骤而已。这其中体现出的就是它的标准化程度越来越高，比如像安排好迎新的具体事宜，提供必要的住宿服务，等等，都成为了这个过程中不可缺少的一部分，还有针对不同的新生群体量身定制的一些特殊课程设置，例如如何快速融入大学的社交环境怎样才能更好地掌握学业技巧等问题都可以在这个阶段得到解答，最后再配合各类专题讲座的辅助措施就可以确保每一个刚刚步入社会的大一新人都有机会顺利度过这段人生中最为关键的第一年。

我们需要强调的是，在我国的高等教育机构中，学生的常规思想教育主要由班主任和辅导员来执行。同时，建设一支高效的班主任和辅导员团队也是大学生活管理工作的重要职责之一。

（六）校园文化活动和社会实践

当知识型经济时代来临之际，我们急需大学能够培育出大量具备创造力和实际操作技能的高级人才。而从教育的角度来看，所谓的课外活动是通过在学校的学生们之间，以各种形式和方法，并根据预先设定的目标、组织结构和时间表来实施的教育项目。这类活动的存在对于塑造富有创新思维和创新技巧的专业人士至关重要，同时也能推动大学的管理人员持续改进自身能力和提升自己，并且有助于深化大学与国家的创新系统的发展。

基于此，我们需要进一步深入探讨有关课外的科技创新奖励系统，强化其管理职能，以最大限度激发教职工及学子的热情，确保科技创新项目的有效推进；同时要重视宣传激励的作用，维护学生的创造力，遵循人才培育的原则，使课外科技创新实验能够持续且健康的运作。高等院校的学生服务管理机构应竭尽全力为学子们提供他们需要的实验室、图书馆资源以及优秀的导师团队，并且通过各种途径来筹措活动经费并建立相应的规章制度以实现有效的监管与支持。近些年，随着"教育革新方案"在全国范围内的推广应用，一些大学已经开始建设工程实习平台或者创新实践中心，这有助于突破传统的专业实验室封闭式的运营方式，构建起一个全方位覆盖各个专业的共享平台，同时也设置了一些奖项用于鼓励学生独立研发的项目，例如举行研讨会、座谈会、比赛等等，以此全面提升他们的专业能力和整体素养。

此外，培育创新思维及执行力需要依赖于社会实践这一步骤。通过参与社会活动，学生能够把理论知识应用于实际情况，使理想与现实相融合，学术研究与职业技能相互促进并同步提升。鼓励他们走出课堂，运用所学的专业知识来解决问题或提供协助，以回馈社区和社会，从而产生积极的教育影响。他们在工作中锻炼了自己的毅力和独立思考的能力，同时也积累了丰富的社交经验和人际沟通技巧。

（七）学生宿舍管理

在中国的大多数大学里，都采用的是住校制度，这意味着学生的寝室对其教育的潜在影响不容忽视。然而，因为没有专职的学生管理工作团队来处理这个问题，所以长久以来，学生宿舍的主要职责只是为学生提供居住空间，并确保他们的基本生活需求得到满足，如住房、家具及水电气供应等，也就是说主要关注物质方面的保护。之后，一些学校成立了专门的学生工作部门，这些部门也开始介入到学生宿舍的管理中去。此时，学生宿舍的功能已经不再局限于物品方面，而是扩展到了人的层面，也就是强调维护良好的学习环境和生活秩序。到了21世纪初期，为了加强大学生教育管理，同时改善学校的整体氛围，许多大学决定把学生宿舍的管理权转移给相关部门。

现阶段学生的住宿安排主要分为两个方向：一种是由学校行政机构负责；另一种则是由学校的后勤与学生事务部门共同监管。近年来，由于推行学分制，学生宿舍的教育职能得到了更多的关注。许多大学致力于提升学生寝室的生活环境及服务水平，并将其视为思想教育的核心区域，积极推动"文明宿舍"和"宿舍文化"的活动。此外，部分院校已经开始执行让辅导员入驻学生公寓的管理模式。然而，目前的大学生宿舍管理问题在于其工作人员的能力和设施无法完全适应高层次的功能需求。再者，有些省份或城市正计划建立面向社会的住宿场所，以提高生活品质和服务的质量，同时也需要注重培养学生宿舍的高级教育作用。

（八）纪律处分

规则和规定是所有人在特定社会的背景下并在一定范围内需要遵循的规定与条例。对于学生而言，学校根据其所受的教育法则或是自身制定的相关条款来实施相应的处罚措施——这被称为学校的违规处理方式。

高校学生正处在青春发育中后期，心理发展处于一个走向成熟又未完全成熟的关键时期，身体与心理发展会存在某种不平衡现象，导致他们在处理问题时会出现自律性较差、思量不够周全、忽视学校的规章制度、全凭个人意愿做事的现象。同时，由于社会与经济的快速发展使人们的价值观念呈现多样化的发展趋势，在校学习的高校学生也不可避免地会受到一些社会不良习气的负面影响，缺乏法治观念，发生违纪行为，对他人的合法利益、学校正常的教育教学秩序造成不良影响。而学校为了维护良好的校园和学习秩序，就有必要严肃校风校纪，对这些违纪行为进行处理，给这些行为的主体一定的处分。

对于大学生行为违规的管理问题上，学校的学生行政服务机构需要特别关注两个关键点：首先是强化违反规定大学生的道德观念的培养工作，包括他们的守纪意识、生活习惯等方面，提升其自律能力及自主管理的技巧，从而让外部的规则被他们内在地接受并形成一种思维方式。其次是在给予相应的惩罚之后为这些犯错者提供心理咨询支持以便缓解他们在面对处罚时的精神负担或潜在的精神危险，避免因受到处理而丧失信心甚至放弃自己的人生道路的情况发生。同时也要确保每个有疑虑的同学都有机会提出自己的观点或者寻求公正合理的解释的机会，并且要遵循适当的教育流程去执行相关决定以此保护所有人的权益不受侵害。

## 第二节　学生事务管理运行保障

### 一、管理体制与机制概述

无论是否依据某一理念来建立学生事务管理体系和运作模式，每个学校都有其独特的优势和适应教育环境的特性。也就是说，不同历史阶段、同一历史阶段的各种社会环境对大学学生事务管理体系的建设具有重要的影响力。

首要任务是定义一些关键术语。在学校环境下讨论"管理体制"时，通常涉及四种元素：大学、院系/研究所、学员和社区。虽然现阶段正努力提升学生的自主管理能力，但是从学校的角度来看，建立学生事务管理体系的主要目标就是把学生纳入到这个系统当中。不论是在理论还是实践层面上，大学的管理制度建设都会受到这四个要素的影响，即学校、院系/研究所、学员和社区。因此，我们将以这些为基石，深入研究学生事务管理体系及其运行模式的特点。

大学生的行政管理体系模式。从学校的角度出发，包括学院、学生及社会等多个层次的学生管理工作系统，其理论框架可以分为单一并行的、多元并行的、单一垂直的、多元垂直的、多元交错的，以及环形运作这六大类型。其中，"平行"指的是管理部门与学生的关联方式；而"垂直"则表示管理部门对工作的直接控制手段，同时也象征着学生自主管理的原则。全球范围内常见的有单一并行型、多元并行型、多元交错型及环形运作型的大学生行政管理体系。

## 二、我国大学生事务管理体系的特性和作用

### （一）学生事务管理机制的特点

#### 1.教育行政导向明显

教育的政策方向明确且清晰，它引导并监督大学生的相关活动。中国的高等教育体系经历了一个从全国集中式管理到省级及以下各级别的分层管理的转变过程。其中，中央级别的主要学生管理部门为教育部高校学生司，而各省则设有专门的管理单位如高校学生处（道德建设办公室）等。部分大中型城市也设置了类似的教育委员会下属的学生处以协助其开展大学生的工作。当前阶段，主导本科学校学生工作的关键因素包括教育部及其相关的主管部门。他们主要职责在于根据适用的法律、条例和命令来执行大学的学籍管理及其他相关学生的业务处理。这种影响力体现在制定相应的规则和规定上，同时也涉及对于这些规定的审查、评估和监管，同时也会举办跨学校的交流会和研究会议。目前的状况显示，教育部高校学生司和各省市的教育委员会下的高校学生处同样承担着招生和就业制度变革的责任，并且负责整个国家范围内高学历证书的一致化管理。因此，我们可以看出中国的大学生工作受到极大的教育政策的影响。此外，我们还可以看到的是，大学生的管理工作受到了来自中央和省级（直辖市、自治区）

学生司、处的直接管控和指导。

2. 校、院（系）两级管理体制，条块结合

校内横向联合，两级运行，条块结合，形成网络。调查发现，高校普遍成立了校级学生工作委员会，委员主要来自学生工作处（部）、宣传部、团委、保卫处、总务处、教务处、思想政治教研室、社科部、军体部等部门，学生工作处和学生工作部作为其办事机构。在院（系）一级，有的设立学生工作办公室，有的成立学生工作领导小组，小组成员一般由院（系）党总支副书记、副院长（副系主任）、总支秘书和团总支书记等担任。院（系）学生工作领导小组接受校学生工作委员会领导，工作上接受学生工作处（部）的指导。大多数学校目前是校、院（系）两级管理体制，条块结合，以块为主。

（二）学生事务管理机制的功能

1. 体现管理理念的功能

学生的日常生活管理工作观念构成了对该工作的核心价值观及方向指引。然而，这个工作理念需要被实际应用并展现出来，并非仅仅依靠制度。这是由于学校的学生日常生活管理工作体系只是设定管理者角色及其职责分配，它描述了各项管理活动的各个元素之间的静止状态，而非能使管理理念得到实践和展示的方式。但是，学校的日常生活管理工作系统则是一个包含所有管理活动中各部分互动关系的动态流程，并且是以某种特定的工作理念作为引导，同时也是为了达到这种工作理念的目标。所以，这项工作的理念必须借助这些管理工作系统才能够获得实践和展示。

2. 实现管理目标的功能

学生的个人事务处理工作旨在根据学校的发展计划来塑造他们的世界观、价值观念及道德理念，以推动他们全方位地成长并培育出适应社会需求的人才。若把管理的组织结构看作是对各种要素的分配安排，那么管理模式就是这些要素间的互动与运作状况。只有当各个要素之间产生交互影响并且持续运转时，它们各自的能力才会得到充分发挥，从而达到管理的

终极目的。所以，大学生的个人事务处理方式具备达成其任务的目的功能。

3. 完善管理体制的功能

依据马克思的主张——物质基础影响意识形态并为其提供支持；同时，后者也会对其产生反馈效应。这种关系同样适用于学生的行政管理工作体系及其运作方式之间：前者的性质被视为核心部分（即"内核"）而后的功能则是外围元素或表现手法（"壳"）。正如之前提到的那样，"内在因素"指的是工作流程及策略，"外部环境"是指组织架构等具体实施手段。工作的实际操作过程是由内部规定驱动的，并且必须由这些规则指导组织的结构设计方向。然而另一方面，执行过程中可能会出现一些问题或者困难，这会给整个系统带来负面效果甚至导致其无法正常运转的情况发生。此时我们应该及时调整优化现有的制度框架以便更好地满足需求而不是一味地坚持旧有模式而不加改进。事实上，目前来看我们的教育机构已经形成了一定的规章制度作为基本原则去规范日常行为活动并对各种情况做出相应的反应处理措施。不过如果我们要进一步提升效率的话就得考虑如何根据实际情况灵活运用现有政策法规从而达到更好的结果。所以我们可以看到其实这个系统的有效性和可行性的关键在于它是否能够顺应时代发展趋势不断自我更新进而保持活力持久下去。

### 三、对于大学生事务管理体系和机制的历史变迁模式以及未来发展趋势

**（一）历史上大学生事务管理体系和机制的演变模式**

在各个时期的历史背景下，学生的行政管理工作会受到各种外部的环境与条件的制约，这导致了其管理的组织架构及制度会有所差异，以便能够满足这些变动的需求并保持有效的运作。回顾中国高等教育领域内的学生服务管理体系的发展历程，我们可以看到它主要分为两大类：一种是分权化的模式，另一种则是混合型的模式。这两种模式都反映在中国大学内

设置有专门负责学生工作的部门——学生工作处的现象中。

1. 分散模式

所谓"分散模式",是指在校内未设专门学生工作管理机构,学生工作管理的权限分散在学校许多部门,学生工作管理的职能由这些部门分别实施。如学生的教学和学籍管理由教务处负责;学生的生活管理由总务处负责;学生的学籍管理中的招生和分配分别由教务处和人事处负责,其他方面如奖惩有的属于人事处,有的属于教务处,即由设在教务处或人事处内部的学生科负责。学生的课外活动由团委负责。在院(系)一级,学生工作主要由院(系)办公室负责。年级和班级设立政治辅导员,辅导员承担所有的学生事务,他们融党政于一体,集教育、管理任务于一身,充当起学校最为基层的学生工作的代表。

2. 专兼模式

学生工作管理体制的"专兼模式",是指学校设立了学生工作处(简称"学工处",也有的学校称"学生处")和学生工作部,学生工作处(部)作为高校学生工作管理部门的主体,承担主要的一些学生事务及其管理工作。团委作为另一个相对重要部门主要承担学生课外活动和校园文化活动的组织和管理工作。其他部门继续履行部分学生工作职能。为了协调学生工作处(部)和团委的工作,许多高校团委书记兼任学生工作处(部)的处(部)长,少数学校学生工作处(部)还与团委合署办公。

为实现对所有学生的管理工作的一致性和有效性,众多大学设立了一个由党派及行政主管组成的学生事务委员会,并设有相应的执行单位——学生服务办公室或部分。这个组织主要负责处理大学生日常生活的大多数问题,包括监督各个学院(系)的学生工作小组和共青团(支部)的活动。同时,他们也肩负着协助校长和学生事务委员会来统筹校园内的全部学生活动系统的责任,这其中涉及各种内外部的关系(即与其他部门的沟通协作)。

这种模式是在"分散模式"基础上发展而来的。学生工作处的普遍设立除了学生事务的增加、学校管理部门的职能进一步分化等原因外,其直接的动因是出于加强对学生思想政治工作和纪律管理的需要。为了协调行政管理和思想教育两方面工作，一些学校又在学生工作处的基础上设立学生工作部，作为党委的职能部门，领导和协调学生思想政治工作。设立学生工作处和学生工作部的学校大多采取"部处合一"的体制，使学生工作党政齐抓有了组织保证。与此同时，有的学校成立了学生工作委员会，并将学生工作处和学生工作部作为委员会的办事和执行机构。这种制度使得学生工作处和学生工作部的协调功能得以充分发挥，学生工作也得以更好地实现了齐抓共管。在院（系）一级学生工作方面，明确了院（系）党总支副书记对于本单位学生工作的领导责任，吸纳副院长（系副主任）、总支秘书和团总支书记成立学生工作领导小组，用以指导和协调全院（系）的学生工作。各班配备班主任或年级辅导员，加强日常思想教育和管理工作。高校内部基本形成了分工明确、专兼结合、齐抓共管，校、院（系）两级职责分明、条块结合的学生工作网络和运行机制。

（二）创新的学生事务管理机制保障条件

管理制度、核心素养等是保证高校学生事务机制的重要因素，而且这些机制需要进行纵向和横向的统一。特别是未来服务与接受服务机制的实施条件也必须有相应的创新保证。

1. 高校学生事务管理体制保障

大学生的行政管理工作体系构成了其管理的实施方式及保证措施。为了达到指挥和服务相结合的管理模式或全然的服务式管理模式，我们必须对现有的管理结构做出调整并创建全新的架构。建设大学生行政工作体系时需遵循三项准则，首先是严密的管理规章，以法制为基础办学。其次是以人为主导，打造独特的校园文化。最后则是灵活的管理策略，确保学生的利益得到维护。所以，大学的体制改良应该包含两部分的内容：

学生的行政任务处理系统被简化为由校园、系部、学生和社会共同参与的模式。所有涉及学生的活动都被整合至学生事务管理的核心部门。学校的首要职责在于监控学术相关的事务，并设置了一个专门的学生事务管理监察团队，以确保其协调性和有效性。此外，社会的支持直接面向学生，使学生事务管理体系成为一个独立的专业领域，具备一定的行业准则，并在与学校保持协作的同时也存在着竞争关系，这有助于推动校园内外服务的更加专业化和高效率发展。

对于学生的事务管理任务，其目的清晰明了：首先，我们需要区分处理事情与照顾人的职责，始终保持以人为中心的原则；其次，我们要构建一种全新的教育机构直面学生的新型的学生管理结构，并根据每个学生的特质提供有针对性地管理服务，防止学生事务的管理过于宽泛；再次，我们将依据法律法规来执行，创造出法治校园的环境，提升学生的法制认识及自我管理的能力；最后，我们要深思熟虑学校的发展方向，坚定遵守学校的发展目标，积累学校的文化特征，塑造学校的独特未来。

2.高校学生事务管理主体素质保障

高等教育机构的管理者质量对于管理的有效性有着重要的影响。然而，两种不同的管理模式——命令和服务相结合的方式以及纯粹的服务导向方式，都为大学生事务管理人员的能力提升设定了更高的标准。新式服务的引入将会导致管理理念、规则、方法以及学习态度的变化，同时也会进一步强调大学生的主导角色，并持续优化学分制体系。"如今的学习观点是一种全维度的视角，包括人际交往能力和独立思考能力的培养。"教师的主要任务在于教授学生如何为人处事，引导他们自我探索。这也就意味着对管理人员的品质、知识水平、创新精神以及综合协调管理技能等方面有较高的期望。

（1）专业的管理团队。对于大学生的相关事宜的管理人员而言，他们的首要任务就是实现管理的专门化。如同其他如律师或医师等高度专业化的职位一般，他们需要拥有相应的职业能力与技巧。作为一种涉及多种学科领域且形成独立专业领域的社会职务，大学生的事务管理工作对工作人员提出了更高的要求：必须至少持有硕士学历，掌握包括心理科学、人力资源开发、管理理论、法律原理、道德哲学、政治研究、历史分析和社会调查等多项专业知识及技能；并且要有自我推动的思政教育理念，这样才能够向学生们提供高质量的服务。

（2）"职业化"是指个体为获得经济回报所执行的一系列持续性的社交行为，它代表着一种特定的、稳定且具有收益的专职工作类型。尽管职业化与专业有所区别，但职业化的重点在于对特定行业的专业特性及其发展的理解和社会认可度及制度认定上，这强调的是该行业的成熟性和高度专业化。然而，并非所有专业的学习都一定会转化为职业生涯，因此接下来需要考虑的就是如何实现"职业化"。虽然专业分化可能带来职业化的发展，但并不是所有的专业都会自动产生这种结果。因此，我们需要构建一套完善的团队管理体系，特别是针对辅导员的招聘、培养、评估等一系列流程制定出合理的管理策略。

确保充足的教育资源分配给老师与同学之间的人数比例应达到至少每两百名学生的配额中有一位专门负责的学生指导人员（即"班主任"）的标准。我们需要遵循教育部门发布的关于高校导师团队建设的规则并严格执行相关政策来确定合适的招聘标准及程序以吸引多元化的应聘者加入到我们的教职工群体当中去。我们可以通过以下三种方式实现这一目标——首先是从新入职且拥有研究生或博士学历的新任讲师开始着手寻找符合条件的候选人；其次是在公开市场招募有经验并且具备担任过类似职位的人员作为补充人选；最后可以考虑由学校的管理层提拔一些表现出色的在校大学生领导参与其中成为新的成员之一。为了提高教学质量同时保持持续的发展势头，我们要重视对所有工作人员尤其是那些从事基础教育的老师的定期训练计划并对他们的工作成果给予公正客观地评价以便于他们的升迁或者奖励等方面的决策能够更加合理有效。此外还要注意为这些员工提供合理的薪酬福利制度使他们在生活方面无须担忧从而能全身心投入工作中发挥更大的作用而不是频繁跳槽导致人才流失的情况发生。

（3）强化对管理的科学研究。作为高等院校思想政治教育的接受对象，这些个体拥有独立思考能力并逐渐适应社会环境，他们尊敬科学和理性，所以，对于思想政治教育而言，其教学质量的高低取决于科学研究的深度。如果缺乏或者研究不够深入，那么就无法实现科学和理性的教导。"大学里的思想政治教育应该以服务教学、满足学生需求和社会需要为主线，明确以下三条路径：首先，应关注如何把教学中的问题转化为研究课题，然后深入探讨，并将研究结果应用到教学实践甚至重要的学科理论和教学方法上；其次，要密切联系学生的发展，例如他们的心理健康、职业成长、个性塑造、社交技巧、恋爱观及法治理念等方面的挑战；最后，也要考虑社会的利益，因为思想政治教育科学研究也需要服务于社会，并且需解决实际的社会问题。"这样一来，大学生事务管理部门可以通过以上提到的科学研究过程，吸收了能促进全人类发展的最前沿知识，将其转变为自己工作能力的核心部分，进而提高自己的管理工作水平。

### 3.高校学生权益的保障

通过整合命令和服务的方式来实施的管理模式，某种程度上展示了对于大学生的主导角色——即他们是管理的直接目标这一点的认可。而全然的服务导向式管理方式则更为彻底地把大学生视为主要参与者。所以，实行命令与服务相结合的策略或全面服务的策略的关键思想之一便是重视学生的权利。

通常，学生的权利不仅涵盖了人类天性中最基本的人权，也包括他们作为学生所享受到的法律赋予求知者的权益。这些都是人和学生必须、基础且无法剥夺的权力。

（1）首先需要完善的是我们的法律法规框架，尽管我们已有一套法规系统来指导大学运营，但关于保护学生利益的相关法规仍需进一步优化或者详细化。为确保学生作为主导者的行为得到约束，同时保证他们的合法权利不受侵犯，有必要创建一套针对学生的专有法律制度。中国目前缺乏"学生法"这一现象部分程度上表明了对学生这类的法律实体被忽视的情况，这也影响到我国整体的教育法律系统的完备程度。通过深入研究并建立"学生法"，用法律手段明确规定学生们的权力及责任、监管措施及其奖励惩罚等问题，不仅能体现出对学生权利的重视和维护，也能推动学校实行法治化的进程。

（2）提升学生的自主参与感是关键。身为自我保护权利的主导者，他们应当对他们的权利有着深入理解并且主动捍卫。从个人的视角出发，学生们必须建立起自己的权利观念，努力推动其得到保证。大学生的责任就是形成主人的心态，积极投入大学的日常运营和管理，充分发挥监管及提案的作用。对于涉及学生利益的关键性的校园活动，我们鼓励实施让学生直接参与的评估机制和公开讨论规则。此外，学生团体也可以被视为执行一部分校内行政任务（即管理学生）的责任机构，未来我们可以进一步探讨设立学生代表会议系统，以此确保大学生能够真实地介入学校的民主治理和决策过程。

（3）构建并优化社会福利体系是关键。这包含两个部分：社会援助与家庭支援。从社会的角度来看，学生的权益保护及其实施需要依靠社会福利的支持。具体来说，社会援助表现在对教育的支持和法律监管层面；它主要是通过在学校提供的公共文化和活动场地给予学生优惠政策来体现，同时也会协助他们完成实习和社会实践任务，还有各类社会捐赠助学金等方式。至于社会监察这一块，宪法、教育法、高等教育法均赋予公众参与学校管理和审查的权力。另外，家庭支援是指父母作为孩子抚养者的社会义务，学生不仅在金钱上依附于他们的家庭，而且他们在感情和心理层面上也可能有某种程度上的依赖感，因此家庭同样是一个重要的学生权益保护机构。家长积极参与大学生的校园生活管理工作，可以更有效地执行对学校的监控职能。校方应该健全家长参与制度，制定相关法规，明晰父母的角色定位。

（4）构建并健全的环境保护措施有助于确保学生的全方位成长及健康的职业生涯。提供优质的教育环境以支持学生的事务管理工作是非常重要的保证。正如欧文曾提到的那样"人是由他们的环境塑造出来的"，这意味着我们周围的环境是一种文化的体现。首先，改善学校的自然环境可以反映出它的历史和文化底蕴，而学生则可以通过分析这些物理环境来理解其中包含的教育价值，进而形成他们自身的观点和思维方式。其次，各类教学和生活的设备必须齐全且实用，包括适当大小的教室、多种类型的礼堂、满足居住条件的宿舍区、易于使用的实验室、贴心的图书馆服务、专业的医疗保健中心以及高效的学生网络系统等等，所有这些都是为了适应不同的需求并在需要的时候做出相应的调整。此外，为了更好地整合服务资源和服务质量，大学还可以设立"一站式服务中心"作为学生事务管理的辅助工具。最后，对于学生事务的管理来说，不仅有学生部门（处）这样的思想政治教育的执行者和日常工作的管理人员，还需要其他的一些专门负责推动学生全面发展的组织，比如学生听证委员会，这是在学校对违规行为作出处罚的过程中设置的一个旨在维护学生权利的机构；再比如申诉处理委员会，它主要负责接收来自申请者的投诉等。

### （三）预测大学生事务管理体系和机制

当前中国的大学校园里，主导的管理模式和制度为多元化的学生服务体系。这个系统在一段时间内满足了社会的进步需求并提升了大学的教学水平。然而，随着社会发展对服务的更高要求，我国学生的服务管理方式正朝着更具层次性的自主管理、更有针对性的责任分配及绩效评估以及增强社会在教育领域的影响力等方向转变。

学生事务管理的职责内容进一步细化，社区中心将承担起更多的学生事务管理和服务的责任，其发展路径为应从以住宿为主的服务内容逐步向文化式的书院制，文化、卫生、娱乐、体育式的生活制方向发展。学校层面运行机制也趋向单一制，即学生事务管理机构在不断细化，主管部门或领导则逐步集中，以便统筹全校与学生事务相关的资源，最大化提高学生事务管理的质量，最大限度提高学生事务管理的效率。

在此种扩展式的多元交错的学生行政体系模式下，教育组织和社会团体共同参与到校园的日常运营和服务的提供之中，从而构建起一种环状联系网络。在这其中，最活跃的社会互动环节是大学的社团活动场所；他们持续地优化他们的业务水平和服务品质以满足社会的期望并提升自身的竞争力。

## 第二章 学生事务管理与运行保障

这种运作方式使得大学能够有效率且频繁地获取来自外部的信息反馈，进而使大学生们更紧密接触外部世界及校内同学之间的关系更加密切。从高校的角度来看，其内部的管理职能由专门设立的服务部承担责任并对分管领导（如党委常委）或者助理院长汇报工作情况，这些负责人再向上级即党委书记或是院长的层面反映问题处理结果的情况也同样存在于此系统当中。

随着学校的招收人数保持稳定的趋势并确定其发展目标及需求精细化的学生行政管理工作以提升效能，学生的教育管理的最佳模式应包括四种层次：即大学本身、各院系部门、学员本人和社会各界共同参加到此项工作中来；他们之间需协同协作且所有涉及学生活动的相关事宜都必须被整合进这个系统中去。而该系统的职责范围则覆盖所有的相关领域，并且它需要向直接负责人——分管学生工作的党委领导汇报情况。此外，在学校这一级别的组织架构里还设有专门的管理委员会成员包含院长们（其中也可能有一位专职）还有一些教员人员和其他的一些同学等共10人左右，他们的主要任务就是监管整个校园内的各种活动并对之实施监控检查等等一系列的活动安排等工作事项。

这些模式都是根据不同的个人成长环境和特性来设计的，旨在满足他们在各个时期的需求。它们致力于在运作过程中展现学生的成长过程中的特定特征。总而言之，学生事务的管理体系并非独立存在或固定不变，而是会随着社会进步而持续改进，展示了明显的阶段性变化。此外，学校的角色定义也推动了学生事务管理的系统与流程更深入地融入校园的其他部分。虽然发展无穷尽，但是学生事务管理制度及流程的变革也不会停滞，然而它的走向绝不会偏离学校、院系、学生和社会四方面，也就是说，学生事务管理系统的演进是由这四大领域中质量和数量的关系所确定的，并且受制于诸如社会经济发展、校方定位和学生特性的多种因素的影响。

# 第三章 学生时间管理艺术

## 第一节 认识时间管理

### 一、时间管理的概念

**(一) 时间管理的含义**

时间管理,即在保持相同时间消耗的前提下,为了增强利用效率和提升效能而进行的系统性的控制任务。这是基于个人在社会生产过程中的不同地位所赋予的一种内部管理能力。

时间管理的目标是让个体从被动和随意地利用时间,转向合理且主动地分配时间,进而产生高效、创新的身心劳动。因此,可以说,时间管理是大学生需要掌握的一项技能,也是决定他们成功与否的关键因素。

**(二) 时间管理的内容**

时间管理的核心是执行一连串的管理流程以达成预期目的。这包含以下几个步骤:增强珍视时间的认识与理念;设定明确的目标并制定相应的规划;确立时间使用的标准;运用各种策略有效地分配时间,尽量创造出剩余的时间;衡量时间的使用效率;从时间和花费中汲取教训,找出导致时间浪费的问题所在;采用科学且系统的手段来精确掌控时间,从而改正时间被滥用的状况等等。

### （三）时间管理的本质

实际上，时间管理的核心是个人对自己的管理。换句话说，个人的时间管理能力不仅仅取决于他们所拥有的知识和技巧，还与他们的价值观、品质和态度等因素密切相关，它突显了人类、人们的价值观和人格发展之间的深度关联。基于大学生的主导地位和生活经验，大学生的时间管理揭示了他们在学习生活中的目标导向，行动规则和模式构建，实质上是对自己发展的掌控。

## 二、时间管理的七个步骤

### （一）设立明确的价值观及终极目标

目标是成功的推动力，它们将决定我们前行的路径。把我们一生所期望达到的成就和目标写下来，以此为基础设立多个最终明确的目标。

### （二）确定阶段性明确目标并逐级分解

将宏观目标明确化，转化为可操作的行动计划：从高级到低级逐层拆解，然后按照时间顺序推算至现在，清晰地知道自己当前应该做些什么：即刻行动←更小的目标←小目标←大目标。

首先，依据各项目标的达成条件，将其拆分为若干个长期目标；其次，根据这些长期目标的达成条件，将它们拆分为数个中期目标；再次，把这些中期目标逐一拆分为几个短期目标；最后，一步将每个短期目标拆分开来，最终明确了当前应该做什么。

### （三）把阶段性目标按优先级排序

首先，创建一份包含全年四个至十个短期的总体任务表单，并按照其对个人最终目标的重要程度来确定顺序；再以同样的方式处理每个年度的目标细分成每个月、每周和每天的目标，并对它们进行相应的排序；最后，基于这些每日目标的先后顺序制定出详尽的具体方案。

## （四）明确实现各目标所需完成的任务

通盘考虑写下想达到的目标，然后从目标出发逐步反推出实现各项目标所需完成的各项关键任务。

## （五）对任务按优先级排序

按照优先顺序对实现各个目标所需要的各种工作任务分配至四种不同的时间区间。首先解决那些既关键又紧迫的工作，而对于那些虽然重要但并不急迫的项目则选择在高效能且无干扰的大段私人时间内执行。可以交由他人来承担或者削减甚至延迟那些相对较低优先级的或是紧急而不那么重要的任务。有必要放弃那些无关痛痒并且并非即刻需要完成的任务。

面对可能发生的时间冲突的情况时，我们需要根据我们的价值观念做出选择。接下来，我们将那些与之符合的剩余任务按照其重要性和紧迫程度进行分类，并放入四种类别中。如果出现突发且更为关键、紧急的需求，那么我们应该暂时搁置当前正处于执行阶段的项目，再一次依照优先顺序来调整任务。

## （六）按优先级安排执行时间表

依据各项工作的重要性和必须执行的工作所需要付出的精力与工作效能的关系来确定每个项目所需耗费的时间。同时为每项任务设定了具体的时间表，并制定了每日、每周、每月及全年的进度安排。对于剩余的时间，我们按照有效性和外部影响因素赋予不同的权重。接着，我们将高优先级的项目放在具有更高权重的时段中。

## （七）反思计划并立即执行，决不拖延

按照下列准则——核对并修正方案：此等目的果真具备意义么？其中有没有任何无须执行的事项已被纳入日程安排中呢？有哪些事项已然搁置未行，又为何如此呢？各项事务是否依照其重要性和紧迫度来排序处理呢？哪个项目具有最高等级的优先权呢？哪些目标现下难以达成及缘由何在，需要深入考虑如何实施以达成的策略与流程，同时剔除那些不可控的影响因素。针对有着明确期限的项目，我们能否确保能在规定时间内完结它们呢？有兴

趣执行这个计划吗？将上述反思意见汇总后重新制订时间计划表。

## 第二节 学生时间管理的现状

认清与分析当前高校学生时间管理的现状是高校的重要任务之一，可为高校人才培养明确方向，形成系统的教学方式，从而进一步提高高校学生的认知和应用能力。

### 一、高校培养高校学生时间管理的困境

#### （一）人文教育有待提高

随着大众化的趋势推动了大学生数量大幅度增加，为了提升学生的职业发展机会并满足主管机构对于高校品质评估的标准——即提高毕业生的工作岗位比例（也就是所谓的"毕业工作率"或简称"毕工比"），学校开始把重点放在如何更好地适应和响应市场的需求上来制定其教学策略。他们主要通过强调提供更符合经济发展的实用型知识和服务来实现这一目标：这包括尽可能地调整他们的学科内容去贴近当前的市场需要而非过分关注于培养人的全面素质和人文修养方面的基础理论学习及研究等方面的投入。与此同时，这些学校的管理层也过于看中那些被认为是直接关系到未来职场竞争力的重要科目如专业课目设计中的实际操作环节等等的设计安排及其实施情况等方面的问题。然而，对自然的观察、对社会的实践以及对生命的体验三个方面，却是时间观念形成的基础。由此，学校应增设人文类课程，提升学生人文素养，促使其对生命形成有全面而正确的认识与理解，并对生命的价值和意义进行积极思考。

#### （二）大学教育资源不足

作为保证课堂教学质量的重要因素之一，纪律对学生课堂时间管理的

有效性发挥着重要的作用。课堂上，教师在传播知识的同时，还要进行教学管理，由于不能对课堂内的每个学生进行实时监控，因而出现教管边缘区，区内的学生学习时间有效性降低。大班化教学模式在大学课堂较为普遍，不可否认这种模式有它的高效性，能够使知识迅速传播，但缺陷是教师占据主导，对是否顺利完成教学任务关注较多，而对学生的理解思考程度关注较少。

### （三）高校学生长期的被动约束

伴随社会文化多样性的扩张，科层制的管理模式却长期固定不变，在管理层间沟通的及时性和必要性不足的情况下，二级部门致力于完成学校下达的各项任务指标，在一定程度上抑制了学生管理自身的活力。辅导员的主要精力是管理学生干部，通过学生干部联系小组长，小组长联系全体同学，促使辅导员、学生干部、学生形成小型"金字塔"，结成上下级网络关系。在另一个角度来看，教师更多地是知识的传递者，学生则是接收者。由于缺乏互动交流的时间和机会，老师对学生在时间管理方面的支持并不显著。

## 三、高校学生时间管理出现问题的原因

### （一）客观原因

#### 1. 现代新媒体

在当今的大学生族群中，基本都人手一台智能手机或者移动设施，这是互联网重要使用者之一。互联网和智能设备为他们带来了便利的学习途径，但同时也带来了诱惑力，对他们的时间管理产生了严重影响。

#### 2. 家庭教养方式

家长的育儿方法是一种由他们的教育思想、行动及他们与孩子之间的感情互动所构成的形式。通过给予爱护和理解，家长们能够让孩子感受到关爱，建立起信赖关系，这有利于培养出优秀的学习态度，懂得如何有效地利用时间，制定合适的目标并且科学规划时间，从而塑造积极的时间价

值观和自我监督意识。然而，如果家长没有正确的使用时间的方法，那么这种错误的方式也可能被孩子们学到。

3.性别、年级和专业

对大学生而言，他们的时程安排偏好因性别和年级而有所区别。通常来说，女性的大学生的日程计划能力较强于男同胞们；而在毕业班的学生中，他们往往会更加注重时间的合理分配与未来职业生涯的目标设定，因此展现出了更高的时程管理技巧。此外，各学科领域内的大学生也可能在对待时间和价值观上产生不同的认知，例如，科学技术类专业的学生普遍比人文社会类的学生更为重视时间的重要性。

4.学校氛围

各类学校的学生在学习技能、学习驱动力以及学习积极性上都有所不同，其中学校的学习环境是影响因素之一，这种学习环境直接决定了学生对时间的管理和使用。

（二）主观原因

学生进入大学后会经历适应阶段，他们的个体差异在一定程度上塑造了他们各自的适应能力，同时也对他们的时间管理技巧产生了各种程度的影响。

1.心理健康

健康的心理状况指的是一种平衡的精神与行为表现，良好的心理品质。对于大学生来说，时间的有效利用能力被认为是一个关键的影响他们心理健康和生活满意度的因素。如果他们的自我管理技巧更出色，那么他们感受到的压力会相对较小。同时，当个人的积极情感占主导地位时，如快乐、满足等，他们对时间的重视程度、监督态度及效率感知也会相应提高。

2.完美主义

个体设定高标准的特性被称为完美主义，它是一个评估自我价值的标准。对于那些具有负面完美主义的人来说，他们总是在追求无懈可击的结果，直到确信自己能够胜任某个任务才会开始执行，这导致他们的进度缓慢且不断延迟。这种行为可能导致实际成果和预期的差距较大，从而对大学生的心理状态产生不良的影响。

3. 自立人格

夏凌翔及黄希庭对于"自我主导的人格"这一概念进行了明确阐述：这是一种由个体在应对生活所需的基本生存和成长挑战的过程中塑造出的个性特征，主要包括自主性、积极性、责任感、开阔思维和适应能力等方面。这种人格特性对个体的行动具有关键影响，尤其是在大学生的时间管理方面表现得尤为突出。研究发现，大学生的自我主导和人格责任程度是他们时间管理偏好的重要决定因素，其中以自我主动和人格责任这两个维度的预测效果最为明显。

## 四、高校学生进行时间管理的对策

### （一）认清学习生活的改变

1. 学习的变化

（1）从无目标到有目标。中学教育涵盖了多元、全方位和不固定的基础知识，然而大学则致力于培养高级专业人才，是为了系统地进行专业理论知识的学习和技能训练，以便在未来的职场或相关领域建立稳固的基础。

（2）由被动的向积极的转变是大学生的主要特征之一。中学时期的教育往往以命令式为主导并具有一定的被动成分。然而大学生们对知识有着强烈的好奇心与敏锐洞察能力且拥有出色的记忆技巧；他们的教育环境也更为宽松开放，可以依据自己的优势特色及喜好来制定合适的学程规划方案——这要求他们具备更高程度的专业自觉意识及其独立管理自我的才能：包括辨识自己需求、做出决策、塑造个性品质等方面的技能都需得到提升。

（3）大学生的学堂环境已经发生了巨大的变化：他们拥有了大量的信息资源和高科技设施；他们的老师都是专业的学者们；学校还提供了丰富多样的图书资料供其阅读与研究使用。各种不同的教学方式也应运而出——比如通过小组研讨会来探讨问题或者撰写读后感等等。此外，还有多种渠道可用于学习的拓展，如参加课程选择活动，或是聆听专家演讲，者是成为老师的助手一同开展科学实验工作并深入了解社会实践项目等方面内容，都为大学生提供了一个全面的学习平台，让他们能够自主探索新的领域，从而获得更多的经验积累及提升自己的能力水平，但是最重要的是要学会独立思考并且善于利用这些机会去不断提高自己。

（4）由狭隘至广阔。高等教育中的课程繁杂且每个课时的信息密度较大，其涵盖的内容深奥而精确，并具备明确的目标导向与实际操作能力。教授们需要在课堂中不仅讲解教材上的知识点，还要关注最新科技进展及新兴领域研究成果等前沿领域的知识，这激发了学生的学习热情，但也给他们带来了额外的压力，因为这些新的知识并非来自教科书，而是他们必须要掌握的。

（5）由稳定转为探寻竞赛。除了掌握专业的学科内容之外，大学生还需要学习诸如语言和电脑等多个领域的科目，这使得他们的学业负担变得沉重。由于大学的氛围塑造出一种紧张而忙碌的生活方式，因此大学生们需要具备坚韧的精神并运用科学的方法来应对学习上的挑战。此外，他们在求学的过程中会面临许多难题，同龄人之间的竞争也相当激烈，唯有妥善解决这些问题，他们才能够更专注于学习。

2. 生活的变化

相较于中学阶段，大学生活是从校园到社会的过渡时期。这个阶段充满了自由和矛盾，是人生成长和实现自我价值的关键环节，因此，尽早理解并掌握大学生活的规则至关重要。

（1）人际关系从熟悉到陌生。大学新生陡然从一个"熟人型"社会进入"陌生人"社会，人际交往由"一元化"向"多元化"转变。来自五湖四海的同学组成一个宿舍、一个班级、一个学院，生活习惯、兴趣爱好难免存在差异，相互理解和关心就成为一种需要。

（2）生活模式已经从依赖父母转变为自主决策。许多大学生在读书期间需要独立生活，有的甚至需要离开家乡。因此，他们必须自己掌控自己的日常生活，包括食物、住所、交通等方面都需要自己来规划，并且要能够独立应对遇到的问题。

（3）从严格的管理转向宽松的环境是高校管理的显著特点。相较于高中阶段，大学校园的管理方式也存在诸多差异。例如，除了一年级的新生外，大学生通常不会被强制参加夜间自学课程或遵循特定的时间表安排；教师也不会像高中时期一样时刻关注学生并给予指导和监管；同时，校内的规定条例也会有所调整。

（4）随着步入高等学府，学生的社交圈子逐渐扩大。他们有机会参与各类丰富的校园活动，如党的团体、学生机构和班级委员会等，这些活动的多样性和趣味深深吸引着他们。此外，与同乡的交流、室友间的互动以及师生的交互也会在一定程度上影响他们的日常生活。大学生们可以选择自己感兴趣的活动来提升自己的技能和人际关系网。

（二）认清时间管理的意义

时间管理对高校学生的许多方面都会产生重要的影响，这种影响不仅限于高校学生当前或即将面对的学业，更是作为一个社会人所需具备的能力。可以说，高校学生时间管理的意义是深远的。

1. 学业质量

（1）提升学习满意度。时间管理的方式可以有效地减轻时间的压力，提升学习表现，增强对学习的满意度。在这过程中，一方面要注意培养目标设定、计划安排等行为的技能，另一方面要聚焦学生的自我评价与体验，促进学生形成对时间的自我掌控感，建立健全身心健康的人格，实现积极的效果。

（2）减少学业拖延。学业拖延是指学生已制定的学业任务与执行之间的差距。差距越大，意味着学业拖延程度越高，会损害学习者的学业、情绪、情感以及身心健康。虽然对于喜欢在压力下学习或工作的人来讲，在拖延中更容易做出深思熟虑的决定，并及时地实施，但现实生活中很少有这样的条件。因此，高校学生只有通过制定学习策略、自我监控策略，才能提高自主学习的能力，自觉减少学业拖延的现象。

（3）防止学习疲劳。学习疲劳是由于长期的学业压力或者对学习缺乏热情导致的情绪消耗、个性瓦解以及个人满足感下降的表现。影响大学生学术成绩的一个关键因素就是学习疲劳，同时也会对他们的社交关系和心理健康产生负面效果。因此，自我管理能力的增强、科学安排计划的制定，对提高自信心和预防学习倦怠起着关键的作用。

2. 生活质量

（1）提高成就动机。成就动机是个体在特有的优良标准相竞争下获得的追求成功的需要或驱力，主要内涵是行为的目的性、主动性和坚持性。高校学生时间管理倾向与其成就动机存在显著的正相关，高校学生越善于管理时间，成就动机也就越高，而高成就动机的高校学生一般具有喜欢挑战困难的任务、及时反馈、高效率等特点。

（2）减少焦虑感。焦虑是一种由未来或可能出现的危险、威胁引发的紧张感，不安和忧郁等情绪反应。高校学生对时间管理的倾向与焦虑有着明显的负相关性，也就是说，如果他们更善于管理自己的时间，那么他们的焦虑程度将会降低。高校学生常见的焦虑是考试焦虑，一般随着其时间管理能力的增强和认知、人格的完善，考试焦虑程度会逐渐下降。

时间管理倾向理论指出，时间效能体现的是个体对整个时间管理过程的主观感受，对焦虑有直接的影响。时间监控观是个体运筹和利用时间的观念和能力，它通过一系列外显活动体现，有助于减少忧虑和工作中的拖拉现象。由此，高校学生做好时间管理，有助于降低焦虑水平，形成自信、自尊、自强等正向自我观念，缓解他们的心理压力，保持心理健康。

（3）增强自尊心。这是一种对个人能力是否达到预期目标的心理倾向，它是驱动我们行为的重要推进力和精神支持。在时间管理上，那些具备自我监控、合理分配和调整时间的大学生，他们拥有较高的自信程度。自信水平反映了高校学生的自我灵活性，个人的自我灵活性分数越高，说明他的自我认知会随环境改变而变化，有助于全面认识自己，发挥优势。

（4）提升个人的幸福感。这种幸福感是基于个人设定的准则，对自己生活品质进行全面评估的结果，其特征包括客观、整体和相对稳定性。研究显示，高时间管理倾向使高校学生的主观幸福感更高，时间管理倾向使高校学生体验到更多的正向情绪，降低其负向情绪。所以，通过对大学生进行时间管理的训练和提升他们对时间规划利用的自信心，能够帮助他们减轻压力、消除负面情绪、增强自我价值感，从而提高主观幸福感。

3. 社会适应

高校学生不仅是学生，更是一个社会人。高校学生的全面素质中，社会适应能力占据着重要地位，它不仅是心理素质的核心部分，也是社会对人才素质的关键需求，其重要性无需多言。

（1）激发择业效能感。面对激烈的职业竞争，大学生必须做出重大决策。选择合适的职业会直接影响他们与职业的匹配度，进而影响个人能力的展现。其中，择业效能感决定了高校学生选择职业的参与度、投入度及坚定性，影响着个体潜能的激发及职业目标的实现。

观察实际状况，对于预测大学生的职业选择效率来说，时间管理倾向是一个相当优秀的指标。时间管理倾向高的高校学生，有着较强的行为目的，为实现目标能够坚持不懈，职业效能感逐渐增强。

（2）提升对社会的责任感。这种责任感是个体在特定环境中，从心理和情绪层面上对他人的道德关怀与义务。大学生应该更多地承担起社会责任，无论是在日常生活、人际交往以及专业实践方面，还是在创造社会财富或者为社会做出贡献等方面。但无论事小事大，高校学生唯有用心规划，在正确时间做对事情，才能提升社会责任感。

（3）促进自我和谐。罗杰斯的人格理论是自我和谐的根源，它强调了个体内在的平衡与协调，以及个体经验与理解之间的一致性。

自我平衡是一个持久的个人感受，它是对心理健康产生影响的关键因素。自我和谐的高校学生会凭借自我调整，使内心处在平衡状态，失败不气馁，胜利能冷静，穷困不失志，艰苦仍努力。一个擅长管理时间的大学生，其自我调整能力也会相应增强。然而，那些管理能力较弱的学生则更容易被外界影响所左右，实现自我认同和自我调整的目标可能会比较困难。

4. 如何适应学习生活的改变

高等院校是培养专业人才的摇篮，高校学生处在精力旺盛的阶段，是最富有朝气的青年。高校学生了解学习生活的特点与变化，也意味着要了解时间管理的意义、价值和转变。具体来讲，高校学生可以在以下四个方面做努力，尽早、尽快地融入环境。

（1）树立价值观，确定奋斗目标构建正确的时间观念是增强时间管理认知的基础。相较于中学阶段，大学生活的时间自由度极高，因此，大学生在加强时间管理时，必须明白自我管理在大学生活中所扮演的主导角色。

有了正确的时间价值观，就要在最短时间内实现更多预期的目标，没有目标或目标不明确，行动必然盲目，结果势必不尽如人意。因此，高校学生要设置切实可行的目标，并尽可能细化目标，且具有实际性、可行性和时效性。

（2）摸索适应大学学习的方法。掌握学习知识的方法对高校学生至关重要。笔记再多，背得再好，也只是学海茫茫极小的一点，重要的是以点带面，借助工具不断地补充和丰富。高校学生要乐于摸索个性化的学习方法，根据环境调整状态，尽量保持平衡，切记照抄照搬是行不通的。

（3）提高自理能力，养成好习惯。自理能力除了指自行处理生活中的各种琐事、照顾自己的日常起居外，还包括能自行处理人际关系，心态上能独自承受各种压力，在学习上能独立思考和理解。高校学生可先从小事做起，处理生活中的每件事，并从中吸取经验和技巧，以便做得更好。思想上培养独立思考的习惯，遇到困难尝试靠自身力量克服，自己独立完成需要解决的问题。总之，良好的自理能力和习惯会大大强化时间管理，达到事半功倍的效果。

（4）学习掌握人际沟通的技巧。成功的人际交往是一种智慧和能力。高校学生渴望能够在校园中建立起良好的人际关系，包括师生间、同学间、恋人间等，这不单是一种心理诉求，也决定着时间利用效率并进一步影响高校学生生活的质量。大学生应该重视实际交往的锻炼，掌握相关技巧，这样他们就能更轻松地提升自己的交际能力。

## 第三节　学生时间管理策略

### 一、时间统筹策略

要采取行动，首先需要知道如何行动，即需要明确什么时间该做什么。那么在一天 24 小时有限的时间里，我们应采取哪些策略才能更加合理地统筹时间和任务，从而最高效率地达成目标呢？

#### （一）整理分类，抓住条理

经常听到身边不少同学抱怨说："我实在太忙了，既要上课，按时完成作业，又要参加社团活动，准备各类比赛，同时作为学生干部，我还要协助老师完成许多事务性工作，我每天早出晚归的，为什么还是感觉时间不够用呢？"每天那么多的事情、那么少的时间，让很多人不得不发出"时间永远不够用，事情永远做不完"的感叹，那么，怎么才能把事情做完呢？这就需要我们在执行之前，将待做的事情进行分类整理，以便于我们抓住条理、有条不紊地完成它们。

我们可能都有这种体验，某件我们一再提醒自己不要忘了完成的事情，却在某个应该完成的时间或地点被彻底遗忘，因此，我们首先需要尽可能地搜索、收集信息，例如什么时候完成作业，什么时候参加社团活动，什么时候开会等等，将这些信息从脑海中拿出来，或是存储在电脑、手机中，或是记录在纸上。这样一方面可以将大脑从存储信息的工作中解脱出来，让它可以专心思考，另一方面可以方便我们随时随地查看。

信息收集完成之后，就需要对信息进行整理分类了，否则杂乱无章的一堆信息在使用的时候同样存在找不到的风险。在整理信息时，我们首先需要根据前面介绍过的"四象限"时间管理理论、80/20 法则以及 ABC 工作优先法则等方法对收集的信息进行分析、辨别和分类，从而将待完成的工作分为 A、B、C、D 四类。分类完成之后，我们还需要将每一件事情适合完成的时间、地点标注进去。这样，每件事情的重要程度、完成次序就一目了然，在适当的时间和地点，我们就可以找出相应需要完成的任务了。

完成了分类整理后，如果还想让任务更加条理化，下一步就需要排定工作清单。排定工作清单可以从不同的角度来进行：

1. 从时间的角度

假设你有两小时的自由时光，你可以从前一阶段归纳整理后的"收集箱"中挑选那些需求如此长时限来处理的事项，并将其设定于相应的时段内。又如你在中午休息有一小时，用餐耗费了半小时，剩余的一小时可用于浏览"收集箱"，看看还有什么是能在此时间内执行的工作吗？温习上午的功课？或是预习下午的功课？

2. 从地点的角度

很多事情都需要在特定的地点才能完成，所以为了节省时间、提高效率，要尽可能将完成地点相近的事情安排在一起。比如我们要到超市购买日用品，那么就可以看看待办的事情里有没有在超市附近能够完成的，例如到超市附近的银行取钱，或是到超市附近的快递中心取快递等等。

3. 从事项本身的角度

如前文所述，根据事情重要、紧急的程度，可以将待办事项划分为几类，从事项本身的角度，当 A 类既重要又紧急的事情出现时，其他所有的因素和事项的安排都要以完成此 A 类事项为先。比如下午要参加团日活动答辩，那么就需要复印资料、做 PPT、准备服装等等，日程安排就需要紧紧围绕答辩来进行，其他工作都需要暂时延后安排。

值得一提的是，在此过程中必须注意一个原则，即"两分钟原则"：如果完成一件事情所需的时间不超过两分钟，那么不管它是哪个分类的事情，都马上去完成它。这是因为，从我们思考一件事情是否需要处理到正式作出决定，这一过程所耗费的时间差不多就是两分钟。因此在遇到突发状况时，不妨花一秒钟去做个评估，如果两分钟之内能解决的，不要犹豫，马上解决，如果两分钟之内解决不了的，暂时停顿放一下。一秒钟之后，要么解决突发状况，要么立即回到正在做的事情中，两分钟解决问题之后，同样如此。

此外，在实际生活中你会发现，有些事情是需要委托他人协助完成的，有些事情暂时只能处理到一定程度，还有些事情在短时间内无法确定完成日期，因此清单还需要进一步补充，即等待处理清单、下一步行动清单、将来处理清单等等。

最后，还需要注意的是，每天处在不停变化的生活当中，接收的信息、需要完成的任务都是在不断变化的，所以还需定时回顾，把"收集箱"里已完成的任务删掉，新的工作加进去，再重新排定工作清单。

如此安排后，到了执行的环节，之前花费在分类整理上的时间并没有浪费，一切都变得井然有序、快速便捷，时间就这样被高效地利用起来了。

（二）"多管齐下"，统筹分配时间

一天24个小时，不多也不少，每个人都一样，但是实际利用起来，却有着天壤之别。有的人做出了巨大的成绩，有的人却碌碌无为、一事无成。很多人想不明白，为什么有些人可以将一天24小时变成48小时，其实很简单，他们只是懂得统筹利用时间而已。

每个人的时间都是有限的，时间统筹就是要"多管齐下"，合理地统筹每一分钟每一件事，让我们在有限的时间里能够做更多的事，让时间变得更有效率。简单地说，时间统筹就是在同一时间段里，尽可能安排多项工作同时进行，而不是逐一而为。时间统筹并不意味着分散精力，它是一种更加合理安排工作进程的数学方法。如中学教材中的统筹方法：我们想泡壶茶来喝，茶叶是现成的，但是开水没有，水壶、茶壶、茶杯都还没洗，怎么办？最节省时间的做法是洗好水壶开始烧水，在等待水开的同时洗茶壶、洗茶杯、准备好茶叶，水烧开了泡茶喝。这就是统筹思维，用一种极理性的态度对待自己的时间。

当然，泡茶喝只是小事，却可以引申出其他学习方法。例如，要求用一天时间来完成暑期社会实践项目申报书，其中查阅相关文献资料需要两小时，找三个队友确定调研路线、安排日程需要两小时，三个队友各需提前准备一小时，找另外两个队友制定调查问卷和访谈提纲各需三个小时，草拟申报书需四个小时，如果这些事情逐一完成的话，共需2+2+1+1+3+3+4=16个小时，一天的时间，除非通宵熬夜是不可能完成的，但是如果运用统筹的思维，就可以找到一个"多管齐下"的办法：早上八点钟通知两个队友制定调查问卷和访谈提纲，同时通知其他了解情况的三个队友做好准备；八点至十点钟查阅相关资料；十点钟开始向三个队友了解情况、确定调研路线；十二点钟之前所有准备工作就绪，对两个队友制定的调查问卷和访谈提纲进行审查、调整；十二点至一点钟午休；下午一点至四点起草项目申报书。这样，一天时间完成项目申报书就绰绰有余了，这就是时间统筹的魅力！

由此可见，时间统筹能够有效地减少那些无谓的时间消耗。将其延伸到学习、工作、生活的方方面面，学会运用统筹的方法，在计划与协调之间合理地分配时间，可让时间无限增值。

（三）尊重自己的生物节律

天底下万事万物都有其自身的节律，就像春季播种，秋季收获一样，凡事都须尊重事物的自然节律，人也是一样。

通常人类的生活节奏如下：自凌晨至次日的黎明时分，身体处于休眠状态，这段时间被视为正常的休息期，故而其工作能力相对较低；早晨8点后，人体活力逐步增强，专注力亦随之提高，从而使效率显著攀升；大约10点达到顶峰，然后缓慢下降；午餐过后的时段，即2—3点之间，再次呈现出小幅度的回升趋势，然而增速与早上的相比略逊色一些；4点以后，增长速度明显放缓；6点起，持续下滑直至晚餐结束，不过此阶段仍有微弱的提升。据多数研究表明，若需独立思考、高度集中的创意型任务，最佳完成时间为上午 10 点前。

毫无疑问，如同世界各地无数个时钟发出不同节奏的声音一样，每个人也都有其特定的生物钟。简要地讲，依据个体在一日内的活力波动，人们可被划分为三类："早起者""夜行者"和"昼夜无异者"。其中，"早起者"总是在清晨充满活力，而夜晚则会感到疲惫；"夜行者"恰好相反，他们会在白天打盹儿，而在夜间却能保持清醒并富有活力的状态；至于"昼夜无异者"，他们的全天活动力基本稳定不变。

通过长期的学习、工作，人们可以推断自身的生物节律。了解了自己的生物节律之后，就应该据此更加合理地安排学习、工作和生活：

1. 根据每天的效率起伏情况合理分配时间和任务

就是说最重要、最难于处理、最需要创造性思维的事情，应当安排在每天精力最充沛、头脑最灵活、效率最高的黄金时间来做，同时，在这一时段要尽量避免自己受到打扰。在低潮时，可以做些简单的事，比如收发邮件，接打不重要的电话或是看看新闻。

2. 学习或工作中间适当的休息

对于大多数人来说，学习或是工作时间越久，越容易疲劳，结果就会降低效率。非常愚蠢的做法是持续学习或工作，中途不做任何休息，这样会消耗精力，增加身体和精神的压力，错误也会频繁出现。继续学习或工作之前稍微休息一下，这样会更有效率。

3. 保持优秀的生活习惯，确保身体健康

维持积极向上快乐的心情，尽量避免抽烟和喝酒，防止过分劳累，保证充分的精神休息和入睡，增加体育运动量，形成健康的饮食习惯，注重营养均衡。只有拥有一个健康的身体，才能有效地利用时间。

## 二、时间拖延管理

哈佛大学的相关研究表明，一个人如果想要达成目标，追求事业的成功，就必须克服拖延，立即行动。

**（一）认识拖延问题**

拖延，英文称之为 procrastination，不同于 delay（延迟）。两者的结果都是任务暂时无法完成，但后者多是由于客观原因导致的工作推后，前者则是由于主观原因导致的延误耽搁。

拖延是一种很普遍的浪费时间的行为，且总有一大堆不合理的借口，例如：这件事我还没有想好，现在就去做，结果只会是错的；离最后期限还早呢，等等再说吧；或许过上一阵子，老师会忘记这件事；现在开始已经为时过晚；我要等到有心情的时候再去做，效率会高一些；前阵子那么拼命地学习，休息一下也没关系吧。

那么，你是一个有拖延症的人吗？对照下列大多数拖延症患者的行为模式，你是否也有相同的习惯呢？总是先做容易做的事；总是先做自己熟练的事；总是先做自己喜欢做的事；总是先做用时较短的事；总是先做有趣的事；总是先做紧急但不重要的事；总是先做对自己有利的事；总是先做能够预见成果的事；总是先处理琐碎事项；总是先应付别人的要求；处理事情的优先次序，是根据谁人交托来决定；直到最后期限迫近，才不得不开始工作。把认为"是"的圈出来，便可找出你倾向拖延的原因。

**（二）了解拖延的原因**

根据心理学家的观点，拖延被视为一种心理疾病。从心理学的角度来看，导致拖延的原因主要包括三个方面：第一种为特质论，即个体的拖延现象受到其自身特性如焦虑程度、责任心和自尊水平等多种个人特征的影响，这些都体现了他们的性格特点；第二种为动机论，指的是个人的行为表现会因为预期标准、追求完美、害怕失败和对自律的需求等多项因素而发生变化，是否出现拖延的行为则由他们采取行动的目的决定；最后一种则是调节论，它指出人们无法有效平衡自己的个性、思维方式、动力来源及环境条件，因此产生了拖延的现象，这实际上是自我管理能力不足的表现。简单地说，拖延的原因大致可以分为以下几种：

1. 个性懒惰

懒惰的人总是把休闲和娱乐放在第一位，他们在接到新的任务时，从来不会立刻着手解决，总是要等到最后期限，才开始行动。这类人总是会说："再等等吧，明天再做也不晚。"懒惰是对成功危害最大的因素。

2. 不良习惯

如果遇到事情总是一拖再拖，时间久了，拖延就会慢慢变成一种习惯。我们都知道，习惯的力量是非常可怕的，它会不断强化你的拖延行为，直至你离成功越来越远。具有拖延习惯的人总是会先敷衍别人的要求，他们在接到新任务时，一般会最先关注最后期限是什么时候，以便尽量地把事情往后拖。

3. 缺乏毅力

每当必须完成一项比较困难、复杂或是需要付出艰苦努力并且长期坚持的任务时，拖延者并不是马上开始做眼下能做的事情，而是不断下决心在将来的某个时间再开始做。例如要考过英语六级，爱拖延的同学会想我现在才大二，等到大三再过吧，等到了大三，他又会想这才刚开学，离考试还早呢，我下周再开始复习也不晚。这类拖延症患者看似没有放弃完成任务，但实际上他只是在给自己不断逃避开始行动找各种借口，而事实上他就是缺乏毅力，最终将一事无成。

4. 缺乏自信

缺乏自信的拖延者常常不能很好地完成任务，因此往往因为害怕事情做不好而迟迟不肯行动，直到把事情拖到最后期限之前才匆忙完成。因为是在最短时间内完成的任务，所以即使结果非常糟糕，他也会借口说"这是因为时间不够"，用这种自欺欺人的自我安慰来掩盖自己的缺乏自信。

### 5. 寻求刺激

一些人自信能在高压下工作，他们觉得在紧迫的时间限制下完成任务非常刺激，因此喜欢把事情拖到最后一刻再来完成，从而寻求这种刺激。

### 6. 逃避困难和责任

喜欢拖延的人常常认为，战胜生活中遇到的困难和承担起生活的责任难度很大，而逃避现实比较容易，因此他们就采用拖延的方式来自我麻痹。与喜欢挑战的人相比，这些人比较喜欢做难度不大的事情。一旦遇到有些难度的任务，他们就会不自觉地拖到最后再去做。

### 7. 个性中有完美主义倾向

对于那些总是追求完美的人来说，他们常常为自己设定很多不切实际的期望。如果某些负面或者不利的因素无法满足他们的期望，他们就会因为不愿意匆忙行动而推迟了应该做好的事情。完美原本就是一种理想状态，几乎无法实现，所以凡事总要求完美终将导致拖延。

### 8. 过分忧虑，犹豫不决

有些人总是在事情还没有开始做的时候就想象着可能会遇到的各种困难，因此在做决定的时候就会过分忧虑、患得患失、优柔寡断、犹豫不决。这样做不仅浪费了大量时间，而且还会白白错过很多宝贵的机会。

## （三）时间拖延管理小秘诀

拖延是时间管理中的一大困境。只要下定决心，大多数的拖延问题都是可以解决的。面对拖延，有如下对策：

### 1. 承认拖延是一种无益的生活习惯

要克服拖延顽症，首先要从主观上认识到拖延的危害。

### 2. 时刻提醒自己马上行动

时刻提醒自己不要拖延，不断地给自己"立即执行"的心理暗示，慢慢地改变自己喜欢拖延的坏习惯。

### 3. 给任务设定一个明确的完成期限

为了更好地自我约束，可以给每一个任务都设定一个明确的完成期限，期限的压力可以对行动起到刺激作用。如有必要，将这一期限告诉其他人，这样无形之中就变成了一种公开的承诺。因为违背承诺会显得更加尴尬，所以自然会格外积极地完成任务。

4. 将复杂的任务分解

如果遇到比较庞大复杂的任务，不能一次全部解决，那就尝试一下被艾伦莱肯称作"瑞士奶酪"的技巧，即将其细分为自己认为可以在短时间内完成的许多细小的任务，先易后难，从简单的地方突破。每次做一点，慢慢积少成多，你就会有完成这件事情的动力了。

5. 告别完美主义

如果你是完美主义者，你应当认识到完美只是存在于你头脑中的一种假象，现实世界里并不存在，你需要把自己从完美主义中解救出来。你可以允许自己不完美，可以允许自己犯错，可以允许自己去冒险，尝试各种可能性。如果你不这样做，你就会因为总是害怕做得不完美而无法接受新的任务。你可以现在就去做，做完再判断。如果行动过早地与判断纠缠在一起，判断就会扼杀你的表现。完美主义者应该牢记这句话：至善者善之敌，要求过高，反难成功。

## 三、零碎时间管理

大学生的日常生活中存在许多可以自主安排且未形成连贯时间的时段，或者是在处理不同任务之间出现的间隙时刻。这些短暂的闲暇时光常常容易被人忽略。虽然每个这样的片段都微不足道，但是当它们累积在一起时，其总量是相当大的。因此，如何有效地运用大学生们手中的零散时间以实现自我提升就显得尤为重要了。

（一）学会拒绝，珍惜零碎时间

1. 学会说"不"，珍惜零碎时间

在我们的生活中，我们的零碎时间总是会受到朋友的干扰。当你想利用午餐后的一点儿时间想做点有价值的事时，同学却要求你做其他事情，此时你该怎么办？有的人会犹豫不决，支吾不清；有的人口头答应，心里生。气生活中，像这样不懂得说不，不敢表达自己真实意愿而浪费我们时间的情况太多了。要知道，我们不可能满足所有人的要求，那么面对朋友的要求，我们究竟该拒绝还是答应，这时就需要我们根据事情的重要程度、可能产生的后果加以权衡。

（1）直接答应。如果对方需要的时间较短，你不妨直接答应他们，这样做可能更加节省时间，无须花费精力去解释。

（2）勇敢说"不"。当别人要占用你的时间很多，而你又没有时间的时候，最好的解决方案就是说"不"，如果使用得当，可以帮你节约很多时间。千万不要因为不好意思而不懂拒绝，从而浪费自己的时间。

（3）学会折中。凡事都有例外，当面对的要求无法拒绝时可以选择折中。比如，老师布置的非必要任务，可以推荐其他乐于接受的同学参与。

2. 挤出零碎时间，并化零为整

对于那些擅长管理时间的人来说，他们通常能够有效地安排自己的日程并且懂得如何合理分配时间。这种方法的核心在于尽可能提高时间的使用效率，通过把原本分散的时间整合起来以达到更高的效益。具体而言，这意味着要充分挖掘已规划好的大段时间内可以被抽出的零散时刻，然后对这些时段进行分类与集结。比如，大学生们可以通过每晚腾出十分钟来做一些琐事或休闲活动，这样一周下来就能积累到五十分钟，一个月就有二百分钟，一年则能获得四十小时。10分钟对于一天来说微不足道，很多人每天浪费的时间往往不止一个10分钟，但是，如果能持续下去，就能让时间产生最大的倍增效果。

**（二）把握"间隙"，巧妙使用零碎时间**

不放过每一分钟，让每一分每一秒都能创造出新的价值。充分利用"间隙"时间是管理零碎时间的一种方式。把想做的事情分成很多部分，见缝插针地完成，会取得意想不到的效果。

1. 利用好睡前时间

有学者计算出了这样一个结果：假如每晚入睡之前抽取三十分钟来读书，每一分钟能读三百个字，那么半个小时便可获取九千个字，每月总计为二十五万二千字。若以年为单位，则每年累计可达三百万两千四百字。至于书本的长度，其范围可能自十万至二十万字之间，假设每日花费三十分钟去阅读，那全年即可阅览十五至三十部著作，这数字远超全球平均阅读水平。

2. 利用好等候与空档的时间

高校学生应该珍惜在食堂排队打饭、买东西排队、外出等车、开会等候的时间，利用这段时间背背英语单词、听听英语录音等，也可以利用这段时间思考一些事情，电话沟通处理一些学生社团活动，而非玩手机、听音乐、聊天等。

3. 利用好回家或者返校路上的零碎时间

每个学生在回家和返校的路上都要花费一些时间，包括等车、在路上的时间等。因此，你需要在这些时间上做一些有意义的事情，不能让它白白浪费掉。比如可以带上一本书，利用这段时间翻看一些。

4. 利用好学习中的零碎时间

人们善于利用时间，能够理解如何在学习中有效地运用零散的时间。比如，在课后五分钟内，可以整理一下自己的学习记录。20分钟的课余时间，可以提前预习功课等。

5. 合理利用好寒暑假、节假日等时间

高校学生相比于其他群体，空闲时间还是很多的，因此不但应当规划好一天二十四小时，也应当规划好一年三百六十五天，充分利用好寒暑假、法定节假日、周末休息日，这样一年就会多出二百天左右的时间供自己安排。巧妙地把这些时间加以利用，必定能得到意想不到的收获。

## （三）避免打扰，提高零碎时间使用效率

### 1. 安排属于自我的时间

高校学生每天至少安排半小时到一小时的自我时间，不被其他人干扰。假如自己能够有一些时间完全属于自己，完全不受其他人打搅，这段时间的效率就可以大大提高，甚至抵过一天总的学习或工作效率。

### 2. 跟时间比赛

学会跟时间比赛，给每件事情规定最后的完成期限，尽量让自己在有限的时间内完成自己所计划的每一件事情，这个方法是要自己与自己竞争，然后竭尽全力去超越自己平时的表现。

### 3. 缩短进入状态的时间

给自己提出要求，确定一个简单明确的目标，尽量缩短犹豫和考虑的时间，从而缩短进入状态的时间，慢慢养成习惯。例如，高校学生在上课之前就提前预习好课程学习的内容，上课后，让自己迅速进入学习状态。

### 4. 提高办事效率

做事的速度直接影响所需时间的长短，对同一件事情，速度快的人可能在2分钟内就能完成，而速度慢的人甚至可能花上10分钟也未必能完成。只有提升速度，我们才能腾出更多的时间来处理其他事务。例如有的高校学生习惯在宿舍做作业，其实宿舍里干扰因素很多，到图书馆去可能效率会更高，可以为自己节省更多学习时间。

# 第四章　学生学业管理艺术

## 第一节　加强专业知识技能学习

### 一、高校学生的学习动机

学问欲望作为一种内在驱使力量，对大学生的研究行为产生着关键性的作用，也是决定其学业成果的关键"非认知要素"。高校学生学习成绩的好坏与学习动机的关系密不可分，而且高校学生的学习动机并不是一成不变的，会随着时代、社会的发展变化而不断改变。当代高校学生的学习动机分为如下几种：

（一）**发展需求**

高校学生迫切需要发展自己、完善自己，向父母证明、向老师证明我是这个世界上最棒的。自我的发展成为高校学生最主要的学习需求。为了发展自己、完善自我，高校学生在校园里孜孜不倦地学习各类知识、参加各种活动，在丰富多彩的校园活动中不断尝试、不断改变，找到适合自己的学习方式、适合自己的发展方式。在一次又一次失败中，找到自己最喜欢的、最适合的学习方式。发展成为高校学生的首要需求，因为要发展，高校学生才如此努力的学习、尝试、追求。

## （二）就业需求

当前高校学生的就业压力越来越大，高校学生也通过多种渠道了解毕业后自己将要面临的就业挑战。为了能在大学毕业后顺利就业，高校学生如饥似渴地在大学校园里学习各种知识。当前整个社会就业形势严峻，高校学生通过咨询长辈、老师，同伴之间交流，了解就业形势。他们也同样意识到，只要能在校园里学到真本事，有真才实学，毕业后也能找到好工作。正是抱着这样的理想，他们学习书本知识、参加社会实践、考取各种各样的证书、参加各种各样的比赛。在这些过程中，培养了高校学生们坚强的品格、良好的耐力，能经受住各种各样的挫折，最终凭借自己的真本事找到一份满意的工作。

## （三）迎合父母期望

迎合父母的期盼是当前高校学生重要的学习动机。父母尽其所能助子女完成学业，他们相信读书改变命运、知识改变命运。我们常看到这类学生在大学里学习、工作动力十足，一方面他们为自己的理想学习；另一方面他们又承载了父母的殷切希望，学习起来特别有动力。

## 二、高校学生的学习特点

### （一）知识的专业性

高校学生一进入大学就有了专业之分，这成为高校学生学习的最大特点——专业学习。所谓知识的专业性就是高校学生的知识学习开始具有了职业定向，和未来的职业发展息息相关。大学一年级开始接触基本的职业技能，二年级和三年级则专注于深化相关领域的学习。通过数年持续的专业训练，这些学生逐渐形成了合理的知识体系，夯实了他们的基本理论功底，强化了他们在特定领域的专长，并具备了较高的整体实力以满足社会的期望。这种专业化主要反映在学校设立的学科、安排的课程、授课的内容及学习的策略中，同时也表现在对大学生知识构造、实际操作技巧、运用能力和心态调整等多方面能力的培育与磨练之中。

（二）学习的自主性

自主学习成为高校学生学习的重要特点。学校给学生提供各种各样学习的机会，学生根据自己的需要、今后的发展选择学习的具体内容。除了学习学校要求的必修课，大学还提供很多选修课、各种讲座、各种书籍。因为有了学习的自觉性，高校学生在这样浓厚氛围中，不断汲取丰富知识，为以后的职业发展打下坚实基础。独立性是大学生与中学生学习的最显著差异。高校学生自主选择学习的空间非常大，在学校人才培养目标设计的指引下，每个学生在达到最低学习要求的基础上自己能动地确定短期、中期、长期学习目标，并且根据实际情况不断调整。

（三）运用的实践性

高校学生与中学生学习的不同特点还在于中学学习基本就是从书本到书本、从老师到学生，很少有实践环节。高校学生的学习很多都是从实践到课堂再到实践，自我探索、实践的成分很大。培养高校学生的动手能力、参与意识、创新思维成为当前大学人才培养目标的关键词。高校学生的学习活动除了学习书本知识外，实践环节也是必不可少的，甚至不少的大学，专业理论学习与实践锻炼各占一半。高校学生运用学习到的专业知识在实践活动中检验、加深、巩固、提高，再回到理论，会更加深刻地理解理论知识的来龙去脉，更加巩固自己的专业知识。高校学生的专业学习就是为了毕业后直接服务于生产、生活，增强知识的实践性已成为高校学生学习的必备环节。大学生通过参与更多的实践活动，深化对知识的理解和运用，增强了他们发现、分析和处理问题的能力，以便更好地应对这个复杂且变化无常的世界，并成为社会期待培养出来的优秀人才。

## 三、高校学生学习中面临的问题

### (一) 学习产生焦虑

焦虑可以被视为个体情绪的一种反映,它是当个人感到无法控制或者无法实现某些目标时产生的烦躁、恐慌或者紧张等负面心理状态。学习焦虑就是在学习过程中出现的一种焦虑、紧张甚至害怕的精神感受。产生学习焦虑的原因大概有以下几种:一是考试焦虑。这是很多学生都会有的一种情绪体验。当学生面对即将到来的考试感觉无法把握时往往会产生出的一种焦躁情绪。或者是认为自己准备不足,或者因教师、父母方产生的压力,都会带来考试焦虑综合征,导致考前胡思乱想,考试时无法正常发挥,考试后万分自责。二是学习强迫症。有些学生上了大学后突然发现自己不再像高中时期那样优秀,不再是班上的佼佼者,于是产生一种很强烈的学习追求,几乎把所有的时间都放在学习上,如果有一点的休闲就会自责,看到别人很努力内心就会很恐慌,担心别人超过自己。以这种状态来学习会导致学习效率不高、情绪不稳定,有的时候甚至会紧张到不能控制自己。

### (二) 学习动力不足

很多学生上了大学之后,一下子脱离了高中时期那种紧张的生活,突然觉得无所适从,找不到方向。高中时期有老师的督促、父母的监督,目的全在于考上理想的大学。进入大学却全然不同,再也没有老师和父母全天候的叮咛嘱咐,每个学生在大学自由的环境里自由发挥、自由成长。有一些高校学生并不适应,不知道每天的学习生活应该怎样安排;有一些学生开始找不到生活学习的方向,浪费了大量的时间。

### (三) 学习产生倦怠

学习疲劳是一种负面的学习情绪,它是指学生在长期高强度的学习压力下产生的心理负担和精神压力导致的逃避学习、厌恶学习的行为。在高校学生中虽不是普遍行为,但还是具有一定的代表性。一般来讲,刚进入大学校园的学生，对大学校园的一切感觉都是新鲜的，对大学校园的渴望以及新鲜感会激发高校学生积极地学习热情，一般大一新生很少有学习倦怠感的产生，到了大二、大三随着课程的增多，特别是专业课的大量开设，知识点越来越多、学习的难度也越来越大，这个时候产生学习倦怠的概率就比较大了。有些学生受不了高强度的专业学习、实践锻炼，再加上受同学之间对于未来就业不确定性、毕业即失业等负面传闻的影响，厌学概率增大。在多重压力下，有些心理素质较差的同学就会对学习失去兴趣，长此以往，这类学生就会产生严重的学习倦怠心理，对学习提不起兴趣，厌倦学习、害怕学习。大学生的学习疲劳感会对他们的身心健康和学习成果产生深远影响，进一步对学校教育水平和持续发展造成负面冲击，这是一种极其糟糕的学习心态。

### 四、优秀高校学生的良好素质

**（一）综合的认知能力、处理实际问题的能力**

一个优秀的高校学生首先要对自身和所处的这个社会有一个综合的认知，了解个体与群体之间的关系，了解自我的存在价值、存在意义、发展空间。在此基础上能独立自主的思考问题，具备独自处理实际问题的能力。现在很多高校学生不爱思考，遇事慌乱，完全不知道分析事情的前因后果和来龙去脉，更谈不上解决问题。一个优秀的高校学生必须要具备分析问题的能力和独自处理问题的能力。高等教育如同小型的社会环境，我们可能会遭遇各种挑战，例如日常生活、学业进步、情感波动和人际关系等方面的问题。当我们在面对这些难题时，优秀的学生通常能深入理解并洞察其背后的实质，通过观察表面现象来揭示核心问题，识别和评估问题的难点，并且积极寻求多样的解决方案以应对它们。当前用人单位在招聘的时候所关注的也不仅仅是高校学生目前能做什么，更多关注的是高校学生的学习能力、思考能力、发展潜力等，这样在碰到实际问题的时候，优秀的高校学生也能适时研判所处的环境，自己找到解决问题的办法。

（二）自我学习能力

进入大学以后的学习本来就是一种宽松式开放式的学习，有的同学选择随波逐流、自我放纵，优秀的高校学生却选择在轻松的氛围下自我学习、自我成才。大学给同学们提供了各种各样的学习机会、各种各样的学习平台、各种各样的学习空间。优秀的高校学生善于选择，选择适合自己的，选择自己需要的。在浩如烟海的知识中努力汲取自己需要的养分，自主地学习。当高校学生在面临很多问题和困难的时候，自我学习、自我解决问题的能力就显得特别重要。他们毕业后进入社会，这种能力的具备更是人才成功的关键。在面临很多实际问题的时候，怎样更好地解决，完全取决于一个人的学习能力。具有自我学习能力的学生在大学期间更容易专业拔尖、综合素质全面，进入社会后更受用人单位的喜欢，并通常具有较好的职业发展。

（三）主动适应社会的能力

适应能力是一个优秀高校学生的关键素质。人始终是处于大的环境之中，这样的环境有时是顺境，有时是逆境，百分百符合自己预期的情况根本不可能出现，纷繁复杂的时代考验着每个高校学生的适应能力。优秀的高校学生具有主动适应环境的能力，主动去适应不断发展变化的世界，只有主动适应环境、顺应环境，才会找到改造世界、改变现状的钥匙。主动适应环境的能力是一项综合素质、综合能力，是在经历过许多事件、经历过许多考验才能培养出的一种特殊能力。它包括良好的思想品德、愿意与人合作的协作意识、优秀的人际关系以及卓越的创造能力等。通常，那些身心健康、擅长进退、能够忍受并且自我素质出色的大学生具有较强的适应性。即便在环境或职位发生变动时，他们也可以通过自己的努力和调整迅速适应社会和工作。

（四）开拓创新的能力

开拓创新能力是对高校学生综合的、高层次的素质要求。开拓创新意味着不拘泥于传统，不甘于现状，始终想有所突破、有所创新。正是在这种素质的推动下，我们才会有多种多样的发明问世，才会有更多突破传统的思想观念创新，才会在现有的机制下创造一个又一个奇迹。高校学生的开拓创新精神属于一种高素质、高能力，是高校学生在长期的学习生活中逐渐培养起来的创新思维、创新意识。面对一些实际问题、实际困难，当大家一筹莫展、不知所措时，优秀的高校学生能用这种创新能力另辟蹊径解决问题。当前整个社会正处于改革发展的攻坚期，高校正处于转型发展的关键时期，我们会面临很多新问题、很多新困难，依靠传统思维、传统习惯很难顺利解决问题，但如果高校学生用自己的创新思维、创新精神，就有可能找到解决新问题的新办法，成为最有竞争力的优秀人才。

## 第二节 改善学业管理

### 一、高校学生学习过程中出现的新情况

#### （一）信息化改变学习方式

当今社会已经彻底进入信息化的时代，产生了很多与传统社会不一样的特点，不一样的规律。信息化时代就是知识信息的爆炸，知识信息急剧增加，学习方式也多种多样，获取知识的渠道多种多样。只要你愿意，任何种类、任何方面的知识都可以通过互联网方便快捷的学到。信息时代学习方式的转变大概有以下几类：

1. 由个体性学习转向合作性学习

传统的学习方式由于知识的广度和深度的局限性，大多是一种个体性的学习、维持性的学习。信息化时代知识的广度和深度发生了翻天覆地的变化，创新性学习、合作性学习的特点越加地凸显出来。由于知识的急剧增长，完全靠以往的个体学习、单打独斗已不能很好地掌握这么多的知识点。通过合作学习，能最大限度地整合集体的潜力，大家相互帮助，共同

提高。合作学习通过相互间的合作、交流、妥协，一方面增强高校学生处理人际关系的能力，另一方面强调每个成员的参与意识、分担意识、角色意识，使得知识学习的效率提高，问题的解决更加高效。在共同学习的过程中，我们持续吸取他人优势和长处，并反思自身的不足和错误。通过这种互动交流，每个人的能力都得到了提升与磨练，使得学习效率和能力大幅度增强。

2. 由被动学习为主转向自主学习为主

传统的学习带有很大的被动型，自上而下的命令式学习很多。信息化时代，知识爆炸，信息量巨大，每个人的学习需求不同，如果再按照以前的被动学习方式，学习的效果、学习的效率都将大打折扣。信息化时代，面对纷繁复杂的海量知识，要求高校学生必须要有自己的判断能力，自主地选择感兴趣的内容，自主地选择自认为对自己有用的内容。高校学生通过对知识内容、信息内容的辨别，自主地选取兴趣点，由于是自发性、自主性的学习，这将大大地提高学习效果。

3. 由统一性学习转向个性化学习

传统的学习受内容的限制，通常都有统一的内容、统一的学习要求、统一的学习目标。信息时代的学习更偏向于个性化学习，强调个体的学习兴趣、个体的学习需求、个体的学习差异。信息时代的学习充分体现了"以学习者为中心"，尊重个体差异，尊重学习兴趣。此外，大量的资讯素材使得每位学生都能根据自己的需求选择合适的内容，并能针对个人情况制定个性化学习计划。这个信息化时期无疑是一个充满多元性和活力学习的阶段。

(二) 新一代高校学生开始凸显自身的特点

1. 个性突出，自主意识强

新一代高校学生从出生开始就处于一个相对开放的大环境中，整个社会高度发展、深度变革，各种思潮也相对自由的出现，任由新一代高校学生选择。在这样的大背景下，新一代高校学生大多具有鲜明的个性，有自己独特的认知，他们喜欢个性、新奇的东西，在一切能够彰显个性的领域自由发挥，例如穿着、兴趣爱好、谈吐、追求等各方面展示自己独特的个性，喜欢自由安排自己的生活、学习，遇到事情自己拿主意，自主意识很强。同时物质、精神的相对充足给他们提供了很好的张扬个性的资本，他们相信自己、相信自己的待人处世方式、追求个性，而且大多对未来充满信心。

2. 组织观念和纪律观念较差

新一代高校学生大部分以自我为中心的意识强烈，个性突出，喜欢按照自己的想法行事，考虑他人和集体的因素很少。他们的组织观念和纪律意识都较差，做事情之前更多考虑的是个人，渴望表现自我，展示自己，渴望得到更多关注，喜欢听表扬。喜欢自己单独从事个体活动，对集体活动不关心或参加很少，团队合作意识不强，过分追求自我价值的实现，考虑自己太多，关注他人较少，集体归属感、荣誉感不强。

3. 好奇心强，接受新生事物的能力强

相比于过去"80后"和"90后"的大学生，当代大学生的显著特征是他们思想更为开明，充满探究精神，并乐意接触新的东西，对于新兴事物的适应力非常强大。这一切都源于整个社会开放的大环境，以及网络对我们整个社会生活的深度渗透。互联网时代的出生背景使得当代大学生们每日接触大量的信息，他们的思维敏捷且开放，对于各种现象都能适应并易于接纳新兴事物，勇于冒险尝试，充满挑战精神。他们热衷于追求具有未来感和新鲜感的甚至刺激性的东西；他们在学习各式拓展视野的课程时展现出了强烈的学习兴趣，并且有很多人同时选修了多种课程；创新与创业已然成为新时代大学生活方式的一种潮流趋势，也是众多大学生的实际选择。

4. 有强烈的反叛意识

新一代的高校学生有自己独立的观点、独立的思想，敢于批判，敢于反抗，面对说教、规定、纪律，只要认为不对、不合理，就会勇敢地提出怀疑，大胆地进行反抗。他们这样一种反叛意识特别适合批判性学习，不再唯书、唯师、唯理论。如果教师仅仅抓住这样一些优点，因势利导，好好发挥，对于突破传统，创造新观点、新思想有极大的好处。但这样一种强烈的反叛意识如果不加以控制，又很容易激化出极端行为，高校学生事务管理工作者必须加以好好把握。

（三）实践教学时代的到来

"实践教学，既是现代经济社会发展对人才培养提出的客观要求，又是我国高等教育更深层次改革与发展的内在要求，更是高校人才培养目标的迫切需要。"当前整个高校正处于转型发展、综合改革的关键时期。所谓转型发展、综合改革，就是要改变高等学校过去传统的观念、体制、人才培养模式、管理结构，以此适应当前不断发展的社会形势。在这一系列的改革措施中，人才培养模式的变革最重要、最突出的特点就是改变过去老师教学一言堂、灌输式的教学模式，给学生更多的时间、更多的机会进行实践操作、实践演练。将原来死的书本知识转换为活的实际操作。让学生在实践教学、实际操作中学到更多有用的知识，发现自己的短处、发现自己的不足，用实践来检验教学效果。这样以学习、研讨、实践等多位一体并且以实践为主的教育模式，使学生各有特色的全面发展，使各校以各具特色的育人风格培养高校学生的社会责任感、实践能力和创新精神。

## 二、做好学业规划指导

（一）帮助学生制订学习规划，确立学习目标

高校学生最重要的任务是学习，学生事务管理者的工作重心也应当从一般性的事务管理转向学业管理。按照历史经验，学生事务管理人员的核心职责是关注学生在成长和成才过程中出现的心理问题、行为偏差以及一些具体的事务性管理。而对于学生的学习一般认为有专业老师的指导、监督，高校学生事务管理者很少介入。今天这样的观念应该得到转变，在地

方高校转型发展背景下，会对学生的学习动机、学习方法产生重要影响。学生的主要任务就是学习，其他很多问题的产生都是由于学习问题引起的。

高校学生事务管理者要改变传统的思想观念，使学生的学业管理、学业规划、学习思想成为自己关注的热点和重点，把学生的学习问题、学习规划当成是最重要的工作内容，特别关注学生的学习心理、学习状态、学习成果。在全面了解学生兴趣、爱好、特点的情况下，和学生一起讨论、制订学习规划。学习规划包括短期学习规划和长期学习规划。短期学习规划注重学习时间、学习效率，主要是安排好学习时间、形成良好的学习习惯。长期目标重点关注学习之后的效果，要达成的目标，根据实际情况及时调整目标。制订计划的目的就是要避免漫无目的地学习，通过学习目标的制定、检查、督促，为学生学习提供保障。

（二）以学生为中心，推动他们的全面成长

促进学生的全面发展、综合发展是高校学生事务管理的理想目标。高校学生事务管理所有的工作内容都应该是围绕促进学生的综合、全面发展而开展。以学生为本，让高校学生在相对宽松的大学环境里获得知识、能力、素质，全方位的自由发展、充分发展、尽情发展，获得极大的解放。高校学生事务管理为了实现这样的培养目标，首先要尽可能创造一个宽松的环境，让学生能够自由发挥；其次为学生提供个性化、多层次的服务，满足学生个性化的多样需求。我们需要全面地重视并支持学生的多元发展途径，包括他们的学习方法、课程挑选和社会实践等领域中，让他们有更多的自由去决定和创新。大学的学生服务管理人员应该在处理这些问题时，始终保持对每一个学生的价值观和个人尊严的敬意，确保所有学生都能获得同等且公正的发展机遇与舞台，以此来激励他们的学习潜力及热情，发掘出每个人的创意和创新力。

## 三、健全学业动态管理机制

### (一) 加强教学管理

高校学生事务管理者要狠抓学风建设、强化学习纪律。定期组织召开有关学风建设的主题班会，引导学生始终把学习重心放在学业上。认真宣讲学校的各项规章制度、校规校纪、奖惩措施。经常开展教学检查，配合任课教师做好考勤工作，要舍得时间、下得功夫，经常深入课堂、教室、学生宿舍了解情况。高校学生由于一般离家都比较远，及时做好与家长的联系沟通，与家长一起做好学生的思想教育、学业管理。大学的学生服务管理人员需要成为学生的日常生活指导员、学业辅导员及生命教育引导师，他们的职责并不仅仅局限于教室与寝室的管理，还需要对各类课余活动、周末计划以及晚上自学课程给予密切关注。全面且细致地执行各项任务，以鼓励学生建立优秀的学习习惯，持续提升其求知欲和热忱。设立一系列可以通过个人努力实现的目标，以此来激励学生的学习激情和主动性，从而推动优良校风的培育。

### (二) 建立完备的学籍管理制度

在大学生事务的管理中，学籍管理占据了核心地位。从具体内容来看，它涵盖了新生入学和注册、学生成绩监控、学生动态调整、学生奖惩制度以及毕业生相关职责的处理等多个方面。从管理实践上来讲，学籍管理具有导向功能、测评功能、预警功能。在高校各项事务管理中，学籍管理对学生而言是最重要的管理活动，关乎学生的学习、成绩、就业。从高校学生事务管理这个角度来做好学生的学籍管理，首先就是要建立一套完备的学籍管理制度。现行的学籍管理制度是《普通高等学校学生管理规定》颁布实施之后开始施行的，之后随着大多数高校实行的学分制，学籍管理也随着学分制改变。当前面临高校的转型发展时期，高校学生事务管理要做的重要工作就是依托学校建立起来的一系列学籍管理规定，加大宣讲力度，全面宣传学校的学籍管理制度，让学籍管理的各项制度与学生切身利益相关的各项制度深入人心，人人知晓。我们始终坚守以学生为中心的教育管理观念，将管理转化为服务，将控制变为指导。尊重并保障学生各种自我学习和个性发展的需求。我们鼓励学生参与到学籍体系的构建和管理中来，充分赋予他们选择的自由和参与的权利。

### （三）注重过程管理

注重过程管理在学生的学业管理中特别重要，也是高校学生事务管理中的关键环节。当前由于学生学习的基础和学习能力之间的差别巨大、学习动力和学习追求的差别巨大、学生的个性心理差异巨大，各种各样的外部环境对学生的影响也各有不同。因此，在这种情况下加强对学生学习过程的管控，就显得特别重要。只有加强过程管理、过程控制，才能有效保证整个教学环节的顺利实施，保证整个教育教学质量的提高。在过程管理中，建立预警机制、建立预警学生档案制度是最重要的工作。首先建立预警机制，把相关的责任人纳入其中，学校、家庭、社会和个人缺一不可。从高校学生事务管理角度来讲，高校学生事务管理工作者牵头，将教学部门、学生工作部门、心理咨询部门进行统筹，一同落实学籍管理过程及其预警工作。例如可以建立分级预警机制，根据学生的心理状态、思想动态、综合表现、学习成绩、活动参与等建立起科学合理的分级指标体系。根据程度的轻重建立起三级、二级、一级预警。对于学生来说，如果他们的学习表现持续下滑，经常缺席课堂活动，那么他们就属于三级警报的范畴；其次是那些无法达到所需总学分的四分之三或已经累积了二十个零学分，并且存在一定程度心理问题的学生们；最后，我们需要关注的是那些连续多节课都无故缺席，未能完成至少一半的必修科目，且具有严重的心理问题困扰的学生。对于三级预警学生，及时了解这类学生的思想动态、找出原因，深入谈话，避免向二级预警学生靠拢，积极做好转化工作。针对二级预警学生，及时找相关的学生谈话，分析原因，告知后果，必要时将学习警示通知书送达家长，与家长共同关心、帮助这类学生，争取往好的方向发展。针对一级预警学生一定要做到重点关注。这类学生大量学分未取得，一定要和学生本人和学生家长深入沟通，并及时记录在案，针对欠缺的学分，和学生、和家长一起想办法补救。针对有严重心理障碍的同学及时安排专业心理咨询老师进行心理干预，尽最大努力帮扶学生。

### 四、完善学业服务体系

#### （一）打造优秀的学业咨询团队

一切为了学生的学习，一切以学生的学习为重，高校学生事务管理工作者要想方设法找到学生事务与学术事务融合的关键点。

聘请优秀的专业老师对学生开展学习指导、专业辅导。这些老师可以是每门课的专业老师，在专业上有很深的研究和造诣，这些老师可以面对面或者通过网络在线为学生答疑解惑，为学生提供课程学习、专业知识点解惑、学习方法答疑、学习技能帮助等。针对学生普遍关心的考研问题、就业问题，老师可以通过自己丰富的专业知识、人生阅历给学生提供权威的解释与帮助。通过深入的学习与交流，老师可以发现在专业上有发展前景的同学，充分挖掘他的专业才能带领其更深入的接触、钻研专业知识，参加老师主持的科研课题。通过这样一些专业的指导，激发每个学生专业学习的热情，更好地培养学生自我发展的能力，使他们具备优秀的综合能力、综合素质。

聘请有专业特长的管理干部、老师对学生进行专业评估，包括心理评估、学习状态评估、学业规划设计评估以及职业生涯设计评估等。这类有专长的管理干部利用自身的专长优势往往可以给学生很多书本上学不到的知识、书本上了解不到的信息，可以很好地弥补和专任教师的差距，帮助学生更好地认识自己、更好的定位自身。例如开展动态学业测评时，指导老师及时根据学生当前的学习状态、学习效果指出学生最近在学业上的投入度，帮助学生制订合理的学习计划、学习时间，在休闲与学习中找到平衡点。开展职业生涯设计时，指导老师可以通过专业的职业测评问卷大体看出学生的性格、适合的职业，通过深入的交谈、了解，和学生一起制定出适合自己的、学生喜欢的职业规划，并且和学生一起拟定学习计划、拟定通过刻苦努力就能达到的目标。

邀请学业优秀、各方面表现良好的高年级学生与低年级同学交流，充分发挥朋辈心理的优势作用。优秀的高年级同学以其优秀的过来人身份和学弟学妹交流高校生活，大家没有距离感，能够深入地交心谈心。高年级同学可以告诉低年级同学怎样合理的安排高校生活，怎样快速、有效地获取知识，大家可以交流什么是更好的学习方法，一起分享学习经验，怎样更好地获得专业知识。例如大家都比较关心的大学里如此多的社团活动应该怎样选择、怎样取舍，与自己息息相关的职业生涯规划怎样能够切合自身的实际。可以说这些优秀的高年级同学的现身说法，能很好地引起学弟学妹的共鸣，起到良好的榜样作用。

（二）建设学业指导中心

设立了和学生的学科成绩密切关联的学习辅导中心，向他们提供了关于课程计划、职业指引、学绩评价、未来趋势、人生规划等多方面的建议，解答他们在学习过程中遇到的问题，引导他们制定个人化的学习策略，努力打造老师和学生间的沟通桥梁，推动学生们彼此间的频繁对话，助力他们大学生活阶段的发展进步。学业指导中心倡导个性化的学习内容、个性化的学习方式，也提供多种学习方式供学生自由选择。

1. 成立学习兴趣小组

根据学生不同的兴趣成立不同的小组，吸引更多的学生参加。可以在学生中选出有兴趣特长的同学当组长，然后公布各兴趣小组名称、活动内容、方式、时间、要求、规则，让大家自由报名参加。兴趣小组成立之后，有严格的活动开展时间、活动开展方式、活动目标计划、活动成效评估。通过严格的活动参与时间、方式等，把兴趣转化成爱好，升华为以后的生涯规划、人生方向，更多的同学必将在参加这样的兴趣小组活动中找到自己的发展方向。

### 2. 开展优秀学长讲座

让大三、大四优秀的学生给学弟学妹现身说法，讲解学习目标的制定，学习方法的获得，讲解在大学学习生活期间面临问题、困难的解决方法。对学生来讲，优秀学长的现身说法更有亲和力、感染性，优秀学长参与这样的活动也能进一步锻炼自己的能力，相互都能有所成长。

### 3. 开展考研论坛等活动

为了满足研究生考试的需求，我们应主动响应学生们的高度关注并开展相关活动如研讨会、座谈会、分享经验的活动。我们可以邀请那些对研究生入学考试有深入理解且具有丰富经验的教师或已经被顶级大学录取的考生来向正在准备考试的学生传授报名策略、复习方法等等。此外，也可以把目标是同一所高校或者同一个专业的同学们聚集在一起互相探讨与学习，同时放映一些优秀的考研指南影片以给广大学生尽可能多的协助和鼓励，这种方式无疑能营造出一种优越的学习环境和竞技气氛，从而大大提升他们的学习热忱和学习成果。

### 4. 成立优秀校友论坛

学生在校学习的主要目的是毕业之后能有好的就业、好的发展。校友论坛就给在校生提供一个最现实的例子。作为高校学生事务管理者，平时多留心毕业生就业后的发展状况，邀请优秀校友回校开讲座、开论坛。分享读书期间的学习、生活故事，讲述毕业之后的艰辛创业历程，分享创业成功后的感人故事。作为高校学生来讲，校友的现在就有可能是自己的将来，校友的现身说法对在校学生有无法抗拒的吸引力，在校友的引导下会更进一步明确未来的发展前景，会更加激发学习的热情和动力。

## 五、契合需要，创新做法

### （一）更加关注学生的个性化教育

基于新时代高校学生的新特点，更加关注高校学生的个性教育、个体教育成为高校学生事务管理者的工作新趋势。每一个学生都是一个独立的个体，有自己独特的个性和特殊的教育需求。学生的个体性、多样性决定了我们不能再沿用以往一刀切的教育模式，个性化教育势在必行。所谓个性化教育，就是承认每个学生的个性化存在，尊重每个学生的个性化需求，真心相信高校生活的多姿多彩就是因为这些不同个性学生的存在才更加精彩的。高校学生事务管理者要采取一种尊重个性、发展个性、喜欢个性、承认差别、鼓励创新的态度，积极地开展高校学生的个性化教育。注重发挥高校学生各具特性的优势，注重发挥他们多才多艺的特长。对高校学生成才、成功的评价绝不仅仅是成绩，个性、才艺、人品、性格、交际能力才是评价一个高校学生综合能力的核心指标。在教育价值观上，高校学生事务管理者也要突破对公益价值的过度追求，更加关注对高校学生本身价值的尊重和回归，更加关注高校学生个体的需要性满足，以学生的需求和个体需要的满足作为工作考虑的出发点和归宿点。

（二）提供多样化的学习选择

高质量的大学教育就是要给学生提供高品质、多样化教育教学，让学生在自由选择中产生自主学习的能动性，找到一种成就感。身为高等院校的学生服务管理的执行人员，我们需要更深入地理解和满足学生的独特需求，这包括减少他们过于沉重的课业压力，使其由单一的对成绩的追逐转向全面提升他们的整体素质。同时，我们也应根据学校的实际情况，持续优化并扩展教学资源，为学生们提供多元化且丰富的课程选项，优秀的教员人选，多样的技能培训机会，以激发他们的学习激情，提高他们的学习动力与主动性。通过这种方式，我们可以有效地激励学生自主挑选最适合他们的教育资源，让他们更多地关心自身的求知欲，教授他们如何抓住重点而忽略次要问题，指导他们建立正确的学识观，掌握恰当的学习策略，帮助他们客观理性地看待自我经历体系，形成科学合理的认知立场，从而推动学生的独立成长。

### (三) 提供更多的实践机会

实践教学时代的来临意味着当前的教育模式将由注重理论转为理论与实践并重，更加注重学生的实践能力、动手能力、参与能力。高校学生事务管理的工作重心也要突出以实践教学为重点来进行安排。在转型发展中，给在校高校学生提供更多的实践机会。实践以专业实践为主，让高校学生更早地接触到以后工作的实际需要，在专业实践中重新定位、思考自身的学习能力、学习需求、学习差距。除此之外，社会实践也必不可少，通过社会实践，让高校学生更多感受社会的人情冷暖，对树立高校学生正确的人生观、世界观、价值观会起到很好的教育作用。

# 第五章　学生班级活动管理艺术

## 第一节　研究性学习活动

### 一、研究性学习活动设计原则

**（一）教育性与趣味性相结合的原则**

为了让研究型学习的实践更具针对性与实用性，我们必须以学生的认知能力和社会环境作为基础来制定教学策略和方案。活动的主题选择、实施方式及所需的时间和场所都应考虑到教育的价值，确保教育元素贯穿于整场活动中。此外，我们要根据学生的年纪特征来设定合适的活动模式，并着眼于他们的全人发展需求，使得活动过程充满活力且有趣味性，能够激发学生的兴趣并且被他们接纳和认同。

**（二）自主性与指导性相融合的原则**

执行过程中的独立性准则被视为活动的核心部分。教育者应以这一标准来规划教学内容，激发学生的热情和动力，让他们自发地投入其中，确保每位同学都有机会展现自己，全面重视并在团队里充分发挥每个人的角色。老师必须避免在课程中过度控制，而是在必要时提供必要的引导、支持和服务，解答疑惑，等等，这样才能把老师的精细教导与学生的自由实践有效结合起来。

（三）创造性与传承性相协调原则

对于研究型教学活动的策划应该与当代社会的进步相协调，并要满足新的时代背景下的青少年需求，确保其主题、探索流程及研究策略具有创意性和新鲜感，以充分利用研究型教育活动在课程建设和培育学生创造力及实际操作技能方面的特殊功效和效用。继承性的体现可以在部分环保项目和传统文化活动中找到，如让学生们观测学校内植物的特性，探讨它们的价值并对其实施维护计划，以此来增强他们关爱校园绿化环境和呵护周边自然景观的责任心，或者让他们深入理解传统的价值观，从而提高他们的文化认知水平等等。

## 二、研究性学习活动设计案例

"爱绿色，保护家园"活动设计

（一）活动背景

众所周知，春天有迎接新春的花朵，夏天则有着繁荣的莲花，秋天则是满园飘香的金桂和冬天傲然独立的腊梅；还有那些高耸入云的雪松和大片大片的白色杨树，使得学校内的一年四季都充满了生机与活力。然而，许多孩子只把这些绿植看作是为校园增加的一点色彩，也有部分顽皮的孩子会利用它们的枝条来玩耍或锻炼身体。对于这些孩子们来说，他们并不知道这些植物的名字，也没有观察到它们的外观特征，所以我们在学校的各个角落都能看见一些低矮的小树被折断了头颅或是零落一地的枝叶。为了激发孩子们对绿化植物的爱惜之情，我们就需要让他们了解到这些植物的特点，只有这样，他们才能够更有效地承担起保护树木的责任。

（二）活动目标

1.经过这个活动，我们教导孩子们如何仔细观察学校的植物，并且让他们知道学校里的植物受到了怎样的破坏。这使得他们能够思考出一些维护的方法，从而激发他们初级的研究型学习的观念，鼓励他们积极寻找问题的根源，培养他们在日常生活中自主找寻问题、自我解决问题的技能，提升他们的实际操作能力和对于知识的全面理解与创造力。

2.学生采用各种手段收集信息，并运用对这些信息的分析、整理和融合的方式来研究和规划活动计划，初步构建出自己独特的成果展示，体验到探索性的学习模式。

3.经过这个过程，孩子们亲身体验了探究式学习的快乐并深有体会到绿植给我们的日常生活的贡献与欢乐；他们开始了解并且热爱这些生命力旺盛的小生物们，同时保护它们的意识也随之增强起来——这使得他们在理解大自然的运作规律的同时也能更好地关注自身的行为方式和社会环境的关系问题，从而培养出一种对于生态环境的爱惜之情及责任感。

（三）活动对象

中职院校一年级的学生。

（四）活动时间

利用一天的时间，共七个小时，上午四个小时，下午三个小时。

第一小时：准备阶段。班主任带领学生走出班级，观察校园里的绿植，研究它们的作用。

在第二到五个小时的执行阶段，我们将研究并提出校园植物的保养知识和方法。同时，我们也会设计改进校园植物保养的策略和措施。

在第六小时的宣传阶段，我们将深入了解社区和城市绿植的现状，并提出自己的改善和维护建议。同时，我们也会积极推广对城市绿植保护的重要性。

（五）活动准备

1.根据学生的意愿和兴趣，我们通过教师与学生的讨论来决定研究活动的主题。

2.班主任准备好相应的多媒体课件。

3.学生搜集、整理校园绿植的相关资料。

4.学生们收集和研读了关于保护树木的故事。

5.准备相关工具，包括学生进行活动时用到的纸张、照相设备等。

（六）活动过程

准备阶段：

第一小时（从早上八点开始）：学生在校园内随意地进行探索，观察校园绿植，研究它们的作用。

1.学生通过观察校园里的绿植，了解绿植的内在作用。

2.通过多媒体展示和学生对校园植物重要性的理解，我们明确了保护绿色植物的意识，以此来使地球更加美丽，并倡导爱护校园的绿色植物。

3.学生通过网络资源，深入探索了校园内各类植物的相关知识和功能，理解了校园绿色植被对日常生活和学习的重要性。

4.我们组织了"热爱自然、守护家园"的文章征集比赛，以此来让珍惜学校绿化植物的观念深入到每一个孩子的思维中去。

5.学生调查校园绿植有哪些作用，同伴之间交流体验。

实施阶段：

在第二小时，我们将收集关于学校绿化植物保养的相关信息并提供一些保养策略。

1.学生们进行小组活动，参观了图书馆和微机室，广泛收集了与校园绿化养护相关的资料。

2.学生小组对收集的关于校园植物的信息进行了归纳和整理。

3.依据每个小组成员的优势，合理分配任务，对信息进行精心编排，各自创作出与活动主题相关的活动资料，最终实现团队的整合。

4.学生们以小组的形式，提出了关于校园绿植保养的方法，并在小组内进行交流、讨论和分享成果。教师则对此给予积极的指导和评价。

第三、四小时：践行爱护校园绿植行动，设计改善校园绿植的方案和养护措施。

1.学生小组通过进入教室和校园，向全体学生传达了关于爱护校园树木的重要性。

2. 学生们按照自己的兴趣组织进行校园绿化活动，激励所有学生对校园内的花坛和树木进行修复和保护，并在空置的花园中种植各类植物。

3. 学生们制定了改善校园绿化的策略，并提出了相应的保养方法；教师全程参与，适当时候进行指导评估。

4. 小组对活动的进展情况进行了即时的记录和总结，教师在整个过程中都有参与，并且在适当的时候提供指导和评价。（然后安排学生休息两个小时）

"携手绿意共度，共建生态校园"的知识竞答活动始于第五个小时（即下午二时起）。

1. 再一次强调学校绿化植物的重要性，并在学生之间进行互相赞扬。

2. 实施"和环保同步，共同享受绿色的学校生活"的主题活动。通过团队竞猜的形式解答客观题，用口头演讲来解答主观看法的问题，由学生代表负责记分，并有老师全程监控。

3. 评选出优胜小组。

4. 全体学生对活动过程进行总结、交流，教师进行评价。

宣传阶段：

第六、七小时：进一步观察身边社区、城市的绿植状况，设计自己的改善和养护设想。

学生主要活动：

1. 根据学生对活动的参与度，结合他们对周边社区和整个城市绿化状况的理解，他们提出了一些保护被破坏的绿色植物的建议。

2. 所有团队都进行了汇报和交流，探讨了是否可以实施，并向相关政府部门提出了定期保养城市绿化植物的建议，以改善居住环境并美化周围的生活。

教师的主要指导方向是：引领学生对他们设计的绿色植物保养策略进行实施性研究。

## （七）活动设计说明

"爱绿色，保护家园"的活动策划始于组建活动团队，并在教师和学生之间展开广泛的教育推广工作，以此提高他们对绿化环境的认知、热爱及维护意识。接着，由学生自主组织一场名为"爱绿色，保护家园"的文章征集比赛，旨在强调学校植物的重要作用。最终，该活动的实施过程包括让学生积极参与城市的和社区的环境保护任务。这个综合性的实践活动方案遵循着结合教育性和娱乐性的设计准则，既能激发学生对园艺的兴趣，也能让他们理解校园绿化的重要性，并提升他们的环保观念。此项活动完全贯彻了课程改革中的核心思想：即以学生的发展为中心，培育其创新思维和实际操作的能力。

# 第二节　社会实践活动

## 一、社会实践活动的设计原则

### （一）本土性原则

设计社区实践任务的时候需要全面考虑所在地的特性。虽然每个地方的经济发展水平有所差异，而且学校的进步程度也各异，但是每处都具有其独特的风格，并拥有适合执行综合实践任务所需的教育环境与外部条件。在挑选及决定主题的过程中，我们应该依据我们的目的来寻找合适的教育素材，结合所在地特有的元素去安排教学方法，以充分发挥该地区的长处，展现出它的独特之处。同时，我们也需关注挖掘本土的活动资源，这不仅能提升学生的参与热情，也能让学校更具个性化的发展，使得这些活动更有深度和广度。

### （二）亲历性原则

教师应该改变学生的单一学习方法，扩大他们的学习领域。让他们走出课堂，投入到广袤的自然和多元化的社会生活中去亲身感受和体验各种人和事物，通过这样的经历来积累解决问题、与人交往的经验。

比如，"社区公共设施调查"这个活动的规划被分为四大环节：第一部分是对基本公共设施有所认识；第二步则是针对性的研究其状态；第三个环节则涉及分享、报告与反思；第四步就是策划关于维护社区公共设施的活动推广。学生们先从自身周围的环境开始探索，找出并理解了各种公共设施的功能及其重要性，接着他们会根据小组划分制定调研策略、创建问卷及拟定活动流程等等，以深入探究社区公共设施使用的情况。这样一来，他们的实践技能得到了实质上的提升和磨练。最终，每个小组会对自己的数据进行归纳汇总，这包括分析社区公共设施受损的原因，直到每位同学都能够提出有效的保护措施。在这个活动中，学生们通过亲自参与的方式完成了对于社区公共设施的认知、针对性调研以及创新解决方案的设计等工作，从而让他们在实际行动中学到了如何解决问题的方法。

**（三）生活性原则**

当构思社会实践活动的方案时，我们应该以学生的日常生活为基础，从中挑选他们了解并有亲身经历的问题作为研究主题。这样可以把他们的现有知识和对社会的理解融合在一起。随着时间的推移，学生们积累了越来越多的生活体验和认识水平，这使得他们的眼界逐渐扩大，思考能力也在逐步增强。所以，设计的活动规模将会变得更大，可供选取的研究题目也将增加，进而推动学生的思维层次和认知深度的发展。

**（四）社区服务性原则**

对于社会实践活动的教学而言，我们需要回到学生的日常生活中去，因为社区是最接近他们生活的实际场所，对社区的活动和建设给予重视也是实现全方位的社会实践教育目标的关键环节。如果脱离了这种社区体验，那么无论是引导学生理解自己的生活或是探索社会的本质都会陷入抽象的形式主义中。因此，我们在规划这些活动的时候必须坚守以社区为基础的原则：首先，我们要确保课程内容的关联性和实用性，这样可以增加学生的直观感受，使得活动更加生动有趣且富有实质意义；其次，我们的任务是要鼓励学生积极投入并从中获得启发，最终形成他们的个人观点，甚至是活动主题的选择应该紧密结合学生的现实生活中的问题；最后，课程所涵盖的领域应当包括学生居住地的人文风情、地理特征、地方特产等元素，以便让他们能够从中学到如何关注周边的环境，主动关切身边的各类事务，从而提升其公共道德观念，塑造独立思考的习惯。

## 二、社会性实践活动设计案例

"社区公共设施调查"活动设计

（一）活动背景

为了优化我们的生活环境，许多小区都建设了各种便民设备，它们确实给居民带来了很多方便。然而，部分人的不当举止导致了一些公共场所被损坏。因此，提升公众对维护社区公用设施的责任感，使其能更有效地为我们提供服务，我们将策划一次关于社区公共设施的研究活动。

（二）活动目标

1.通过学生对日常生活中的社区公共设施有所理解和认识，可以进一步增强他们对社区生活的了解，使他们明白保护公共设施的重要性。这也能培养他们关注社区生活并感知社区生活的意识。

2.鼓励学生独立挑选主题、进行调查研究、对比分析、协同交流以及提出建议的过程，这样可以激发他们在活动中自发地产生强烈的探索热情。同时也能培养他们严谨、认真、自我探索和积极向上的学习态度，并且有助于形成优秀的生活习惯。

3.通过团队协作、参观考察，整理和归纳以及报告资料等活动，使学生获得间接的学习体验，提升他们与人交往合作、沟通交流的技能，增强学生的公民道德意识和情感，激发他们对社区建设的热忱。

### (三) 活动准备

1. 通过教师和学生的讨论，根据学生的意愿和兴趣来确定活动的主题。

2. 学生已经对社区公共设施的布局、类型和存在状况进行了深入研究。

3. 学生们需要自己准备好活动所需的电子工具和尺子，并设定好访谈的问题。

### (四) 活动时间

一上午时间共四个小时。

第一小时：初步了解公共设施及其作用。

第二小时，我们将对公共设施的存在状态进行分类研究，并对社区公共设施的损坏程度进行调查。

第三小时，学生们将进行交流、报告和总结。他们也会分享自己的活动经验。

第四小时，我们将策划一系列关于社区公共设施保护的宣传活动。通过这些活动，我们希望能够进一步提升学生们对公民责任的认识。

### (五) 活动过程

首个小时：确定课题，理解公共设施的含义。

在教师和学生讨论活动主题时，学生们各表己见，提出自己感兴趣的主题，进行深入的交流，最终由学生们选择并确定活动主题。在确定研究主题后，学生们开始分组协作，进行活动的规划。

学生的主要活动：

1. 讨论哪些是公共设施及其作用。

2. 谈一谈平时对公共设施的了解。

教师的建议是：引导学生对公共设施进行分类，例如环保、通信、健身娱乐、板报橱窗和装饰等。

第二小时：社区有哪些公共设施

学生主要活动：

1. 每组学生按照社区实际情况制订观察社区公共设施的步骤，并总结成观察记录表。

2. 学生分小组，划分到社会从事公用设备的类型和数量的研究。这样做是希望让他们能在限定的时段里对社区内的公共设施做一个深入的研究。

3. 所有小组汇总数据，整理出社区内各种公共设施的类型和数量。

4. 学生根据兴趣进行分组，例如健身器材、通讯设备、公共垃圾桶和社区板报展示等。

教师指导建议：

1. 引导学生团队规划一个初步的社区公共设施观察计划，并制定一份关于社区公共设施观察的表格。

2. 指导学生开展"探索所在地区哪些公共场所"的任务。

3. 引导学生对初次观看到的公共服务设备状况予以初步调查。

第三小时：总结阶段

学生主要活动：

1. 对调研统计进行研究，计算出社会公共服务基础设施在自然环境破坏、人为损害和管理不当等情况下的百分比；深入探讨基础设施受损的主要原因，以便制定相应的防护策略；整合相关图像资料；编写报告方案和讲话稿。

2. 报告和互动：学生们分组进行报告，其他同学则专注地听取并给出建议和疑问。

教师指导要点：

教师在学生汇报展示和交流时，引导学生主动地、客观地对自己和其他学生的活动进行评价。

在第四个小时的宣传阶段，我们将设计社会公共服务系统保护措施。

学生主要活动：

1. 对主要破坏因素进行分析，并设计出相应的宣传和保护策略。

2. 各小组进行了报告和讨论，确认是否可以执行。同时，也向居委会提出了保护社会公共设施的建议和及时修复受损的设备等方案，这不仅充实了市民的生活，也展示了社会文化的多样性。

教师的主要指导方向是：引领学生对所提出的建议和设计方案进行理性的研究和验证。

（六）活动设计说明

本次社区公共设施调查的活动设计，给学生创造了独立思考、积极实践的机会。整个活动过程是学生自我能力生成的过程，通过调查社区公共设施种类以及损坏情况，并按照调查的问题学生自身或小组互助解决实际问题，调动了学生的活动热情，在进行设计的同时也体现了学生的自主性与灵活性。另外，社区公共设施调查的活动设计中运用了亲历性、本土性的设计原则，学生不仅亲自调查了社区公共设施的使用情况，同时也增强了学生服务社区的意识，认识到保护社区公共设施的必要性，增强了社会责任感。

## 第三节　信息技术活动

### 一、信息技术活动设计原则

（一）协作性原则

教学活动中信息的协同作用主要是指个体间的互动交流（包括同学之间的合作）及教师对学生的指导等形式来达成共识以解决特定课题的研究问题；同时也是一种团队精神下的工作模式——即整个班组成员一起参与到某个项目的实施过程中去。在这个融合了计算机技术的中小学实际操作课的设计阶段里，我们更注重的是如何设定合适的项目目标并且挑选出最适合的项目内容作为我们的核心议程。为了达到这个目的，我们要确保所设定的题目符合这几个要求：首先必须由全体学员投票决定他们想要开展的活动类型及其具体细节；其次每个小队或者单个的学生都需积极地投入其中，并在必要的时候互相协助才能顺利完结该项作业；第三点强调的就是让所有参加者都能展现他们的社交能力和探索问题的技巧；第四条则是鼓励大家运用电脑科技手段收集整理资料，然后根据这些数据做出新的判断，从而得出个人的结论而不是简单复制粘贴他人的观点；最后一点就是希望所有的报告展示出来的结果都是属于每个人的独特创作品。

（二）开放性原则

作为信息化教育的核心表现形式之一的是其对学习的包容性和多元性，现代社会的学风正在不断地演进着并以数字科技为主导力量推动发展趋势向现代化方向转变；而这种变化则体现在利用多种媒介如电脑与互联网等工具构建出的新型智能型及多样式的教育模式上：这不仅使得课堂变得更加灵活且富有创新精神，同时也扩大了一般意义上的课外知识获取途径——即通过这些方式可以使每个个体都能获得他们所需要的东西，从而实现他们的个人目标或兴趣爱好等等方面的发展。由此可见，我们必须充分认识到使用先进科学技术的必要性及其重要作用所在（比如如何借助它们去解决问题），因为只有这样才能确保我们在未来的生活中能够应对各种挑战，并在面对困难时不至于感到无助或者手足无措，进而导致影响我们的生活质量和社会地位等方面的问题出现。

三方面的学习元素（即主题、时长与进程）都展现了其开放性的特性。这些包括对社会事件及个人爱好等领域的探讨，展示出信息化教学活动的广度。这意味着该种教学模式涵盖多个领域，以适应各类需求。而其中的关键在于学习的多样性和灵活性，它为学生提供了自主决定学习方法、进度和日程的机会，并让他们根据自身喜好来挑选合适的时间和地点开展个性化且跨越地域的教育活动。

（三）可行性原则

在确定信息技术的教学任务前，我们必须对选题有所考量，尤其是其执行的可能性至关重要。为了确保活动的成功推行，首先我们要考虑到学生的认知能力，所挑选的题目应与其现有知识结构匹配且易于理解和吸收；其次，我们需评估外部环境因素，包括家庭的支持、学校的配合和社会的支持，以确保符合这些条件的选定主题是实际可行的；最后，某些项目的实现可能需要较长的时间周期，所以教师在制定项目进程的时候，可以把它们划分为若干小步骤、各个阶段或不同时间段来逐一完成。

## 二、信息技术活动设计案例

"三维动画创作"活动设计

（一）活动背景

随着信息技术的不断进步以及影视行业、游戏行业等的快速发展，三维技术也成了人们学习的重要内容之一。我们致力于推广计算机科学的基本概念，激励孩子们主动寻求新知并敢于创新。基于学校的现有的设施和条件，我们将以制作三维动画作为切入点，教导他们如何有效地运用互联网、电视及多媒体设备来收集与整理各种数据资料，以此提升他们的学习热情。同时，这个过程中的教师与学生的互动协作也能拓宽他们的视野，让他们能够从多个途径去吸收新的知识。

（二）活动目标

1.借助三维动画技术的学习，我们能够普及学生对电脑技术的知识，从而提升他们的信息素质，并帮助他们正确且有意义地使用计算机。

2.三维动画设计活动培养了学生的创造才能和动手操作能力，丰富了学生的现实生活。

3.将各种创作三维动画的工具与学生丰富的想象力和创造力相结合，进而使得三维动画技术成为一个现代化的教育平台来激发学生的创新潜能。

（三）活动对象

中职院校二年级学生。他们拥有扎实的计算机知识，并在此基础上具备创新和软件操作技巧，同时也具备协作精神和计算机应用能力。

（四）活动时间

一周时间。

准备阶段（第一天）：教师和学生共同学习三维动画设计程序，学习 Unity、3Dmax 等基本的三维制作软件，以便学生接下来的活动设计从这些基础软件的首要功能开始循序渐进地展开。

执行阶段（从第二天到第五天）：学生们按小组形式，借助计算机相关的三维动画制作软件，将想象力、创新精神和情感表达融为一体。在电脑这个空间领域里，他们可以自由地进行想象，并用自己独特的思考方式创造出富含创意的作品。

总结阶段（第七天）：成果展示，交流三维动画设计经验。

（五）活动过程

第一天：教师带领学生学习 Unity、3Dmax 这两款基本的三维动画操作软件，吸引学生对三维动画创作的吸引力，鼓励有基础知识的学生上台分享自己的学习历程和见解。

在第二天的学习中，老师可以通过以下几个环节来强化学生的基本知识：首先是"观察—示范—实践—创造"；其次是"观摩"，即引导学生欣赏并深入理解老师的作品或者 3D 设计资源；接下来是"展示"，也就是借助多媒体教育软件向学生详细介绍作品制作的过程，并且解释相关的设备如何应用；然后就是"行动"，这是指在老师的辅导之下，学生模仿和练习；最后则是"创新"，它需要学生运用已经学习的 3D 设计工具去完成他们的作品。这个四步法可以提升学生的基本计算机绘图能力，目标是为了让他们能够在熟练掌握一定技能和操作策略后，拥有自我创意的能力，从而激发他们对于 3D 设计的热情。

第三、第四天：

1.搜集有关三维动画创作的资料，并制作相应的作品。学生们进行小组活动，参观了图书馆和微机室，广泛收集了与三维动画创作有关的信息。在小组内部讨论了完成作品的编辑技巧，教师给予了热情的指导和评价。

2.小组整理并归纳了收集到的信息，学生们展示了完成三维动画作品所需的编辑技巧。

3. 各个团队根据每位成员的优势，合理分配工作任务，各自收集他们所热衷的三维创新素材，对这些素材进行编排和制造，并且各自创建出与本组活动主题相关联的活动素材。最后，整个小组将会进行汇总。

4. 学生们以小组的形式，轮流展示他们的活动成果，分享电脑绘画的感受。

第五天："三维动画创作"知识竞赛

1. 再次开展三维动画创作的知识，学生之间互相传播、交流。

2. 开展"三维动画创作"知识竞赛。学生以小组抢答的方式回答客观试题，以答辩的方式回答主观试题，学生代表记录成绩，教师监督。

3. 评选出优胜小组。

4. 所有学生都在总结和分享活动的经验，而教师则对此进行了评估。

在第六天，学生们各自登台展示他们的作品，并分享了自己的设计过程或方法。老师对社会活动进行了全面总结，进一步充分肯定了表现比较突出的组织、人物形象和事件，鼓励学生将信息技术教育中获得的知识应用到其他方面的教学中去。

**（六）活动设计说明**

通过创新的三维动画制作过程，我们能够看到学生们内心深处的美好感情及强大的创造力被充分地表达出来。这种方法满足了他们想要画出心中理想事物的需求。此外，我们的三维动画制作也遵循着实用性和开放性的设计理念。首先，这继承并延续了传统的教育模式；其次，它的现代化科技元素使之区别于传统动画制作，例如具有立体的图像、更丰富的颜色选择以及多样的呈现形式等等。因此，我们可以认为三维动画制作是一种结合了动画技术和信息技术的新型教育手段，它用生动的图像和绚丽的视效向我们揭示了信息技术学科如何与艺术相互交融产生美学感受。

## 第四节　文化教育活动

### 一、文化教育活动的原则

#### （一）操作性原则

文化教育并非仅停留在言语层面，而是通过实际操作的形式使学生更深入地理解传统或者外国的优秀文化和现代文明。设计的教学流程、课程内容及方法应具备可行性，例如调研、实地考察、收集信息并创作艺术品等等环节都有着较强的实用价值。学生的认知角度各异，对世界的理解与问题解决的方法也因人而异，每个人的心理成长速率也有所不同，同时每个人还拥有独特的个性特征。单调的学习模式可能会阻碍某些学生发挥其潜力，甚至让他们对自己的能力产生怀疑。然而，多元化的文化教育可以鼓励他们用自己的喜好参与到学习的过程中，体验和领悟各种文化，从而激发他们的热情和兴趣，使得他们在学习上取得更好的成果，并对文化充满热忱。所以文化教育活动的设计是由学生自己选择课题、自己决定以何种方式完成文化创作和理解的过程，同时要根据学生的实际及有关条件设计活动，便于操作。然而，文化教育的核心并不只是关注学生的实践操作，更重视通过师生合作和互助进行实践性学习，强调在接触文化的过程中培养良好的文化修养，以及在实践过程中塑造创新思维。

#### （二）灵活性原则

教育的核心在于其灵活性和多样化，这使得我们能够打破传统课堂教学模式的严格规则，更加重视学生的实际操作体验及情绪积淀。学生必须通过实际行动，亲自感受文化和文明的特点，理解它们产生的原因及其深远影响。在此过程中，要鼓励他们适应各种问题环境，提高他们的反应能力。老师应该致力于激发学生敢于尝试、主动探究、持续创新的精神，而非要求所有导师都需全方位、全过程地参与到学生的活动中，只需依据学生的具体需求提供建议、沟通和引导即可。活动的开展并不局限于某节课的时间，而是取决于活动的主题和方式。

### （三）自主性原则

教育活动的目标在于培养学生的文化修养，使其具备应对未来社会的挑战并作出相应反应的能力。因此，我们需要把重点放在学生身上，让他们在活动中充分发挥自己的独立性和创造力，从而实现他们的个人成长需求。比如，当我们要教授中国传统饮食文化——"饺子"的时候，我们可以先让学生在家里的厨房里观看如何包饺子，以此激发他们的动手欲望。接着，我们会通过展示一段关于饺子的文化和制法的视频来引导他们学习。整个教学过程看起来像是学生一步步跟着学做饺子，但实际上是在鼓励他们自由探索这个过程。此外，在这个设计的活动中，老师会给予足够的信任，允许学生按照自身的理解力和观察能力来自主探究包饺子的技巧，对于已经掌握的部分不会过多讲解，而那些无法自行解决的问题则提供适度的辅导。之后，在保障学生主体性的基础上，教师向学生传播"水饺"这一中华传统食物中包含着的传统优良思想，从而达到文化教育的目的，并锻炼学生的动手能力。

### （四）创新性原则

每一个孩子都拥有独特的个性特征，他们各有所爱并具有各自的特质。老师对孩子的喜好及个性的理解至关重要，这决定了实践活动的设定方向。我们需要定期安排孩子们去实地考察、动手操作、成果展览等各种形式的活动，让他们按照自己的意愿来创作出吸引他们的作品并在同学之间分享，这样可以使他们在不同的方式中更深入地了解自我，体验到劳作的快乐，从而有意无意地激发他们的热情，从喜欢的事物出发进行艺术品的设计和革新。

## 二、文化教育活动设计案例

"彝族歌曲"创作活动设计

（一）活动背景

在教育改革的背景下，我们的主要目标不仅是解决基础问题，更重要的是激发学生的创新能力和智力，帮助他们成长为符合社会需求的新型人才，并为他们铺设良好的道路。音乐是一种世界性的传统文化，对学生的情感熏陶、思维扩散起着重要的影响。实施音乐类的文化教育活动，不仅能帮助学生更深入地理解音乐的多元性和色彩性，也能有效地培养学生的创新思维，塑造他们的情感品质，提高他们的内在素质。

（二）活动目标

1. 借助倾听与学习歌谣的方式，体验到其愉悦且充满活力的氛围以及独特的民族特色，进而参与到对《后山姑娘》这首歌的学习及表演之中。

2. 协助学生掌握节奏，并进行打击乐的合奏。

3. 创编。学生根据歌曲中使用到的乐器如马步、三胡、牛角胡琴、月琴等进行演奏（教师提前准备好）。

（三）活动时间

一下午，包括三个小时。

准备阶段：了解彝族的文化，教师向学生展示从网络上搜索到的相关视频资料，包含彝族的火把节狂欢视频、彝族歌舞表演等，向学生展示《后山姑娘》这首歌曲的视频。

实施阶段：学生以小组为单位，通过抽签的方式选择彝族的特色乐器，参与创编。

总结阶段：学生以小组为单位展示自己小组的创作成果。

（四）活动准备

1. 根据教师和学生的讨论，我们确定了活动主题。

2. 多媒体课件。

3. 学生搜集彝族相关的资源。

4. 相关用具，包含学生创编时使用到的纸笔、平板电脑、话筒、录像设备等。

（五）活动过程

第一小时：课题的确立

课堂上，学生共同探讨活动的课题，各个学生根据自身对于音乐和少数民族的理解提出活动的内容，经过学生的集体讨论、研究和筛选，最后在众多课题中选择出大家一致认同的关于彝族歌曲的欣赏、创编活动。根据学生的学习水平和实际动手操作水平，选择学生都很感兴趣的马步、三胡等乐器作为动手实践的对象，不仅可以让学生从掌握少数民族阅读的基本方法出发，了解少数民族的习俗和文化，还能激发学生的创作潜能，提升学生的实际动手能力，为学生的发展创造奠定基础。

第二小时：

1. 了解马布、三胡等乐器的相关知识，在欣赏歌曲的同时，教师向学生分享我国少数民族的传统优秀文化，增加学生的民族自豪感，使学生形成良好的团结意识。

2. 学生在观看马布、三胡等少数民族特殊乐器使用方法的同时，通过小组合作的方式利用选择的乐器进行自由创造，在实践中体会乐器的使用方法和少数民族文化的独特魅力。

第三小时：实践民族乐器创造活动，打造特色民族文化氛围

学生根据搜集到的信息和小组合作学习得出的成果，将创作的内容充分地展示出来。在教师引领的环境下，学生有的创编动作，有的表演乐器，有的跟着音乐进行声势的表演，一同完成一场盛大的舞会。

（六）活动设计说明

我们透过对彝族歌曲《后山姑娘》的学习，体验到了其独特的音乐魅力。在此过程中，配合着简单节奏与敲击乐器伴奏，这不仅能增强学生的

身体表现能力及团队协作精神，也是提高他们创新思考能力的有效方法。借助简易的声音动作，鼓励学生自由发挥他们的想像力和创意，并以自身的行动和歌唱来传递庆祝节日的欢乐情绪，使情感更加生动且富有感染力。

  本章针对班级管理中的重要内容——班级活动管理展开了叙述。我们需要在素质教育的背景中努力改进传统的教学方式所存在的不足之处，以打破学生被动的获取知识的状态，并重视他们在教室中的主导角色与权益。同时，我们也应引导他们参与各种多样且广阔的课程内外活动，使其有机会摆脱教科书来展现他们的真实才华，从而激发他们解决问题的能力，并在实践操作中提高他们的环境保护意识、团队协作能力和文化修养等综合素质，进而推动他们的全方位均衡成长。

# 第六章　班干部建设管理艺术

## 第一节　基于自主管理的班干部选拔使用

### 一、基于自主管理的班干部选拔使用的优点

**（一）班级管理效率的提升可以通过实施自主管理型的班干部选拔和使用制度来实现**

目前，大部分的学校仍采用大班制的课堂模式，无法实施小型化的教育方式。在此背景下，仅仅依靠班主任及部分教员对班级的管理成效有限。在学校内部，老师能够介入并协助管理，但在离开校园之后，关于怎样强化学生的监管问题上，老师们往往感到力有未逮。所以我们需要利用班委会的力量，借助一批同学担任班委职务以达到学生间的互相监察，从而提升班级管理的效能。

自主管理式班干部选拔使用制度是建立在学生自主管理的基础上，班干部由学生自主选举产生，班级事务由班干部在学校和班级工作计划的统一指导下自主管理。班干部的选拔使用实行定期轮换，这样能够保证所有的学生都参与到班级管理中，从而提高学生管理能力和自我约束力，最终实现学生之间的相互管理、相互监督，提高班级管理的实效性。

### (二) 通过自我管理的班级干部选拔机制，能够推动学生个性化的成长

当学生积极投入到班集体的管理与活动中时，他们会从自身的体验中获得宝贵的团队实践知识，并学会必要的伦理准则，形成优秀的思维品质，推动他们的个人成长走向社会的成熟。此外，在自我管理的班级环境里，每位同学都可以寻觅到最符合自身特点的工作职责，持续发掘其独特的兴趣和热情，从而实现自我的全面提升。高效且合理的班级管理为塑造学生的独特性格提供了平台，让他们的个性得以充分发挥。

### (三) 通过自我管理的班级干部选拔机制，学生的自我教育技巧得以提升

作为教学的核心部分，学生们被视为班级的主要拥有者，而班级也属于他们自身的团体。因此，这要求学生自行构建他们的组织结构，并需由学生自身来负责管理及教导自己，同时还需要一起自发制定活动的规划，以积极的态度去执行各项任务与活动。这种基于自主管理的班干部选任机制，让学生能够自由选择班级的管理团队，挑选合适的班级管理员，并对这些管理员的工作表现做出评判，从而实现对班级事务的自主管理，使得学生的自我教育水平得以提升至自动化的状态，即便没有老师的指导或监控，班级仍能独立处理其内部事宜，举办各类活动，达成目标。

## 二、基于自主管理的班干部选拔使用的主要内容

传统的教室治理模式下，教师作为主要的负责人掌控着整个教学过程的管理工作；而在自我监管式的选任与应用机制里，学生的角色应该被视为核心组织的成员。这种自发性的学习方式旨在让接受知识的学生也参与到教导的过程中去，从而使得他们能够更好地理解并吸收所学内容。因为有了更多的自由度，他们在处理问题时会更加积极地寻求解决方案以推动自身的学习进步和个人成长。此外，这一理念还强调了一种新的方法——借助每个个体的努力提升整体团队的能力及成就感。

## (一)班干部选拔产生方法

为了克服传统班干部选用的缺陷并适应学生的心理生理成长需求,我们采用了"轮流+固定"的方式来挑选和使用班干部。这种方式不仅确保了所有同学都有机会成为一段时间内的班干部,同时也维持了班干部团队的相对稳定性,从而保障班级活动的顺利执行,并且展示出了班干部选用过程中民主和平等的原则。所谓轮流,是指班干部的轮替机制。然而,这里所指的轮替必须是一个不断提升自我能力的过程,即通过制定班干部的人数、任职期限和选举规则等方式,确定他们的职责范围及其工作标准等等,把班干部划分为不同层次,让同学们依据自身的才能和个人特质自由地做出选择,并在规定的周期内进行更换。而所谓的固定,则是在设立一组固定班干部职位的基础上,对于那些参与轮值的同学提供关于工作技巧方面的培训,并对他们的工作成果给予实时反馈和监督,以此来填补因轮值带来的实践经验和策略上的欠缺,避免因为频繁更迭班干部导致的班级活动空窗现象。

例如,"小组长轮流制,值日班长竞选制,值周班长晋升制,常务班长固定制"就是一种较为理想的模式。也就是说,小组长可以由组内学生轮流担任,使每个学生有锻炼、提高的机会;每周利用班队会时间,采用竞选方法选出下一周每天的值日班长,同时在上一周值日班长述职的基础上评选出优秀者,晋升为下一周的值周班长;班级设立常务班长,其职责只是建议和提醒,不进行直接的班级管理工作,是一个弥补措施和一道防线,防止轮流任职的班干部由于经验不足或方法不当给班级工作带来损失,保证班级工作的最佳效果。

在一个特定的阶段里,为了聚焦于关键任务或者大型事件,我们可以设置一些专门的工作职位,例如"卫生监察员""行为准则监督员""庆祝中秋节的活动主持者"等等。同时,增加班主任职务也可能是由某位同学提出的建议,比如他/她注意到教室里的灯光经常没有人管理,开关没有定时和正确操作,这不仅造成资源浪费还可能存在安全隐患;另外一位同学认为班级的水龙头需要被关注一下，因此主动提出要成为一名"小水管家"；等等。对这样的提议，学校应当给予积极的支持与鼓励。

(二) 班干部的主要工作内容

教育的目标在于塑造学生的共产主义精神和品德，提升他们的社会主义意识，树立服务人民的观念，形成满足公民道德标准的行为模式，并且强化他们与此相关的技能。要达到这些目标，我们需要在实施自我管理的过程中，指导学生从认知、情感、意志到行为各方面都做到自律、独立、坚强、能干。

在情绪层面，我们需要指导学生进行自我体验、自我激励和自我反思。在意志力方面，我们应该引领他们进行自我监控、自我承诺、自己命令并且自我管理。而在行为上，我们也需要教育他们进行自身审查、自我规划、自我训练、自身概括、自身修炼并且自我调整。

(三) 班干部的角色定位

班干部是班级管理的中心，是班级管理的骨干，班干部作用发挥得如何对集体的形成和发展起着重要的作用。班干部首先是学生角色。每个承担社会工作的学生（无论是班干部或队干部，还是没有正式干部身份但承担社会工作的学生）到底代表谁工作，是代表班主任，还是代表集体工作？这些学生执行某种职能时需要一定的权威（得到别人的尊重，别人应当服从），是班主任赋予的，还是集体赋予的？如何使用好学生班干部？如何选拔和培养班干部才能尽量在管理过程中体现教育公平？如何把班级管理同素质教育结合起来，以班干部作为素质教育的突破点？如何在民主意识的培养中使学生明确权利和义务的关系，从而增强学生头脑中的"服务"意识？这些问题尽管在一些研究中有所涉猎，但都没有从社会心理学、教育社会学的角度进行分析研究。

在新的时代背景下，班级领导需要满足更高的标准和承担更多的责任。首先，他们应该是学生，而不仅仅是职业活动家。班级领导并非一种专门的工作，反倒是一个必须为班级服务的角色。

# 第二节　提升班干部的沟通能力策略

## 一、提升对沟通的重视程度，把握学生群体的特征

针对实践任务，我们需要强化对于学生领导团队的交流技巧的教育及指导，应把集中的训练和持续性的教育结合起来，同时要把理论知识的学习融入到实际操作当中，以此来确实提升他们的团队交流技能。在每个年度的固定管理者培训课程里，我们要增设关于交流的主题，以强调其重要性，并且通过实例等方式，积极地教导他们怎样更深入理解目标人群的需求，掌握不同年龄段的学生团体特性。

要引导学生干部集体学会一些理论，善于分析自己所面临的具体班级学生的特点。学会采用不同的方式方法进行分类，比如学会运用理论从四个方面将自己的班级学生进行分类，根据不同学生的特点，进行有效沟通。

指导班委团队对全班同学按照需求进行分组，并为每个特定群体制定相应的策略。需重点关照那些面临挑战的同学，例如学业、日常生活或精神方面遇到困扰的人们，确保我们了解他们的状况并且提供适当的支持。在协助这些同学时，应采用多样化的交流技巧与手段，避免给他们带来过大的负担或者尴尬感。

指导学生领导团队按照学生的特性，并利用有效的沟通策略将其划分为四类：开放型、专制型、封闭型及被动型。针对这些不同的特征，采取相应的引导方式能取得更好的效果。例如，对于开放型的个体，应给予适当的指引，教导他们在展现自身时注重技巧与方式，重视他人的反应，主动改正自身的不足之处，以此实现良好的循环，进而扩展他们的开放领域，并在面对陌生人的时候灵活运用此经验，提高交际技能；而对于独裁式的个体，需要教授他们倾听的重要性，理解他人的感受，如此一来方能让人

们知晓他们的界限，持续反思，拓展公共领域；至于被动的个体，我们应当鼓舞他们更多地分享个人观点，拓宽个人的公众空间，以便人们更好地了解状况，降低误解和矛盾，优化对话质量；最后，对于封闭性的个体，我们要引领他们摆脱自我孤立的状态，通过使用有效的沟通原理去扩张他们的公共领域，同时要教育他们正确的自我认知，激励他们积极参与各类活动，深入挖掘自我，增进对自己身份的理解，并且鼓励他们多多与他人互动，从他人的角度看清自我，由此全方位把握自我。

此外，经过长时间的研究和观察，笔者将参与活动的学生划分为三个类别：积极且活跃者为少数，大部分属于中等程度的活动热情，而极少部分则表现出消极的态度并远离班级生活。这种现象因年级与学校的不同而略有变化，但整体上没有太大差别。因此，对于这一状况，我们需要关注两个极端群体，同时也要掌握好中间环节，以使积极分子能够激发普通同学的活力，从而增加他们的比例。对于那些缺乏动力的同学，我们要深入了解他们为何不愿意参与活动，是因为个性原因还是因为活动本身的吸引力不足？然后，我们可以针对性地制定交流策略，以此激励他们加入团队活动，防止更多人脱离团体。

作为一种独特的团体类型，学生的主要观点通常充满活力且乐观向上；他们在关注重大事件的同时努力提高个人素质并增强理论素养。然而，一部分同学却面临了关于价值观及理念方面的冲突困扰：尽管自信心十足并且拥有显著的能力差异（尤其是来自优秀中学的高年级学子），但在步入高等教育之后，仍有一小群人在生活中过于注重私利而忽视集体需求，对自己的能力和价值评估错误导致无法准确把握真实的自我定位——这使得梦想中的形象与其当前状态产生错位，进而引发自律性和独立处理问题的能力的不足。这些年轻一代大多成长在一个只有孩子的家庭环境中，因而在面对挑战时常常显得过度依靠他人或者抗压能力较弱，易陷入网络沉迷等问题之中。此外，由于富有创新精神并对新事物的接纳度较高，有时会忽略全面考虑事实情况的可能性，也可能因为片面理解造成误判的情况发生。

虽然具备丰富的学识积累和生活经验，但却欠缺批判性的思考技巧来筛选有效资讯。同样地，身为同一时期的管理人员也有类似的问题需要解决，所以我们应该强化管理人员的认知水平，以便消除缺陷并在各方面得到进一步发展，同时也应利用个人的专长激励其他人共同进步，从而形成强大的团队力量。如果一个学生领导能够影响他人，并且这种影响力可以覆盖所有的学生，那么这样的团体必然会变成一个具有强大凝聚力的集体。

## 二、注重学生干部内部的交流

教师需要强化对于班级领导团队的管理，掌握他们所面临的问题并立即采取纠正措施。重视他们的互动和交流，指导他们构建优秀的沟通机制。利用会议、活动及对话等各种形式来加强他们的交谈，营造积极的内部分享环境，从而使整个团体更具凝聚力，这有助于提高师生间的有效沟通效果。

交流的方式多种多样，依据其信息载体的选择及传递路径来划分，可划分为口头与非口头的两种类型。如今的学生领导们拥有丰富的交流手段，涵盖了大部分商业领域的种类。

## 三、运用管理沟通体系提升班干部的沟通能力

### （一）扩展开放区

从实际状况来看，学生干部团队目前仍有一些问题需要解决。班主任应当积极推动学生干部团队扩大开放区域，以改善他们与学生的交流状态。

确保有效交流的关键因素在于信息的充分供给，扩大开放区域则需由学生领导团队和一般同学携手完成，然而，学生领导团队在此过程中起着主要作用。对于学生领导团队来说，首先应展现出开放的态度，对自己的角色有清晰明确的认识；其次，他们应当懂得如何恰当地表达自己的一些

观点，以引发同伴们的共鸣，从而建立起优质的对话环境。

我们需要把学生的领导团队作为一个整体来优化其功能，以充分利用每一个成员的能力。此外，我们要营造一种积极交流的环境，构建一套有效的内部对话机制。对于具有不同个性的同学，我们会选择合适的班长来执行任务，让他们根据自己的特长解决问题，从而提升沟通的效果。

作为学生的领导者团队应该积极并深入的理解和掌握学生的状况，特别是那些面临经济压力、学业挑战或者存在心理问题的学生需要特别关照。同时，他们也必须以明确的目的来与这些学生交流，而不是仅仅闲聊，以便能够有效地协助学生解决问题，使其对我们的团队产生信赖和依赖的感觉，从而提高我们团队在学校中的声誉，这才是成功举办各类活动的基石。

通常来说，学生们对学生干部的理解往往不如后者对前者的理解深入，这反映出学生干部倾听时间不足的问题。为了改善这种情况，他们需要主动听取更多来自同学们的观点与想法，以建立有效的交流并实现有效沟通的目标。此外，举办各种有趣的活动可以创造一个积极对话的环境，并在组织任何活动时都要充分考虑学生的需求及建议。当有人提供有益的见解时，应当对其表示赞赏；而如果无法接受某个提议，也需尽力说服他，同时保持其热情，塑造正面的舆论环境。作为学生领导团队，我们必须抓住机会，把同学们渴望成长的心愿转化为实际行为。

信息交流的过程，即学生干部团体与学生之间的坦诚相待，应是一种开放的心态，并具备双向互动的特点。在此过程中，学生干部团体的任务在于聆听、指导，擅长从活动中发掘出学生的优势，频繁地讨论他们关心的话题，使学生能够主导对话，从而提供理解他们的机会。

（二）缩小盲区和隐藏区

当学生干部团队与学生发生矛盾时，原因可能有二：首先，他们未能深入理解学生的真实需求，只是停留在表面的观察；其次，他们的行为偶然触及学生的敏感区域，使其感到不适或不安，从而对这些活动的反感油然而生。此外，如果学生干部团队不能坦诚表达自己的观点，可能会引发学生的不良联想，进而加剧双方间的误解。

　　学生的领导团队往往面临许多问题，主要是因为他们对自身的弱点缺乏认识。尽管学生们清楚他们的领导团队存在缺陷，但由于缺少有效的交流环境，他们并不愿意提供建设性的建议和反馈。所以，即使这些工作已经展开了，其成效却并不能令人满意，并且可能会让学生产生被压迫感。

　　尽管存在许多共同点与差异，但盲区及隐藏区的特性却有所区别：首先，两者所包含的信息都仅为一方了解；其次，虽然学生干部群体或学生的个人情况均处于隐藏区内，其具体内容已被知晓，然而，对于盲区而言，所有信息仍属未解之谜。再者，两者的信息属性也各异：隐藏区的内容具有明确的目的性和意图；相反地，盲区中的数据则表现出一种自然且非自觉的状态。

　　针对两个区域间信息的不同，应当实施各种策略来减少两个区域的信息量，扩大开放区的覆盖面，以实现最佳的沟通效果。

　　许多信息的出现源于个人因害羞、缺乏信心或避免受到处罚而产生的情绪反应。互联网社交和在线交流的热度持续增长的一个关键驱动因素在于它提供了让个体保持私密的空间。对于这种现象，学生领导团队需要先帮学生建立自信，让他们接受自己的存在并鼓励他们勇敢面对挑战。此外，我们不能过分强求学生坦白他们的疑虑，因为这些人通常会对试图窥探其私人秘密的行为感到抵触。所有冷漠无情或者粗鲁的态度都会引发学生的抵抗情绪，导致他们更加保守自己的内心世界。学生选择掩盖某些事情的原因各异，因此学生领导者必须擅长通过提问来深入了解问题的根本所在，分析背后潜在的动机，指导学生直接面对问题及可能的影响，最后促使学生自愿表达真实的想法，自行解决心中的困惑。

　　无论是在学习还是生活中，每个人都可能面临各种形式的身心压力。如果这些压力持续积累并超出个人的负荷范围，可能会对个体产生不同的消极后果，甚至可能是灾难性的损害。因此，作为学生的领导团队应该具有预知风险的能力，努力减轻学生的压力，创造一种宽松且友好的班级交际环境，主导积极向上的鼓励方式，耐心地启发他们打开心门，宣泄内在的压力。此外，可以通过组织各类受学生欢迎的活动来增强他们的互动和理解，从而实现目标。

当涉及学生的无知领域时，身为观察者的学生领导人必须根据信息的种类制定合适的"扫盲"策略。例如，若他们缺乏的是认识性的信息，那么通过把知识和乐趣融合在一起，以一种轻松愉快的方式教学，就能取得理想的教育成果。

协助学生识别其自身的局限性和揭示潜在的问题时，我们也需要构建一套有效的信息回馈系统，并设立一个由学生领导团队主导的民主评估及监控框架。许多冲突的发生往往源于双方的不理解或交流不足，有了这个监督机制，能使学生更深入地理解班级运作方式，同时也能够辅助学生领导团体完成自我教育任务，增进他们对学生的认知度。此外，我们也应防止主观臆断的情况发生，迅速把学校的相关规定和学院的要求传递给学生，并且确保所有制定的学生领导团体的各项方案、规则条例和决策都以最快的速度被广泛传播，以此来减少因信息失衡而引发的无谓纷争。

（三）开发未知区

虽然现有的工具能够评估个人的智力或情绪智慧，然而人类大脑的神秘仍然难以被现代科技所揭示。至于复杂的人道主义感情，我们也不能仅仅依赖于简单的科学计量去衡量其价值。未知的领域就像是每个人的心灵深处的宝藏，它既有可能带来希望之光，也有可能会引发黑暗的力量。因此，探索未知领域的旅程充满了挑战和危险。

处于当今世界经济一体化、政治多样性和文化和种族差异性的环境中，我们需要确保我们的团队能够有效地管理好班级事务，这不仅仅是要传承并扩大优秀传统的价值，更是要在适应新时代的变革中持续进步和创新。我们要学会发掘学生的潜在能力，利用各种活动创造出展示自我风采的机会。通过有效的交流方式激励学生对班级活动的热情，使他们切实感受到自己是班级的一份子。

学生的才智是无穷的，只有想不到的，没有做不到的，相信每名学生都有自己独特的地方。学生干部集体要用爱去关心学生，这样才能够取得收获。学生干部集体也要善于挑战自我的局限，提高自己的沟通能力，不要面对困难就退缩。同时，学生干部集体内部也应该相互激励，通过良好的内部沟通，激发学生干部的潜能，克服一些非理性的信念。尤其是班长、支书，更应该成为整个学生干部集体的核心和定心丸，当学生出现不良的倾向和声音的时候，要保持足够清醒的头脑，积极想办法解决问题。"信心比金子更重要"。

## 第三节 班干部轮换制策略

### 一、班主任对于班干部的理解已经从局部转变为全面发展

#### （一）勇于面对所有的学生，重视在实践中培养

在班集体建设的初期，各方面还没有走上正轨，学生之间比较陌生，彼此之间不够了解。班主任通过调研挑选一批各方面表现比较好、能力比较强，有一定号召力的学生担任班干部，组成临时班委会工作，并指定一个较短的期限。经过一段时间的共同学习和生活后，随着班集体建设步入正轨，班主任就可以用民主选举的方式，让学生自己选出第二任班级干部，组建班级组织机构。

当班级环境相对安定的时候，教师需要勇敢地面对所有同学并提升他们的领导与管理的技能。每一个学员都应被视为教育培训的目标群体，也是未来的精英人才；除了拥有深厚的文化和科技学识外，还需具备出色的团队协作及管理工作技巧。构建良好的团体目标在于助力每位成员实现自我价值最大化。

根据美国的管理专家杜拉克的观点，"领导人必须理解每个人的能力和

局限，但同时也要意识到这是能力的起点与终点"。他强调了每个人都有潜力去发展并提升自己的能力，这种进步不仅仅是一个普通的适应阶段，更是一种调整以克服不适的过程，从而实现全面的发展。所以，作为班主任，我们需要提供每一个孩子展示自己才华的空间，不能仅仅关注优秀的孩子们，而是更要重视那些普通或落后的孩子们的成长，为他们找到适合的环境来促进他们的"适应"。

为增强所有同学的能力，教师应尽可能提供环境，使得每位学员有机会成为班级领导者。许多教师尝试实施"班干部轮流制度"的方法是有益的。这种方法不仅能增加更多学生对班级管理的参与度，让他们感受到责任与挑战带来的喜悦及困难，并因此主动投身到班级建设的进程中去，还能提升和训练他们的组织管理技能。各个级别的班委、团委、少年先锋大队成员都有一段固定的任职时间，一旦期限结束，通常不会再续任。每当推行此项政策时，需要保持一部分原来班委、团委团队的干部，以便顺利完成新旧干部的工作交接。新的领导干部上任前，需接受适当的培训，确保他们快速掌握职责。此外，还可以采取如"副班主任制度""一周班长制度"等措施，使得班级内的各类官员定时调动，通过公开选拔，匿名投票的方式产生。如果有两个或多个竞争者，则会举行竞选活动，候选人阐述自己的计划，之后进行投票。任期结束后，整个班级会对他的表现做出评价。

（二）全面性原则

随着 21 世纪对于人类整体素养的需求不断提升，单纯拥有学历却缺乏其他技能和知识的学生可能会遭到社会的排斥。若继续只关注学生的学业进步，那么他们可能面临在新环境中无法适应的风险。所以，作为一名教师，我们要有全方位提高学生能力的观念，包括教导他们广泛了解世界，掌握出色的沟通技巧；塑造他们的包容心以更好地与他人互动；培育他们的优雅风度和强大的执行力；引导他们学会独立生活并结交有益的朋友。总而言之，全面发展的学生才是教育工作者关注的重点。

作为教师，我们需要积极运用学生的日常经历来指导他们如何实践所学的知识并理解其对实质性的影响；依据孩子的认识进程，我们要结合孩子们的实际情况建立连接学校和生活之间的纽带，以便孩子们能更好地融入社会的活动从而提升自己的全面能力。此外，我们可以通过向同学们展示真实的实时资讯让他们增加视野广度，培养出关注国计民生的观念并且具备搜集消息的能力，以此塑造正确的世界观和个人信仰。教职员的工作本质上是一个老师和孩子间的对话及合作的过程。因此，我们的任务是要革新教学思想并将紧密关联于儿童的生活内容或富有吸引力的材料引入课程设计之中，给予孩童足够的表达机会而非限制言论的空间，这才是真正的赋予了他们在学习的道路上有自主选择权的方式方法。

实行全方位的策略是在执行整个学期的全体同学都应该有权利和责任来负责他们所在学校的全部常规任务的过程中实现这一目标的方法之一。第一步就是让每个孩子都能担任领导职务——也就是通过"全民投票"，选择出新的队长并且建立起他们的团队成员名单（包括副队长的位置）；然后每个月都会重新竞聘这个职位以确保公平公正公开的原则得以贯彻始终，所有的委员都不可以连续任职两次以上的时间长度限制也同样适用于这些官员们身上。第二步则是要求每一个被选拔出来的负责人都要对特定的几项工作负直接的责任并对任何可能出现的问题做出快速反应并在必要的时候自行解决一些问题，如果这个问题超出了委员会的能力范围的话就必须向老师汇报了。

实施全方位的原则不仅可以确保所有常规任务和紧急情况能够迅速解决，同时也能有效地建立起民主管理的氛围，使得每位同学都能获得实践经验。为了满足未来的社会对于人才的需求，我们必须保证每一个学生都有被培养的可能性，并为部分学生提供展示自己才华的舞台。这样有助于发掘那些具有领导力和组织能力的同学，因此推行班级官员的定期更换制度是必要的。这种周期性的更替方式包括一整年的循环或者是一个月的更新，也可能采取每周值班的形式。一年结束后，可以让所有的学生都体验一下做班长的感觉，有的则选择每天由一名学生负责的方式。无论使用何种变更策略，教师都需要协助学生干部明晰目标定位，给予他们适当的支持与指导，避免过于疏忽或过度干预。

（三）大胆任用，合理调整

当选定班干部的时候，教师不仅需要思考如何优化班级管理，还需具备战略性的视野，以国家的教育需求作为出发点，鼓励更多的学生学会为他人提供支持和服务，掌握组织的领导与管理技巧，并尽量选拔出更多的优秀者来担当学生的职务，以便让更多的人有机会参与实践操作。我们应该广泛吸纳各类人才，敢于给予他们责任，让他们能够在团队里发挥各自的能力，最大限度地实现他们的优势。

作为一名教师，我们应该避免在选拔管理人员的时候出现任何歧视性的行为，特别是在面对那些顽皮、喜欢说话且活跃的孩子时，也应给予他们在职位上的选择权。如果因为他们的个性而剥夺了这个权利，这可能会打击到孩子的主动性和自信心，从而加深老师与学生之间的冲突和隔阂。对于那些在职期内表现欠佳或者无法履行职务的责任者，需要加强对其的教育引导，并根据整个班级工作的需求来做出合理的调整，以便更好地控制和调节班委成员。这种方式既是对之前担任过此职者的教导，也有助于让他们学会如何去领导他人，同时也能够适应被他人的领导。此外，我们要从小开始培养孩子们的能力，让他们具备可以胜任也可以退出的品质。在重新分配岗位的过程中，必须充分考虑心理因素，绝对不允许采用一种只要犯错就会立即撤销或是彻底否定的极端方法。

此外，教师需要关注实施班级领导者交替制度时可能出现的各种挑战。例如，"交替制度"可能会导致极端平等主义或对工作质量的不重视，使学生把担任班级领袖视为游戏。他们无须提前准备就能轻松地成为班长，也不必投入精力去完成任务，因为无论如何都会被选上。而且，即使没有成功竞选，也从不反省自己的原因，总认为是运气不好或者别人抢了他们的机会。这种频繁更换班级领导者的行为会削弱学生的责任感和自律意识。

（四）及时做好宣传教育工作

在河北省一所高级中学的一个教学组里面，两年的时间已经更换了几轮的大小班干部，但是该教室始终保持着秩序井然的状态。50多人的群体中有40多个曾经做过管理人员的工作经历，他们在实践与挑战的过程中获得了同学们的信赖并建立了良好的关系网络；同时各个层级的工作人员也积极参与到互相关照的学习氛围之中，使得各项任务得以有效执行。之后不久，此教室内便荣获"学习雷锋精神创建优秀团体奖项"，每当需要重新分配班干部时，教师会首先对全体成员做必要的宣导及心理辅导，以确保所有人都理解新任班干部的目的及其重要作用所在。放假期间，学校会让学员们提前思考并在暑假结束前提出下一阶段可能成为负责人的人选名单供讨论参考。然后在新的一季开始的时候再次汇总大家的建议，根据实际情况制定出详细且明确的目标方案予以落实实行。

通常来说，高级管理人员只可做小范围变动而非大规模变革，需维持一定的稳定平衡状态。对于组长、课程负责人及执行者这类职位的人员而言，则可以通过批次来逐步更替。在此过程中需要注意的是新的旧的管理人员的配比问题；此外还要依据班级领导者的健康状况与学业表现或者给予重要职责，或是减少任务量或者是解除该岗位责任人身份。一旦完成这些变更后，教师还需要重点关注如何处理各类学子的心理变化，特别是那些因失去角色地位而不满情绪的人们。此种不满可能来自于同伴群体内部也可能是家庭环境所致。所以作为教育工作者应当采取多种方式：一是单独约谈相关学子并倾听意见反馈；二是通过举办父母会议或亲自上门拜访的方式不断强调定期更新/重新分配团队成员的重要性及其益处所在。与此同时也要尽可能地鼓励已卸下角色的孩子们充分发挥自己的优势能力并且激发内在动力，而不是让他们感受到自己受到忽视甚至歧视的感觉存在。

确实，频繁地更换和调整班级干部会给班主任的工作带来诸多困扰。然而，只要班主任能够理解这项工作的重要性，他们就能享受其中。

## 二、学生的管理方式已经从管理意识转变为服务意识

班干部通常会引起人们的关注，这主要源于他们的权力观念。然而，实际上，这些职位并没有赋予任何特殊权益，它们的唯一职责便是为整个团队及个人提供支持和服务。因此，班干部只是充当着学生的"助手"角色。长久以来的教育理念使得无论是老师还是同学都把班干部视为管理的象征。正是这一观点导致了那些担任过班干部的人产生了一种自我优越感，并认为自己拥有对班级的管理权限。而这也得到了老师的认可，从而使得其他的同学们始终处在受控状态下。尽管他们在学习上可能比不上班干部，但在能力和表现方面却并不逊色于他们，但是仍然无法摆脱这样的现状。

实际上，大部分学生内心深处都渴望担任班级领导职务。所以，我们首先需要调整对班级领导者的认知。通过利用班会课和晨会课等场合，教师可以向同学们传达这一观点：班干部并非凌驾于同学之上的管理人员，他们只是普通且普通的服务提供者。让学生明白到，成为一名班干部是为了更好地为他人及团队服务，这样一来，班干部和学生之间的关系就从传统的管理与受控变为了一种平等发展的合作模式。同时，这也有助于打破传统思维中只有学习优异的同学才能胜任班干部一职的刻板印象，任何有意愿并能为团体做出贡献的人都可以竞选此职位。一旦人们开始接受这些新理念，即使前任班干部离职，他们的态度也可能不会变得消沉；那些未曾任职过班干部的学生也会拥有同样的机遇。

担任班级领导职务的学生需要具备服务的理念并且付诸实践。唯有如此，他们才会对职责有更强烈的责任感，保持高涨的工作热忱，从而充分发挥出他们的引领作用。当选及培训班级领袖时，教师应该引导他们去掉"官员"观念，强化其服务与无私的精神，站在学生的角度思考问题，满足他们的需求，迅速处理他们在生活中、学业上或心理方面的问题，并在各种活动里主动地提供协助和服务。

作为一名班干部，必须理解其角色并非是一个能够凌驾于他人之上的领导人，而更像是一名致力于服务的成员。他们所拥有的权力和地位来自于整个团队的支持与信任，并需对其所在团体的荣光及福祉承担责任。他们的职责在于协助学生的学业进步，支持学科老师的授课工作，并且辅助班主任的管理任务。

## 三、家长对学生期望值由部分自豪转变为共同期望

父母们应避免塑造孩子的"权位狂热者"形象。根据教育心理学的研究员李然的观点，他指出："对于'官员'的态度，孩子们受到的家庭环境的影响最为深远。家庭的氛围和社会环境应该保持统一，以确保他们能够正确理解'官员'这个角色，并且知道担任班级干部是为教师和其他同学们提供协助，以此来提升自身的组织和领导技能。同时，作为一名班级干部，需要更加注重自身的行为准则，从而赢得同伴们的尊敬。"若能在儿童时期就教导他们关于服务的理念，减轻对权力的过度关注，使得他们在选举过程中学会何谓公正和平等；通过参与服务活动，引导他们超越自己，享受无私付出带来的快乐；并在团队协作的过程中，增强他们的当代公民素养，这样就能给他们带来终身的学习收益。

以前，长期期望自己孩子担任班干部的家长，因为班干部岗位十分有限，孩子的确不够"出色"而颇感无奈。现在班干部轮换制给这部分家长带来了新希望，意味着每一个孩子都有机会施展才干，家长便会与教师一起共同关注孩子的发展变化，给每一个孩子以期待与关注。但是，这也会让以前一度以孩子是班干部为荣的家长不满，他们认为自己的孩子品学兼优，没有理由让他"下岗"。这就要求班主任做好与家长的沟通工作。因此，在开展研究初期，班主任可以通过家长会等集体活动，向全体家长讲清轮换制班干部的目的，介绍班干部轮换的好处，鼓励家长与学校的教育一致，不给孩子施加压力，鼓励他们争取做一回优秀的班干部。这样，"部

分自豪"的现象就会转为"共同期望"。

本章针对班干部的组织管理展开了一番叙述。班干部的使用是促进班级管理顺利进行的重要保障。班级管理的任务不是班主任一个人的任务，应该是学校、全体学生以及学生家长协同管理。在班级管理的过程中，班主任要尤为重视班干部的选拔和培养策略，制订好符合学情的班干部选拔制度，利用同龄人之间的沟通优势促进班级管理的合理进行。同样，正确地选拔使用班干部，也能帮助学生更好地掌握与人沟通的要点，为学生的未来奠定扎实的基础。因此，班主任一定要重视班干部的管理工作。

# 第七章　学生心理健康管理艺术

## 第一节　高校学生心理健康现状

### 一、高校学生心理发展的特点

大学生正在从青少年阶段向成熟早期的转变过程中。根据发展内容，他们的心理进步具有以下明显特征。

（一）虽然个人独立性有所提升，但是"自我整合"的能力却相对较弱

自我意识指的是个体对其自身理解及其周边环境关联的所有感受。它融合了知觉、情绪和决断力的元素，是一个人在精神成长过程中的核心部分。自我意识的进步与其年岁相关联，也受到个人知识程度的影响，大学生阶段被视为真正的自我探索的关键时刻。年轻的高等教育者们随着对外部世界的深入理解和生活经验的积累，逐渐转向对自己的内在探究，强烈渴望去理解并提升自我，从而产生了主观看法和客观看法、理想状态和实际状况之间的区分，试图通过这种对比来掌握自己、洞察自己，以此实现自我优化。高等教育的年轻人自我意识显著增长，然而因为他们的生活经历相对较少且与社会保持一定距离，加上社交技能不足，导致他们在自我感知、自我体验上存在误区。"自我整合"是青少年心灵成长的一个必要环

节，成功地完成了这个步骤是青壮年的重要里程碑。如何形成对自己正确的理解，这是青年高等教育者常常面临的心灵挑战。

（二）尽管抽象思维的发展速度很快，但它仍然缺乏理性思考的成熟

随着脑功能的持续提升和生活环境的日益扩展，学生们参与的社会活动也在逐渐增加。在这个阶段中，他们的感官变得更加敏锐，记忆力和思考能力的进步也十分明显，并且开始以逻辑抽象思维为主导。他们能够透过对事物的解析、整合、抽象化及总结归纳等过程，理解其间的关联与深层关系，并将一般性的逻辑思维转化为辩证思维。同时，他们在使用理性思维方面表现出更强的独立性和批判精神，创新意识也有所增长。然而，尽管他们的抽象思维已经有所进展，但是尚未到达完备的状态，且思维品质的不均衡发展也是显见的，特别是在应用唯物主义辩证法观念和理论结合实际情况的角度来看待问题的过程中，他们常常会因为太过简化问题从而落入主观臆想的陷阱。

（三）情绪情感日益丰富

作为"青春心理学的创始人"，霍尔强调了青年的独特阶段特征：充满波折和矛盾冲突的状态被描述成一种暴风雨般的经历。这正是大学生们所处的年龄段——他们的感情世界变得越来越繁复多样化并展现出激烈的变化与失衡的特点；因此这个年纪的学生会感受到最为深刻的人生情愫变化过程。这些深厚的感受内容随着学习和生活环境的发展不断增加及扩展，包括丰富的课外活动和个人成长等因素的影响下逐渐演变得更为多元并且深入人心。他们在追求梦想的过程中充满了热情活力并对社会现象保持高度关注态度，同时也有着较强的独立思考能力和社会责任心。然而因为年轻气盛加上充沛的精神力量使得自信感和敏感度的提升也让他们更易受到挫败感的困扰或呈现极端化的反应方式。

（四）交往欲望强，高期望值与高挫折感并存

对于正在经历青春期的高等教育机构的学生来说，社交互动是他们自我认知发展的关键环节。所以，他们的交际能力如何，对其能否顺利融入

和成长有着至关重要的作用。大学生时期是一个充满期待也寻求独立的时候，在这个阶段中，人们会努力寻找朋友或伙伴来填补情感需求。但是，很多高等院校的学生过于理想化地看待人际关系，用一种完美的友谊模型去评估现实生活中的社交情况，从而产生过高的期望和巨大的失望。这种情况加上他们在校园生活的扩展过程中产生的旺盛的社会交流欲望形成了无法解决的问题矛盾。

## 二、高校学生的心理健康标准

高校学生处于青年中期（18—22岁），其心理既有青年中期的一般心理特征，又具有高校学生群体自身的特点，国内学者（以王效道、樊富珉为代表）通过对高校学生心理健康状况的研究，总结出了我国高校学生心理健康的标准，概括为以下八个方面。

### （一）智力正常

智能主要由以抽象思考为主导的认知技能所组成，包括观察技巧、专注度、回忆力和创造力的融合。正常的智慧对个体执行各种活动至关重要，也是大学生能有效应对学业挑战并适应环境变迁的精神基础，同时它也构成了大学生的心理健康的主要指标。评估大学生智能的发展状态，核心问题是如何让他们的智慧得以全面且有效的展现。对于这个精英团体来说，他们已经通过了多年的测试筛选，因此整体上比普通大众更聪明。所以判断他们是否拥有正常的智慧，重点就在于如何最大化利用他们的智慧优势。热爱知识、擅长学习，具有极强的探索欲望和深厚的研究热情，可以轻松而高效地完成学习任务，这是大学生心理健康的标志；相反，若学习变成一种压力，对学习的抵触情绪很强，学习效果差到无法维持日常学习，这就是大学生心理问题的体现。

### （二）情绪积极稳定

正面且稳固的心态被视为心理健全的关键要素。心态的健康程度对于整体心理状况至关重要，而情感的不正常则常常成为各种精神疾病的主要症状。具备高水平心理素质的学生通常会持续地维持积极向上的心情，热衷于享受生活的美好，并对未来的前景抱有信心。他们在应对挑战的时候，可以有效地掌控与调控自身的情绪，即使面临困难也能以适当的方式做出回应并持乐观态度。简而言之，拥有良好情绪的高等教育生也可能经历快乐悲伤等不同的情绪波动，但当遭受负面的生活事件影响时，他们依然能够抑制住负面的情绪，并在摆脱这种不利的状态后尽可能减少其对自己造成的损害。另一方面，若大学生时常情绪波动，甚至因小事引发剧烈的情绪波动，无法长期保持平稳的情绪，或者一直沉浸在消极情绪之中无法自我解脱，这便是心理问题的征兆。

（三）意志健全

人的思维活动是在执行过程中主动战胜挑战来达成预期目标的心智历程。一个人的决心程度可以从其自我意识、决断力、坚定度及自律能力这四个方面体现出来。自我意识代表了个体能否理解自身的动作意图并且对之做出适当调节与管理的能力；决断力则是一个分辨黑白，快速且理性地作出决策并在实践中贯彻这些决策的意志特质；坚定力表现为个人能在面临内外压力时仍旧坚守职责的毅力和勇气；自律则是表明个体有能力自主、灵巧地掌控情感波动并对自身的行为加以限制的一种意志特性。

大学生的自我管理能力强大且清晰地认识到他们的学习与生活方向，他们有着坚韧的信仰和自主的行为方式，这使得他们在各种活动中有优秀的意志力体现。这种人具备充足的自尊心、强烈的责任意识及对任务的高度重视，能够抵抗坏的习惯和抑制不当的需求，拒绝接受任何不道德的引诱。相反，那些缺乏目标、行为无序、犹豫不决、易受影响的人，一旦面临挑战就会感到沮丧并轻易放弃自己的决策，或者过于情绪化而难以理性应对，这些都是心理健康问题的征兆。

（四）人格完整

在社会心理学中，性格是一个人特定的、相对稳定的行动模型，它包含了个体较为平稳的心理属性。人格结构复杂多变,涵盖了个人才智、价值观、态度、愿望、情感和习惯等各种因素,这些元素以独有的方式融合,形成了丰富多样的性格。

对于具备完善性格的人来说,他们的个性特征能够相互融合并构成和谐且连贯的总体,这有助于他们调整和掌控自己的行动,从而保障他们在面对外部世界的反应中保持高精确度和高效能,这是维持个人拥有良好社交能力和有效执行任务的基础心理学因素。健全的人格被视为大学生的主要心理健康指标。若一个人的日常生活中频繁出现剧烈的心灵挣扎,言行举止矛盾不断;看待事物过于片面而不注重根本;总是自私至上;情感波动大;缺乏信心,不负责任等现象,那么这个个体的性格便可定义为负面性格,易引发其进入精神压力的状态。

### (五) 恰当的自我评价

恰当的自我评价是高校学生心理健康的主要表现之一。一个心理健康的高校学生能够体验到自己存在的价值,对自己所处的状态和环境、自我未来的发展方向都有清醒的认识,并能正确地认识自己、客观地评价自己,为自己确定适宜的生活目标,制定切合个人实际的要求;同时也能悦纳自己,既能接受自己的优点,也能坦然面对自己的缺点,不妄自尊大,也不妄自菲薄。如果一个高校学生没有明确的发展目标,整日浑浑噩噩,或者妄自尊大、好高骛远,或者自轻自贱、悲观失望,甚至试图逃避现实,则是心理不健康的表现。

### (六) 人际关系和谐

人的社交互动的融洽度对心理的健康状况起着关键性的作用,同时它也被视为评估大学生的精神状态的关键因素之一。拥有良好的心理素质的学生会展现出正确的交际行为,能够有效掌握与人相处的原则及方式。他们在社会交流方面表现得广结善缘且稳定的朋友圈。他们的沟通风格充满活力、诚实、包容、体谅和信赖,不仅保护自己的个性和完整性,同时也具备对他人的公正判断能力,并热衷于提供援助;他们可以理性接纳他人,也能得到别人的认可；他们懂得如何妥善解决人际纷争，消除误解，维持与团队的和谐共处。相反，如果一个人的心态不够健康，他可能会选择孤立自己，或是频繁产生摩擦，又或者是由于缺乏有效的社交技能导致难以构建优质的社会联系。

（七）社会适应能力良好

对于大学生来说，他们需要具备一定的社会适应力，这意味着能够准确理解并妥善应对自我和社会之间的互动。当他们的精神健康状况良好时，他们可以有效地融入社会，并对当前的社会状态及其未来的发展有着明晰且合理的认知。一旦他们在面对自我和社会的实际问题中出现矛盾或冲突，他们会积极调整自己的行动方式以满足社会的期望，从而实现和谐共处。反之，若大学生的态度是回避或者厌恶社会现实，甚至感到沮丧绝望，那么这就是其心理健康问题的体现。

（八）心理行为符合年龄特征

人类的生活历程包含多个特定的成长时期，每个特定的时间段都对应着独特的行为方式反映出其相应的性格特点；这种现象被称为"年龄特性"并被纳入心理学研究领域内。中国著名的教育学者陈鹤琴曾经通过五个词语：好奇心旺盛、提问积极、活动频繁、热衷玩耍及善于仿效来简要且生动描绘出了幼儿期的思维状态。大学生正处在一个青年的成熟时段，因此他们应当具备与其年纪匹配的学习能力、情绪表达和生活态度等方面的适应性和灵活度。健康的心态对于大学生的学习生活至关重要，这包括保持活力四溢的精神面貌、充足的工作热情、对知识的好奇求知欲强、快速响应问题的能力、自我管理能力和主动探究精神等等方面。相反如果出现太过世故或者太孩子气的倾向则可能表明他们的内心存在一定程度的不平衡感或是缺乏自信力的情况发生。

心理健康不是一种固定不变的状态，而是通过不断调整、变化、发展和完善的动态过程。心理完全健康，状态良好时是在白色地带；出现了心理疾病是在黑色地带。出现在这两个地带的人都是少数，而且不是固定不变的，人有状态好的时候，也有不是非常好的时候，有了心理疾病也是可以完全被治愈的。事实上，大多数人的状态是停留在中间灰色地带的，也叫作心理亚健康状态，即有一定的心理问题，但是经过自身或者他人的帮助调节可以恢复心理健康的状态。

"精神健全"指的是一个人能够有效执行常规的思维过程，具备三个主要的功能：它们可以确保人体作为一个生命体的稳定适应外部环境并保持健康的生长和发展；他们也可以保证人们作为一个社交实体的良好互动，并在家庭的社区群体或公司里承担适当的责任，从而维持社会的正常运作；此外，它还可以让人们准确无误地理解和认知现实世界的本质及其规律，进而有创意地改良这个世界，为人类提供更好的生活环境。

心理健康的定义并非是完全没有困难、矛盾、忧虑或苦恼，也不意味着一个人总能在所有事情上都感到快乐并应对自如。相反，真正的心理健康在于面对各种情况时能够有效的自我调节，展现出更强的适应能力，以维持一种稳定的生活方式、学习态度和职业精神，这正是心理健康人士与非健康人士之间的关键差异所在。

### 三、影响高校学生心理健康的因素

大学生的心理困扰是由很多原因引发的，这包含身体、精神状态乃至社会等方面的危害。它们共同作用于个人产生了问题。

（一）社会环境因素

许多精神困扰源于环境适应性差。新旧观念的冲撞，东西方文化传统的矛盾，理想与现实的对比，常让我们大学生感觉迷茫、不知所措、忧虑、紧张和无法自拔。长期的心理失衡必然会引发心理上的矛盾，出现各种适应性差的反应。

此外，大学生们正遭受诸多难题，他们的精神需要应对各种社会压力，包括对社会的义务、生活的负担、家庭的责任、学习的竞争、人际关系的处理和人情世故的困扰，还有就是职业选择和生活步调加速带来的压力等。

当这些压力过于沉重时，就可能导致心理问题。因此，我们需要持续提高认知速度并及时做出自我调整，以应对新的环境。

（二）学校文化环境因素

大学的文化氛围是推动大学生心理成长的关键环境。校园的物质条件、学习环境和文化气氛对大学生的心理健康产生了直接且深远的影响，但如果校园文化环境恶劣，将对大学生的心理发展造成负面效应。

（三）家庭环境因素

心理学的研究结果表明，人们在家庭环境中的个性会受到显著影响，尤其是早期塑造出来的人格特征对未来的精神成长有着深远的作用。这些因素包括家庭构造、家庭成员间的关系、父母的教育方式以及他们的个性特质等。

（四）个体心理因素

大学生的心理状态受到个人心理因素的主导影响，并且受到限制。具体来说，这些因素包括以下几点：

1. 认同的危机

青年人在认识自我时，总会遇到一系列矛盾和冲突，处理不好，就会带来一系列心理问题。为此，心理学家们往往把青春期视为"自我认同危机期"，而高校学生的自我意识往往在理想自我和现实自我的矛盾中难以达成统一。高校学生在确立"自我同一性"的过程中，往往会经历种种困惑和迷惘，在情感起伏中，容易诱发心理障碍。

2. 情绪冲突

大学生主要面临着情感上的斗争和冲突。他们正值青春期，这个阶段他们的感情世界最为复杂且易变，因此很容易出现极端或对立的情况。当遇到困难或者失败的时候，这种情况下大学生的情绪波动较大，可能会引发一些负面的情绪反应，从而造成不可预料的结果。

**3. 个性缺陷**

同样的情况和挑战下，每个人都有各自独特的应对方式，这是由他们的个性和特质决定的。部分大学生可能具有负面的人格特征或出现人格问题，例如过分执着于细节或者过度焦虑等。这些都是对身心健康不利的行为，而且有时它们也可能是精神疾病的明显症状。

**4. 心理发展中的内在矛盾**

青春期的高校学生正处于迅速走向成熟而又未真正成熟的阶段，这是一个充满矛盾与危机的时期。诸如理想与现实的矛盾、情感与理智的矛盾、依赖性与独立性的矛盾、心理困惑与寻求理解的矛盾。这些心理矛盾解决得好会转变为心理发展的动力；如果解决得不好，长期处于矛盾冲突中，就会破坏心理平衡，从而引发心理问题。

## 第二节 高校学生情绪管理

### 一、情绪概述

当我们讨论感情的时候，我们很容易想起各种喜悦、愤怒、悲伤和欢乐等不同的心情。实际上，我们在日常生活中的每个时刻都在经历着各种心境的变化：有时候我们会充满活力，有时又变得沮丧；有时候我们会保持平静，但也会突然爆发；有时候我们会感到忧虑，同时也能感受到放松；有时候我们会遇到麻烦，但也能够享受愉悦；等等。事实上，人类在任何时候都是处在某种特定的情绪中，这些情绪对于我们的日常活动和生活质量有着重要的影响。大学生们正处在一个特殊的阶段——青少年时期，他们的情绪变化很大，他们有丰富的情感经验，常常受到许多情绪问题的困扰。因此，正确的理解和处理情绪问题可以为他们的学业和生活带来很大的好处。

(一) 情绪与心理健康

情绪可以理解为人们在心理活动中对事物是否满足自身需求的感知，也就是说，它源于人们内心的活动过程。

1. 情绪的产生

在情绪波动的状态下，个体会发生身体和行为上的改变，而且很难被自我调控。因此，情绪对于个人的日常生活、学业以及工作起着至关重要的影响。情绪状况反映了人们是否满足了他们的需求，同时也因个人主观感受的差异而呈现出多样性。

（1）情感通常受到外部因素的影响而产生。并非所有的情感都是自然产生的，而是由于某些触发事件引发的。这些激发情感的事件往往来自外界，然而有时候也可能源于内心深处，有些可以看得见，有的却隐藏得看不见。温暖的阳光、清新的微风能让人感到舒畅愉悦；繁忙的城市街区、嘈杂的校园环境会使人感到焦躁不安；没有做完的工作任务或收到债务通知会让人们感受到压力与担忧。类似的情况还有很多，能够引发我们情感的外部影响数不胜数。

对于引发情感反应的原因，既包括身体上的因素，比如腺体和器官的功能紊乱（病症），也涵盖了精神层面的影响，例如回忆、联系与幻想等等心理过程。当我们回想起令人悲伤的事情时，我们往往会情不自禁地流出眼泪，这是一种每个人都能够理解并体验到的经历。无论是身体的还是心灵的内部触发器都有可能导致人们出现各种不同的心境状态。

（2）需求与情绪紧密相连。需求是情绪形成的基础，同时个人感受到的情绪特性具有主观倾向。因此，引发何种情绪体验以及产生这些情绪体验都和需求紧密关联。客观刺激与主观需求之间的关系是情绪出现的前提条件。

此外，人类对事物的感知与他们的需求息息相关，这直接影响到他们所产生的情感反应类型。如果现实情况能够匹配并且达到个人的期望值，那么人们会感受到正面的心情感受，比如快乐、兴奋或自豪等等；反之则会导致负向的心情状态出现,例如悲伤、憎恨或者焦虑及怒火等等。大学生的欲望多种多样的同时既包括合理的需求也包含了非理性的要求。即便是在合乎逻辑的要求下也会因为诸如年纪大小、经验积累程度、学识水平或是技能掌握等方面的原因而无法完全实现目标从而导致大学生们普遍存在着丰富的感情色彩且变化无常的情况发生。

（3）情感和认知过程紧密相连。同一种外部触发因素并不一定导致相同的情感状况。例如，灾害事件中，有些人见到它会感到害怕，但也有一些人却能从中找到乐趣，这表明个人目标对情感反应的影响是显著的。两位刚刚结束篮球比赛的选手回到了他们的住所，发现桌子上有一半满的水杯，他们各自的态度迥异。其中一位选手说道："啊，只剩下半杯水了，没有办法再喝水了！"而另一位则表示："真是太棒了，还剩下一半的水，我们可以好好品尝一番。"总而言之，决定哪种情感产生的关键在于我们的认知行为。

（4）尽管个人对情感体验有其独特的理解和处理方式，但他们在面对强烈且无法自控的心情波动时的身体表现却难以避免地被影响到。根据相关调查显示：人们处于生气阶段的时候，他们的肺部活动频率可能达到四十至五十个单位/分（正常情况下大约为二十多个单位/分）；而在遭遇突发恐惧事件后，他们可能会暂停一下自己的呼气过程并使心脏速度提升到了约二十分之一秒一次；在极度喜悦或者深陷痛苦之中的人们往往会出现剧烈喘息的情况。通过观察这些个体所经历的不同程度的气息变动情况，我们可以预测出一些特定的心理状况存在的可能性。比如当我们感受到怒火攻心的时刻，我们的心血管系统的运作也随之发生了显著性的转变——包括脉搏加快、压力上升及糖分的增量等方面的影响因素，都能够从我们身体的各项指标数据里体现出来。同时我们也发现胃肠道的功能受到一定程度上压制作用的表现——当我们在面临紧张或是忧伤的状态之下，肠子的运动能力会有明显的降低趋势并且导致食量的减少。另外一种常见的症状就是在我们感觉到害怕或者是暴躁不安之际，口腔内的水分供应就会明显不足，从而让我们有嘴巴干燥不适的感觉。与此同时眼泪生成机能还有皮肤排泄物制造机制，同样会在特定条件下做出相应的调整来适应这种新的环境需求。

所有反应中最明显的当属皮肤电阻的反馈，这是因其与情绪状况中的血管紧缩及汗腺变动密切相关。人体汗腺内含有大量钠离子，这些离子能提升导体性能并降低电阻，进而导致电流增大，因此可通过检测皮肤电流来评估个体的心情状况。测谎器的设计基于人无法掌控自身情感波动的原则。依据前述关于呼吸模式转变、心率上升以及皮肤电流升高的描述，研究者可以以此判断受试者的诚实度或欺骗程度。由此可见，人们难以抑制在特定情绪环境下的生理反应和行为表现。

2. 情绪对高校学生的作用

情绪对于高校学生具有重要作用。概括起来，主要表现在以下几方面：

（1）许多人都觉得负面情感如怒火、恐慌、忧虑和苦楚等等是有害或者不应该存在的。然而实际上，这些情绪，甚至包含部分消极情绪，对于我们的生活来说都具有重要的作用且无法取代。例如，有个年轻人参加攀登竞赛时不慎摔倒，他的手臂撞到了石头，但并没有感觉到任何不适，直至数日后去医院做检查才发现自己的手臂已经严重红肿并确诊为骨折。经过进一步了解后才知道这位年轻人的身体出现了骨髓炎，导致他对疼痛的感觉消失，因此即便发生了骨折他也毫无察觉。由此可知，如果一个人感知疼痛的能力完全丧失的话，那么他们的安全也会受到威胁。事实上，各种情绪都有它们各自的功能，比如说当我们身处危急状况下，恐惧可以激发我们迅速离开危险区域；当我们面临过重的任务负担并且感到疲倦的时候，疲劳的情绪能够让我们选择暂时放下一部分的工作以获取休整；而在遭受他人攻击时，愤怒则可能激发出我们的抵抗力与自保意识。

（2）人类互动的主要功能在于不仅涉及信息的交换及工作中必要的协作，也包括了情绪层面的需求和满足感。曾经有一个大学生对喧闹且繁忙的寝室生活抱怨感觉特别孤单，这引起了他同住的同学们的惊讶。其中一位同学询问："这种充满噪音的环境下，想要找到安静的空间都很困难，为什么你还觉得孤独呢？"这个学生自我调侃说："我觉得自己好像被困在了个透明的玻璃罐里，虽然四周都是人，但对我来说却像是看得到却触不到的存在！"实际上，这个学生的孤独感受正是因为缺乏情绪上的交流，表现出对他人的感情联系的需求。在人与人之间的交互过程中，情绪发挥着关键性的调解角色，如笑容、放松、热忱、快乐、包容和友好的情绪展示能推动人们间的对话和理解；然而，若出现冷淡、怀疑、排斥、固执、嫉妒、蔑视等负面情绪，就会成为阻碍社交活动的人类关系屏障。

（3）情感具有传达信息的特性。它不仅可以用于表达爱情或友谊等感情，也可以作为一种非言语的信息交流方式。比如，情侣间的微妙一瞥或者浅笑都能传情达意；密友间的一个举动或面部表情也能让彼此理解无误；而在考试现场，严肃的老师凝视能有效阻止试图作弊的学生。此外，情感还能够影响并扩散给其他人。一旦某人充满喜悦，他的快乐心情便会影响身边的人；反之，如果有人感到失望或生气，他们的负面情绪也可能蔓延至周边人群，甚至对别人产生不良影响。

（二）高校学生情绪特点及影响

1.高校学生的情绪特点

高校学生的情绪特性受到社会地位、知识水平和年龄阶段的影响，主要体现在以下几个方面：

（1）多元化和深度是大学生群体的特点之一。就身体发育而言，他们处在人生中情感波动最大的时期，几乎所有的人类情感都能在这个年纪的学生身上找到踪迹，而且这些感情的程度各异，比如有伤心、失落、沮丧、痛苦、忧郁等等；而对于自我认知的发展来说，大学生的自我感知能力增强了，对自尊的需求也变得更为迫切，因此容易出现自卑或过度自信的情况；最后，从人际关系的角度看，他们的社交圈子不断扩展，同班同学、好友以及老师间的互动更加微妙且深远。

（2）大学生涯是一个充满变数和极端性的时段。在这个关键时刻里，他们需要做出许多重要的决定如学业规划、人际交往与感情关系等等。来自社会的压力、家庭的期望和社会环境的影响都可能触发其情感状态的变化。虽然他们在理解力和自控力上有所提升，但是相较成年人群体而言，年轻人们仍然较为敏锐且易受刺激而引发剧烈的心绪变动。一句话或一件事物都有可能会让他们瞬间转变心情——无论是积极还是消沉的状态都能被轻易地激发出来。这种心境上的大开大合反映了年轻人特有的脆弱感和强烈的表现欲望。一项针对大学的研究显示，超过七成的青年人在日常生活中会经历这样的大幅度心态转换过程，即从一种愉悦到另一种忧郁的感觉如同"跳跃式曲线的快速切换"，让人捉摸不到规律所在。

（3）情感波动性和突发性。根据心理学家的观察，青少年阶段正处于由"蒙昧时代"到"文明时代"转变的关键时刻，这个阶段的特点就是反复无常且充满变数，因此被称为"狂风暴雨"时期。随着知识储备和理解力的提升，大学生们已经可以自我调控他们的情绪，然而因为他们涉猎广博，对外部环境非常敏锐，加上年轻人热血沸腾及随大流的心态，所以他们在很多情境下容易受到刺激，表现出极高的激动度。当遇到符合自身信仰、观念和梦想的事情时，他们会立刻产生激烈的感情反应；而面对违背这些事情的情况，他们也会立即做出反驳性的情绪回应。但是这种情绪变化速度很快，消退也很快。

大学生的情感往往伴随着激烈性和突发性。由于他们的自我约束能力相对较低，当面临外界强有力的冲击时，他们可能会瞬间失控，通过激情的力量来驱动自己，导致言语表达、表情和行动等方面的理性丧失，忽略所有其他的因素，容易引发具有破坏性质的行为和结果。

（4）在高等教育的各阶段中，因其特定的教学内容与策略安排，每个学年都有各自独特的挑战和需求。随着年龄增长，大学生们面对的环境变化、知识更新、人际关系调整等各种情况都会发生相应的转变，从而导致他们的情感反应也有显著的变化。对于刚入学的新生来说，他们需要应对诸如生活习惯的改良、学习模式的转换、新朋友关系的建立、未来规划的确立等等诸多难题。这种情况下，他们的自信心和自我否定相互交织，轻松愉悦和紧张焦虑共存，对新事物的热情与怀念过去的感情此起彼伏，使得他们的情绪波动较大。然而，当进入二年级或三年级后，他们在学校的生活逐渐步入正轨，心情相对平稳。而即将毕业的学生则要应付毕业论文/设计、就业选择等多种复杂问题，承受较大的压力，因此他们的情绪波动更为明显，负面情绪较多。此外，因为个人和社会因素的影响，包括个人的能力和心理素质差异，这些影响都可能使大学生们的情绪表现出多样化的情况。

（5）外显性与内隐性。高校学生对外界刺激反应迅速敏感，喜、怒、哀、乐常形于色，比起成年人比较外露和直接。但比起中小学生，高校学生会文饰、隐藏或抑制自己的真实情感，表现出内隐、含蓄的特点。一般而言，高校学生的很多情绪是一眼就能看出来的，如考试第一名或赢得一场球赛，马上就能喜形于色。但由于自制力的逐渐增强，以及思维的独立性和自尊心的发展，他们情绪的外在表现和内心体验并不总是一致的，在某些场合和特定问题上，有些高校学生会隐藏或抑制自己的真实情感，有时会表现出内隐、含蓄的特点。例如对学习、交友、恋爱和择业等具体问题，他们往往深藏不露，具有很大的内隐性。另外，随着高校学生社会化的逐渐完成与心理逐渐成熟，他们能够根据特有条件，有规范、有目标地来表达自己的情绪，使得自己的外部表情与内部体验不一致。

三个主要的心理因素导致了大学生情绪的两极化。

①大学生对事物的理解尚未成熟，对事物的全面掌握还不够，因此他们在思考方式上往往容易过于肯定或否定，容易走向极端。当他们以这种不完善的认知去看待外部事物时，就可能产生冲突，进而导致情绪波动不稳。

②此刻，大学生的自我认知正在逐渐觉醒和进步，他们将寻求的焦点放在自身内部，但现实中的自我与理想中的自我常常会引发情绪的波动。

③鉴于大学生的内在需求持续增加且不断变动，他们与实际满足需求

的可能性之间存在非线性关系，这也使得他们容易陷入矛盾，表现为情绪波动剧烈、情绪反复无常。

2.情绪对高校学生的具体影响

高校学生的校园生活受到情绪状态的各个方面的影响，其中情绪对他们起着关键的作用。总的来说，它对于大学生的实际影响主要体现在以下几个方面：

（1）研究结果显示，情绪对于大学生的身体健康有着显著的间接作用。依据当代生物科学、心理学的深入探索及医疗领域的最新进展，我们了解到情绪与人类的健康状况密切相关。如果一个人始终保持愉悦的心态，性格阳光且积极进取，那么他的身体免疫力会处于高度激活状态，从而降低生病的风险并有利于健康。此外，健康的情绪还能激发大学生的生活热情，让他们对自己的未来充满信心，同时也能提升他们的好奇心、思考能力、创新精神和兴趣范围，有助于构建和谐的人际交往环境，推动他们在各个方面的发展。

相对于此，消极心态对人的心理健康构成了重大影响。在压力、紧张、焦虑和恐惧等负面情绪长期影响下，人体的免疫功能会降低。众多研究证实，消极情绪是健康的主要危险。

（2）影响大学生学习的因素包括情感。除了其对于大学生的身体健康及心理状况产生作用外，它也直接关系到他们的潜力挖掘和工作效能。积极的心态通常会激励他们更愿意参与各种行为，并激发他们在学习和工作中保持热情，这也有助于拓宽思维，提高专注度，增强创新能力。据研究显示，当人们处于愉悦的心情、舒适的状态且略带压力时，是最有利于思考和创作的阶段，从而能够高效地执行智能任务。

（3）高校学生的人际关系受到情绪的影响。由于情绪具有感染力，积极稳定的情绪能够引发良好的情绪反应。那些正面情绪超过消极情绪的人，在群体中更容易获得他人的认可和赞扬，从而更有可能建立起良好的人际关系。

在这个过程中，大学生需要重视提升自我修养，掌握适当的情绪管理和调整技巧，成为情绪的主宰者，这样才能建立健康的人际关系。

（4）影响大学生行动目的的关键因素：情感对于大学生的心理状态有着重要的作用。根据著名的科学家 Eppston 所著的文章"*The Ecological Study of Human Emotion*"，他在其中详细阐述了他的关于高等教育机构的学生如何通过他们的自尊心、感情状况来调整他们自己的生活方式及态度的过程中的发现。经过深入调查后得出结论显示，如果一个人感受到快乐或者安全感的话，那么其可能会有更高的动力去追求新的挑战并保持对外界的友好相处能力，同时也会更加关注自身的价值观和生活长期的目标等等这些方面的提升。然而相反地，若个体感受到了负面的情况比如焦虑或是恐惧感的时候，一些人可能会选择放弃社交活动并且开始表现为一种更为封闭的生活模式以保护自己免于受到伤害或者是压力过大等问题出现的可能性的侵扰。另外一方面，也有人会从这样的经历中学到知识，然后继续努力前行而不是向负面的方向发展下去。

实验结果显示，埃普斯顿的理论指出，积极的情绪反应与积极的行为转变总是存在相关性。因此，大学生应该尽可能多地建立这种联系。

## 二、培养良好的情绪

情绪就像一把双刃剑，有时候它能让我们精神饱满、活力四溢，但也可能使我们疲惫不堪、迷茫无措。然而，这并不代表人们愿意成为情绪的奴隶，受其操控。相反，人们应该具备调整情绪的能力。情绪如同洪水般汹涌，理智则是管理这场情绪洪流的关键。

### （一）提高情绪的觉察力

一旦个人情感发生波动，其关注点便会被触发的事物占据，难以摆脱负面影响，往往需要等到事情过后才发现自身情绪失控。实际上，能否掌控情绪的关键在于自我意识的提升，透彻理解引发及转变情绪的原因，有助于深入了解情绪起始，进而调控消极情绪并培育健康的积极情绪。若个体深陷于负面情绪中却无法自拔，将会遭遇诸多困境，甚至有可能导致身体和心理的健康受损。面对这种情况，我们应如何应对呢？首要之举就是运用情绪反思法来审视自身的情绪反应，从单一情绪出发思考更多相关情境，逐步感受过往经历中的各类情绪，以此实现心绪平静。其次，寻找根本原因也是有效手段。如果你意识到自己的情绪有异，比如愤怒，就要追问为何如此愤怒、伤感？是因为某个观念引起的烦恼吗？如果有其他选择可供考虑，不妨再三权衡一下。日常生活里，我们要养成立即感知情绪的习惯，例如当你感到愤懑或充满敌意且急欲爆发的时候，必须明确地感受到它们的存在，并且始终保持冷静理智的态度，唯有此种方式，方能克服一切困难。

### （二）培养情绪的控制力

当大学生面临消极情感时，他们往往选择通过认知上的忽略或行动上的压抑来应对；而面对积极情感的时候，则更可能采取认知上的关注与行动上的释放方式。这表明人类对于消极情绪有减轻的需求，但对于积极情绪却有着提升的要求。寻找并扩大积极情绪的体验、适度地管理自己的情绪状态，都是维持健康心理的关键因素。

1. 认知调控法

当个体理解了刺激的含义与价值后，他们便会对之做出情感上的回应。对于相同的刺激源，其评估方式的变化会导致相应的情感反应变化。因此，通过调节或更改我们的思维模式可以有效地控制我们的情感反应及行动。比如，当我们感到焦虑的原因是由于意识到考试的重要性并担忧失败可能带来的负面影响时，如被他人轻视或者无法顺利毕业等等，那么我们可以采用自我对话的方式来减轻这种压力感，若能接受成绩略微下滑的影响并不大，那我们的焦虑程度也会随之降低。

观察到的是，认知调节策略是在个体产生过度或不当情感反馈的时候，通过理性思考并评估当前环境来理解情况，梳理思维，保持冷静以采取适当行动。关键在于管理那些伴随着立即情绪反应而产生的认知及想象。比如，人在极度生气时可能会引发激烈的行为，但若能提醒自己冷静考虑导致愤怒的原因以及可能的解决方案，就能让这种过于强烈的反应得到缓解，进而选择合适的途径去处理问题。

实施认知调节策略的时候，一般会遵循两个步骤：第一步是对刺激因素及其强度进行评估。人的情感反映是由自然演化的选择所决定的，它有助于物种的存续和进步，是我们应对环境挑战并立即作出响应的基本驱动力。尽管伴随有认知的过程和成果，但是这种瞬间的认知通常较为概括且含糊不清，因此产生的回应常常非常激烈。通过对问题的深入理解，我们可以及时调整过度激动的情绪反应。第二步则是寻求各种解决问题的方法，然后对比挑选出最优解来执行。由情绪触发的一般都是直觉性的原始反应，有时候这能够帮助我们摆脱困境，比如火灾中逃离房间以求安全；然而也有时候可能会导致严重的损失，例如高楼着火时从窗口跳下。许多问题都存在多个可能的选择，所以找到最好的办法是非常关键的，而且保持冷静思考是必要的条件。

理解并管理情绪的方法基于这样的理念：思维可以协调情感。尽管它们分别由大脑的两个不同的区域所掌控，但是前者主要负责处理基本的情绪反应，而后者则位于更为高级的新皮层区域，用于调节思考过程。虽然情绪反应是由大脑快速触发的，然而它们的信息较为基础；相比之下，通过新皮层产生的理性思考会稍微滞后一些，但却能更好地融合与调整情绪反应。

2. 情绪宣泄法

情感释放策略是当人们处在剧烈的精神状况中的时候所采取的一种方式来直观或隐晦的表现出他们的感受和回应。换句话说就是快乐就要大声欢笑，悲伤则要放任自己流眼泪；"男子汉不能轻易掉下泪水"这种观念并不符合有效的精神调节手段，我们应该摒弃它。大胆而真诚地说出来内心的深沉感情，比如生气、痛苦或是沮丧等负面感觉，可以使我们的心灵感到轻松愉快并减轻负担，同时伴随着这些不良情愫产生的相关身体变化也会迅速回归到正常的水平上。因此从保持身心健康的角度出发，让我们尽情去发泄自己悲痛欲绝的心绪！

情绪释放策略可被划归成两类：直观式和间接式。前者是立即反映出内心的情感，比如遭受不公正待遇的时候就立刻提出抗议；遭遇他人侵害时，明确告知对方的怒火并请求道歉。而后者则是在离开触发强烈感情的环境后，通过对无关系之人传达当时的心情，以此抒发自身的愤懑、悲伤等等感官体验。举例来说，受辱后向亲友或者能秉持正义之士倾吐心声，以便缓解激动的情绪波动。关于情绪释放方式也存在"适度"问题，我们应避免误解适当的情绪释放等于过度的情绪爆发。所谓情绪爆发就是指人在激动的状态中无法有效掌控自身，选择使用暴力的手段或是其他不当的方法去释放情绪，这种行为常常导致严重的结果，不仅不会解决问题，还可能带来新的麻烦。比如说年轻人之间的冲突，他们有可能动手打斗造成伤害，短暂的满足却换来了长久的后悔。因此，情绪释放的原则和技巧都在于寻找合适的途径，而非盲目地放纵情绪。

3. 活动转移法

通过参与他们喜欢的活动来转换心情的方法被称为"活动转移法"，这种方法旨在缓解人们在面对情感困扰时的压力，从而实现对情绪的管理与控制。其中，音乐被证实为一种非常有效的调节情绪的方式。它能激发低落情绪的人们重新找回自信；也能给那些感到焦虑或不安的人带来平静感。年轻人可以通过学弹乐器、作曲等方式，把自己的内心感受转化为美妙的音符，并在这个过程中获得成就感和满足感。

运动是一种有效的情绪调节手段。在情绪低落时，参与旅游、打球和下棋等活动都能起到很好的调节作用。这些运动不仅可以缓解紧张的心情，还能消耗体力，使得情绪低落者变得积极，愤怒者保持冷静，达到平衡情绪的目标。

根据活动的转变方式，可以将其划分为两个类别：一种为负面转化，另一种则是正面转换。当心情欠佳的时候，选择通过抽烟或饮酒来缓解压力，或者自我放弃，这属于年轻人应尽力规避的行为模式。相反，积极的方式是在情感困扰下，将注意力从负面的感受移向有益于自身和个人幸福的领域，比如刻苦学习并投身科研等。这种积极的态度应当成为年轻人在调整情绪时的主要目标。

活动的转换方式之所以能产生积极的效果，主要归因于三个因素：首先，新颖的活动对年轻人具有吸引力，他们能够立即从中获得快乐的体验；其次，成功的参与这些活动有助于年轻人在找寻自身价值的过程中重新建立自信心；最后，每个人都有一定的生命和精力的限制，如果把更多的注意力放在一件事情上，那另一件事情就会被忽视，从而无法深入地体会负面情感。

4. 放松训练法

"松弛反射训练法"（也称之为放松训练）被认为是一个能提升个体自我情感管理能力的高效策略。其核心思想在于利用身体主动的放松方式产生诸如减少肌肉紧绷度、降低呼吸频率及调整心脏跳动速度等生理反应，从而实现舒缓压力的效果。

5. 音乐调节法

对有烦恼的高校学生来说，学会欣赏音乐，不但可以改善自己不好的心情与态度，还会提高艺术修养、陶冶情操。

毫无疑问，个人文化的层次也会影响到音乐调整的影响力。由于每个人的性格特征、情绪状态、时间环境等因素不同，他们会根据这些条件来挑选合适的歌曲。例如，对于那些容易感到抑郁、安静且活动较少的人群来说，快节奏的音乐更能让他们感觉舒适；相反地，对于那些经常激动、活跃或易于焦虑的人群而言，柔美悠扬的旋律可能更为合适。当你感到困扰的时候，聆听一曲喜欢的歌可能会让你感受到轻松与快乐。

6. 寻求帮助法

当年轻人面临严重的心情困扰时，他们需要从社会的支援体系中获得援助。每个人都应构建属于自己的社会支援网，这包括能为他们在精神上提供协助与支持的人群，例如家人或好友，或者职业的社会工作人员及心理咨询师等。社会支援体系的存在具有多重的价值：首先，它是一个可供分享烦恼的地方，人们把他们的忧虑告诉别人后会感到一种释放感；其次，它提供了全新的观察问题的方式和思考路径，引导个体跳出固有的思维框架，对困局做出新颖的评估并寻觅到新的解决方案；最后，社会工作人员和心理咨询师可以通过其专业知识和技能来指导年轻人在最短的时间内摆脱心情上的困扰。

### 三、高校学生不良情绪的调适

大学生正在经历青春期，他们在各种矛盾和冲突中成长，因此他们的情绪不稳定、未成熟，表现出两极化和矛盾性。这是大学生情感的基本特征，贯穿于众多特点之间，决定了大学生常常面临情绪问题的困扰。

如果我们把智商视为评估个人智慧程度的关键因素，这将会影响到他在学习领域的成就。然而，情商则是揭示个体在情绪、感情、决心、抗压能力等方面特质的表现，其优劣对于个人的成败具有重大意义，有时可能超越智力的影响力。据美国的知名心理学者丹尼尔所言，成功的要素中仅有20%取决于智商，剩余80%依赖于情商来达成。其中，情商的一项关键元素就是情绪调控能力，即调整自身及他人情绪的能力，以达到从深重的焦虑或抑郁状态中解脱出来，有效处理紧急情况，并且增强追求目标时的心理动力。情绪管控涵盖了自我监控、自我管理、自我开导、自我限制和尊崇事实，这些都包含着尊重自身的实际状况、他人的实际情况以及周边环境的事实。

我们之所以重视对情感的管理和调节，主要原因在于这有助于实现长期且更为深远的目标，这是经过理智分析得出的结论。然而，若当前管理与调整情感所获得的好处小于未来的潜在利益，那么人类便没有必要去约束自己的情感。但过分追求成熟度并为了未来而牺牲当下的感受,并非人性的体现,亦不利于心理健康的维护。

保持愉快的心情更持久一些,快速调整消极心情,这是真正掌握情绪管理的关键所在。无需总是警惕自我情绪的变化,当需要开心时就尽情享受欢乐,而生气或愤怒也无须抑制。不用担心会失去对情绪的掌控。这样一来,我们可以充分体验到丰富多彩的生活。"控制情绪"的准确理解应该是:能够有效地激起积极心态并适当且及时地宣泄负面情感。

## 第三节　高校学生抗压管理

"人生充满着喜怒哀乐,月亮也会时而明亮,时而暗淡,这种事情自古以来就难以完美。"虽然我们渴望一切顺利无阻,然而压力和挑战始终无法完全避开。成功的价值无可否认,但是失败也不应被忽视。对于大学生来说,适当的压力能激发他们向前迈进,所以,准确理解并处理好压力,有效控制住它,这是通向成功的关键步骤。

### 一、高校学生压力应对方式的特点

虽然无法彻底消除生活中的压力,但在许多情况下,适当的压力往往可以成为个人成长与工作的推动力。即使过度压力可能会导致身体或精神上的不适,我们也应积极面对并寻找克服其不利影响的方法。大学生已经具备了一定的生理和心理能力,他们有自己独特的应对压力的方式,然而学会恰当地解决那些阻碍学业和生活的问题,是大学生的必备课程。

(一)常见的压力应对方式

个人有必要学会通过准确地评估压力,来应对困难环境。美国杜克大学精神病学和行为学教授雷德福威廉斯认为,个人无法逃避压力,所以需要各种评估方法，做出理性的可以改变局面的决定。他为那些急于想改变工作压力的人提供了几个方法，建议对引起焦虑的问题进行分析，然后试一试"我值得这样"（I Am Worth It）的方法。"I"是指"哪些因素让你感到压力如此之大？这些因素非常重要或者只是小题大做？""A"是指"你对紧张性刺激做出适当反应了吗？"字母"M"是指"这种情况可以改变吗？"而"Worth It"是考虑是否值得采取行动改变这种情况。威廉斯认为，恰当评估应激事件和自己的应对能力，并合理运用心理防御机制，能较好地适应和应对应激源，让你更有效率地工作。

应变（或称之为应对）指的是当个体的生命受到压力威胁的时候，他们为了减缓这种负面的冲击而实施的一种心理与行动的过程。从根本上来说，这是一个人在面对压力时的自我调整的行为，它作为一个中间环节，对于身体和精神的健康有着重要的保障功能。应变策略是一种人在承受压力的环境里采用的方法以缓解压力，这包括了有意识和无意识层面上的各种行为模式。现在普遍认为，应对策略可以被划分为三个主要类型：解决问题型、情感处理型和回避型。

1. 问题取向应对

当面临挑战时，个人的反应方式主要集中在如何解决问题上，这包括采取直接行动或者寻找解决方案以调整压力来源或是与之相关的各种因素。常见的方式如寻找处理难题的方法、请求他人的援助、避开风险（让自己远离可能的威胁），以及提前做好准备（防止未来可能会出现的风险）等等。这些方法都强调了对需要解决的问题及引发压力事件的重视，对于控制住可以预测到的压力源头带来的影响往往能取得良好的效果。例如，若学生的学业表现不理想，他们可以通过冷静思考导致此种情况的具体原因，明确自身的不足之处，接着制定出改进方案并坚定实施，这就属于一种基于问题导向的应对策略。

2. 情绪取向应对

当事人的主要应对方式为试图减轻负面情绪（例如抑郁和焦虑），而不是直接面对引发压力的环境问题。这被称为情绪导向反应，其中包含了诸如放松身心、寻找他人的心理支援、表达内心的感受、调整思维模式及发泄不满等等方法。这些措施对于应对无法控制的压力来源所带来的影响较为有效。例如，当亲友离世成为无可更改的事实时，我们必须转变对此事的感情体验，可以通过旅行出游、与密友分享心情、理性分析等方式来实现。运用情绪导向的应对手段能使我们的注意力从压力环境中短暂移开，从而摆脱其困扰。

3. 逃避应对

对于大多数应付挑战的方式来说，个人通常会在情感导向策略（如消极或焦虑）及解决问题的方法之间交替使用。然而当面临无法控制的情况的时候，他们往往选择以感情为基础来处理这些情况并获得更好的结果。相反，如果遇到可以掌控的问题或者情境下，他们的反应则更多是基于问题的解决方法而非个人的感受。无论采取何种对策，个体的偏爱都是由其个性决定并且与其核心特质紧密相连：独立自主、坚定信心、尊重自己和他人的价值观念等因素都有助于形成一种更为乐观的态度去对待生活中的种种困境。因此，为了更好地适应生活中的各类压力状况，我们不仅需要提升我们的抗压能力，还需要从内心深处强化自己的品质建设尤其是那些关于自身价值观和个人成长方面的发展方向才能够更加顺利的生活下去。

（二）高校学生压力应对方式的特点

1. 整体上，高校学生以积极应对方式为主

我国高等教育机构的学生们在面对压力时的反应模式主要表现为积极且健康的策略，他们很少采取负面或不适宜的方式来处理压力。虽然对于某些不太适宜的方法的使用程度相对较高，但是整体来说他们的应对方法还是偏向正面的。例如，黄希庭的研究表明大学生在面临压力的时候，通常会优先考虑解决问题、忍耐、分散注意力或者寻求他人的帮助这些积极的应对手段，而不是去抑制情绪、回避现实或者沉浸在虚幻的世界里。另外，张林等人也通过调研得出结论：大学生的压力管理主要是依赖自身的

心理调适能力，对外部环境的支持和引导需求较低。然而，我们需要警惕的是，尽管大部分人的应对方式是积极的，但也存在一些不利的情况，比如缺少有效的社会支持和人格上的不足等等，可能会让他们陷入消极的状态，甚至可能导致辍学或是自残的行为发生。

2. 高校学生应对方式存在年级差异

观察结果揭示了，从整体来看，高等教育阶段的高级生相较于初级生更倾向于使用回避和埋怨等方式来应对挑战。这些方式被认为是不够完善的自我保护策略。产生这一现象的原因可能是由两个主要因素造成的：首先，随着年岁的增加，个人的自我保护技巧也在逐渐提升，以此来维持受威胁的自信心；其次，这或许也跟当前大学生们正在承受的压力有所关联。个体对自我保护策略的选择不仅取决于其自身的成熟度，同时也受到了他们所经历的刺激、社交环境和社会支持等多种因素的影响。如今，大学生的处境已经不再像过去那样单纯，例如学习负担加重、求职难、财务压力、感情困惑等问题都在一定程度上影响到他们的自我保护手段的使用。

## 二、高校学生挫折承受能力的培养

面对挑战时的抗压能力和处理方式被定义为"挫折承受力"，这是一种衡量个体如何克服并化解困难的指标，即他们对于逆境的适应性和抵御及解决问题的技巧。这种能力由两部分组成：一是能承受失败带来的冲击和压力，维持心智与行动稳定性的韧性；二是能在遭受挫败之后迅速作出反应并对情况做出改进，以摆脱困境的力量。

（一）构建成熟的心理防卫机制

当面临挑战时，人们会运用各种手段来减轻内心的焦虑与不安，以保持稳定的情感状态并维持正常的心理平衡。这些方法被称为心理防护策略。这种策略既可以带来正面的影响也可以产生负面的效果。负面心理防护措施可能会让大学生因为压力的减缓感到满足，或者引发逃避甚至是恐慌从而造成心理问题。

1. 积极的心理防御机制

积极的心理防护策略能够协助大学生减轻失败后的精神压力，调整他们的心理和技能状况，为他们赢得战胜困难的机会。在大学生中常见的积极心理防护策略如下：

（1）认可是指个体在遭遇困难并感到沮丧的时候，通过模仿成功者的经历与策略，调整自身的思维方式、价值观、目的及行为模式以更好地符合周围的环境需求，进而从内心深处提升自我实现的信心。许多大学生会选择名人为他们的榜样，当面临挑战时，他们常常用这些名人的事迹激励自己，以此激发斗志。

（2）"升华"是精神分析中的术语，其原始含义描述的是当个人的性驱动力被社会规范抑制时，他们可能会转而投身于文艺创作活动。这种过程被称为"升华"，它意味着把那些不受社会接受的目标、欲望或者负面的情感转化为高尚的事物，从而产生创新性和建设性的成果。当个体遭受失败并将其原本无法得到的社会认同的意图或需求转换成满足社会期望的意愿或需求，或是经历失败之后将较低级别的行为提升至更有益于社会和个人的高级别行动，这就构成了"升华"的过程。通过这个方式，不仅能够实现对之前情绪的转化，还能创造出有益的价值观。

（3）补偿。当个人的目标因为主观因素而无法达成，我们会试图用新的目标取代原有的目标，并通过现在的成功经验来弥补之前失败带来的痛苦，这就是所谓的补偿。

（4）在遭遇挫败、困境或尴尬的时刻，运用幽默来解决问题并保持心理平衡，这不仅是一种聪明的策略，也是心理素质优秀的体现。

2. 消极的心理防御机制

一般来说，负面的心理防御策略对于遭受打击的人来说是不利的，长期采用这种策略可能导致人的精神状态恶化，产生消极和退缩的心理特性。常见的负面心理防御方式如下所示。

（1）"合理化"也被称为"文饰"，它是指通过寻找合乎逻辑的原因与证据来对遭遇的失败做出解释，从而降低或者消解内心的焦虑感的一种方法。其具体体现可以被归纳为如"寻找借口""酸葡萄效应"等等。

（2）潜抑是一种普遍存在的心理防护策略，其含义为人们在遭遇挫折后，将那些无法被意识接受、让人感到困扰或痛苦的想法、欲望和体验压制在内心深处，不再回忆过去，主动遗忘，以维持内心的平静并避免自身经历痛楚。

（3）投射，也被称为推诿，是指将自身的错误、失误或内心不良的动机和思维模式、欲望转嫁给他人，并以此来缓解自己的内疚感和焦虑，从而逃避心理上的压力。

（4）逆转是"过度矫正"的一种心理防卫策略，其指的是个体为保护自己对自我认知不良行为的隐藏，而采用与其意图相悖的方式来展示，以此遮蔽真实想法并降低精神压力。

（二）正确对待压力与挫折的方法和途径

1. 挫折的两重性

我们需要准确理解失败的双重影响：首先，它可能导致人们失去追求成功的动力、削弱他们的创新能力并伤害他们的心身健康；然而，从另一个角度来看，失败也可以激发人们的情感力量、增加他们的耐受力和提升他们应对困难的能力。所以，通过全面了解失败的好坏之处，我们可以把负面效应转化为正面效果，从而引导失败朝着积极方向发展。

2. 改变不合理信念

根据心理学的调查结果显示，引发压力和失望的主要原因并非是遭遇挑战或矛盾，而是个体对于这些问题的理解方式及应对策略。常见的非理性思维包括"事情本应如此""一叶障目""过分放大影响"等等。

3. 确立合理的自我归因

在生活中，人对行为的成功与失败进行归因是一件很平常的事，然而在这一过程中形成的归因倾向则对人的心理承受能力有很大的影响。例如，一个学生认为自己成绩不好是由于学习能力不够造成的。一般来说，进行本性归因的学生对自己的行为与学习有更多的自我责任定向与积极态度；但是从对失败的归因方面来看，由于他们倾向于把原因归于主观因素，就容易自我埋怨、自我责备。如果这种自责、悔恨过多，就会给他们带来挫折感和心理损伤。

首先，大学生必须掌握如何从多个角度获取有关事情的数据，理解问题的根源。然后，他们需要懂得恰当地解释事物，防止过于偏颇的解读，并能够真实面对自己的职责，以消除过度负担或者全然逃避的责任心理，同时也要注意不要陷入自我谴责所引发的沮丧情绪中。最后，他们应该积极行动起来，主动调整环境中的不利条件，以便更有效地处理挑战。比如，如果发现在学习的某个阶段效果并不理想，可以通过对原因的深入剖析来解决问题，并在改善内部状况的基础上，考虑更换学习场所、设定新的学习时段或是重新安排学科的学习次序与方式，以此减轻因为学习效率低下而产生的焦虑和烦恼。

4. 采用正确的方法和途径对待挫折

大部分的大学生是在父母的保护下刚步入社会，他们的实践经验较少，所遭受的打击也不多。如果他们想要有所进步并达成自己的崇高理想和奋斗目标，那么就必须通过实践来不断锻炼自我，努力增强自己应对挫折的能力。

（1）对于大学生来说，应对挫折有以下几个常见步骤。

①承认已经发生的事情和事件，大学生必须要勇往直前，按照自己的意愿去行动。

②接受、包容。生命有限，大学生的主要责任更为重大，无须过多关注琐碎之事，这并不划算。"放宽心"代表了个人的气度提升，也象征着生活层次的提高。

③积极地转移注意力。这是一种有效的方式来克服挫败感。让自己专心致志于一件事情，即使它很简单，只要你投入了精力去做，就能将那些

困扰人的忧虑从思绪中排除。

④勇于接受最糟糕的结果。有勇气正视内心不愿意看到的现实,这是优秀心理状态的一个显著特征。害怕面对的原因通常来自两个方向:首先是"鸵鸟策略"的影响,一旦发现威胁显现,就立刻把头藏进沙土中,误认为如此就能消除风险;其次是在未实际触及令其感到恐慌的事情前,就已经过分夸大了问题和潜在的风险,使得内心的恐惧超过了自己的忍受范围。逃避问题常常会导致问题持续扩大并变得更严重,从而失去处理问题的最佳时机。对于大学生的挑战,他们应该勇往直前,冷静分析之后制定出解决方案。

⑤理性思考,发现问题,处理问题。大学生们在遭遇失败时,能保持冷静,然后自我提问如下四点:具体的问题是什么?产生的原因在哪里?有无解决方案?哪个方案更适用于这个问题?一旦人能理智地识别问题并且主动寻找应对策略,他就开始克服困境了。唯有勇敢直面痛苦与生活的不幸,勇于向自己发起斗争和挑战的人,才能开拓出一条坚实的路途。

(2)培养良好的意志品质

①意志与意志力

定义了"意愿"这个概念后,我们了解到它是一种自我引导的目标设定与管理自身动作的能力来应对挑战的过程——这需要人们能够坚定信念并且努力达到预期结果的精神活动。这是人性独具的一种思维模式,体现了人们的自主性和积极参与生活的方式。这种精神力量会在个人追求变化的过程中显现出其存在感,并在影响内心情感及外部举动的过程中起到启动、维持或阻止或者转变的作用。该进程可以分为两部分:首先是在制定实施方案的部分,此环节涉及权衡各种可能的选择及其利弊得失,解决内在矛盾问题从而确立明确的目的方向,选好最有效的手段方法并对实际操作做出详细规划安排等步骤;其次则是落实这些策划的具体实践工作流程段落,在此期间要面对来自内外的诸多压力因素,通过排除万难完成既定的决议任务,同时依据遭遇的问题反馈及时修正自己的思路方式以便持续推进直至成功完结整个项目为止。"决心"总是伴随着内心的挣扎斗争产生出来的，当高层次的需求压倒较低层面的需求时就说明这个人具有强大的毅力和恒心。"勇气"更多地体现在如何处理自己心中的疑虑恐惧等方面。

人们的意志力是指他们为了实现预定目标而自发地付出努力的程度或者说是坚韧的意志特质。这种特质在生活中逐渐塑造，成为个性的关键部分。人的意志力并非天生就具备，而是在社会实践过程中不断培养和锻炼出来的。

②意志力与挫折承受力的关系

当遭遇挑战时，坚韧度高者可以自主掌控及调整他们的情绪与行动，他们会正视事实，分析失误原因，运用所有可能的方法克服困境，坚持完成预定的任务直到达成目标。这些人对于逆境有较强的适应力和抗压性，并且能够把挫败感转变为推动目标达成的积极动力，从而增强自我信念。然而，那些缺乏坚定决心和独立思考能力的人通常缺乏自信和决策力，他们在面临挑战时很容易偏离原本的行为路线，选择逃避现实，使用消极的方式处理问题，这会导致他们无法实现预期目标，还会削弱自身的自信感和抵抗压力的能力，有时甚至会出现抑郁或精神疾病。

③大学生的优良品格应该包括坚韧的决心

首先就是对目标的清晰认识。这意味着他们的行为是有明确的目标导向，特别是他们完全理解其行动的结果对于社会的价值，从而让自身的行为服务于公共和社会的需求。具备此种决心的个体可以自主、独立且积极地管理与调整自身的动作，为了达到设定的目标而投入所有的激情和努力。即便面临困难或风险，他们也依然会坚持到底，克服一切阻碍，勇敢前进。这个特质体现了一个人坚定的原则和信念，并在整个决策过程中持续存在，这是强大决定力的根基。

其次谈到的是决策力。这是一种能够分辨对错并迅速做出决议并在必要时刻付诸实践的能力。这种能力要求我们在紧急情况下能立刻采取行动，无丝毫迟疑，即使面临生死抉择也能勇往直前，展现出崇高的道义感；然而，如果不是紧要关头或者情势有所变化，我们又能在适当的时候停下脚步或是更改之前的决定。而这个过程中的关键在于勇气与深思熟虑的平衡，它是一个体智慧、知识和聪明才智的综合体现。

再次是对决心的坚定程度。这是指个体在执行意志行为时保持其决心，并通过充足的精神力量与坚定的耐力来持续抵抗所有挑战，最终达成预期目标的一种特质。持久坚守决策被认为是一种强烈的意志力的体现。具备这种特性的人能够有效抗拒那些可能影响到他们行动目标的主观或客观因素的影响，不仅能在轻松且有趣的事情上取得成功，还能不在乎个人的损失，即便任务单调乏味也绝不会放弃，始终致力于创造卓越成果。

最后涉及自我克制的特质。这是一种体现于意志行为中的自我管控能力，指的是个体如何管理和调整自身的情感反应及言论举止的行为特征。大学生的成长需要通过勤奋的学习、设定长远的生命愿景，并从生活中的一切细节出发，艰苦磨练自身，主动掌控自我等等途径来实现。唯有这样，他们才有可能培养出坚定的意志力和提升面对困难的能力。

（3）提高抗挫折能力

人的一生中，会遭遇许多困境与挑战，这可能是由于竞争失利、感情破裂、财务压力或者职业生涯中的曲折等因素造成的。每个人都无法避免遭受打击。尽管挫败感令人感到苦恼，但是它也是一种挑战和磨练，推动着我们的进步。这就是生活矛盾性的体现。问题并非在于是否存在或强度如何的挫折，而是应对它的态度。若我们将挫折视为生活中的风暴，将其过程看作是阴雨连绵的日子，那么，当我们面临这样的日子时，应该立即反思自己：我要怎么去处理这些事情，我在哪里找到了庇护所呢？

①我们需要建立起正确的心态来应对失败，并提升我们的抗压能力。首先，我们要理解到失败是一种常见的现象，它可能会出现在任何时间地点，它是生活的一部分，也是一种客观存在的事实。因此，大学生们必须做好迎接失败的心理预备工作，这样当他们遭遇失败时，才不会感到恐慌无助，而是勇敢直面事实，勇于接受失败的考验。此外，我们也应当意识

到并非所有的时间都会出现失败，生活中的大部分时光都是充满欢乐与幸福的，所以在遭受失败的时候，不能仅仅关注于失败所造成的损失和痛苦，还要看清自身的优势及已经获得的成就，不要一直沉浸在失败产生的负面情绪当中，要尽早摆脱这种情绪的影响，用理性去看待失败。

②投入实际操作并累积经验是关键。尽管挫折可能带来负面影响，如伤害与痛楚，但它也能激发我们前进，促使我们在经历后更加强大且有智慧。日常生活中遭遇的挑战并非全然不利。过于平稳、宁静及舒服的环境容易让人满足现况而缺乏进取心；然而，逆境能让我们经受磨练，提升我们的能力。所以，大学生应该主动参与各种实践项目，通过这些过程来持续地锻造自我，增强自我的毅力和坚定的品格。面对实践中的挑战，不必害怕失利，而是需要学会从失败中学到宝贵知识，把负面的元素转化为正面的动力，从而让困境朝着积极的方向转变，逐步提升应对难题和克服挫折的力量。在回顾过往经验的时候，我们要重点关注设定的目标是否有误、执行的方式和策略是否合适、导致挫折的主要原因是什么、如何才能反败为胜等问题。

③勇敢应对挑战，享受控制感。对于遭遇失败，每个人都有各自的方式去处理。避免回避、恐惧或抵触，而是选择直接迎接问题。当面临无法逃脱的困难时，最佳的选择就是冷静对待，若能从中找到乐趣来管理困扰，那么这颗"珍珠"便会成为一种宝贵财富。这种"珍珠"是由痊愈后的伤口所提炼出的，它们既能有效地修复伤害，也能让我们更加珍惜经历，从而降低犯错的可能性。有一个这样的故事：一只蝴蝶需要通过剧烈的挣扎才能突破茧子，但由于过程中的疼痛导致其羽翼萎缩，不能飞行，最终死去了。这个微型寓言揭示了一个道理：痛苦是我们成长过程中必然遇到的路途，只有忍受住这些苦难，才有可能获得真正的喜悦。在我们的一生里，除了遭受挫败与痛苦外，也有机会让不幸转为幸运，由伤痛化作无价之物，用那些令人生气的缺点转化为新生的动力。只要我们敢于直面困境，就能掌握住挫折；只要我们始终保持乐观的心态，就能获取最为珍贵的东西。

④适当释放情感，尽快走出困境。当遭遇挑战时，有些人会感到忧虑与失望并将其深藏于心底；另一些人则倾向于寻求他人的理解。若内心有烦恼，可以选择向亲密的朋友或家人敞开心扉，分享内心的想法，如此一来，不良的心情得以缓解。这是一种自我心理保护的方式，有助于减轻由于失败所产生的精神负担。但需注意的是，宣泄应保持在一个合理的程度内，像"乞丐型""攻击型""接触型"这样的宣泄方法并不推荐使用。

⑤激励潜能，独立自救。独立自救是生命中最闪光的品性，这已经被很多事例所证明。面对挫折的打击，有的人一蹶不振，有的人则激发潜能，自己拯救自己——前者没有看到自己的潜能，后者则充分地汲取了潜能的力量。有时，我们在挫折的伤痛中忽视了自己的潜能和改正错误的勇气，一味地等待外力的帮助，这就等于放弃了自己对自己承担的责任和义务，这是一种懒惰和没有出息的做法。林肯发现的"马蝇效应"折射出一个道理：利用危急状态产生的压力激发生命体的巨大潜能，人是需要压力的，有了压力才不敢松懈，才会努力拼搏，才会不断进步。其实，在生活中让自己忙起来，是一种自我加压的方法。面对挫折，适度转移注意力，自我增加良性压力，可以有效改善自己的心境，比如可以通过从事集邮、写作、书法、美术、音乐等趣味活动来调适自己的心情，缓解苦恼带来的种种压抑，随着时间的推移，沮丧也就渐渐淡忘了。

⑥适当取舍，远离烦恼。放弃是一种智慧和境界，但是，面对现实的种种诱惑，又有多少人能够做到这一点呢？很多人原本也曾从容、平和地生活着，可一旦被太多的诱惑和欲望牵扯，便烦恼丛生。有的时候，我们将奋斗的目标定得过高；有的时候，我们将奋斗的目标定得过多——这是我们遭受挫折的重要原因，无论是前者还是后者，都使我们深感心有余而力不足，最后都可能会导致迷失方向，走向绝望。聪明的办法是学会取舍，不必事事争第一，舍弃自己还不具备能力与条件的目标不是坏事，"塞翁失马，焉知非福"？明智地取舍，并学会放弃，才能摆脱无谓的烦恼，拥有自在的生活。

总而言之，重大挑战能激起大学生们思考一些他们平常可能不去考虑的问题,这些问题通常具有深度且复杂,例如:人类的存在价值及生活目的等等。尽管某些困难看起来令人恐惧,但更为恐怖的是我们的妥协态度。应对困境有很多策略,我们可以选择克服或避开它们,如果无法战胜或者逃脱,那么可以选择绕行。部分难题并不能被完全消除,面对这种问题的最佳方式就是坦然接受并且深入理解。只有当我们充满自信与勇敢时,才能跨越泥泞,穿越风雨,走向成长之路。

## 第四节 问题学生教育管理策略

### 一、情感教育策略

夏丏尊曾有言道:"无感情投入的教育如同干涸的水池一般无法被视为合格的教育场所;缺乏感情和爱心,则根本谈不上真正的教育。"教师对学生施教的基础在于他们的热情与关爱,这能促进学生的身体和心理健康发展。所以,针对问题的孩子的转变,我们应该采用下述策略以充分发挥情感教学的影响力。

(一)建立良好的师生关系

"教与学的关系"指的是在学习过程中的老师和学生的互动联系,这涉及他们的角色、影响力和彼此的态度等方面。"如果喜欢你的老师,你会相信他的观点",这句话表明了师生关系对教育的重要性不容忽视。那我们要怎样构建优秀的师生关联呢?

问题学生一般与教师的关系都比较紧张。教师要想真正地转变问题学生,首先就应该与他们建立民主、平等、和谐的师生关系。这就要求教师做到以下四点:

1. 了解和研究问题学生

俄国教育家乌申斯基曾经说过:"如果教师想从各方面教育人,那么他首先应从各方面了解人。"教育过程中的许多偏见和教育失败，大多源自对学生不够了解。教师要想彻底转化问题学生，就应深入全面地了解、研究他们，从而找到问题产生的根源。了解和研究问题学生包括了解他们的思想意识、道德品质、兴趣、需要、知识水平、学习态度和方法、个性特质、身体状况和班集体的特点及其形成原因。

2. 树立正确的学生观

教师的学生观就是指教师对自己的教育对象——学生的基本看法和观点。观念指导行动，有什么样的学生观，就有什么样的教育态度、教育方式、教学行为，也就有什么样的教育效果。这就需要教师树立正确的学生观。正确的学生观应该是民主、平等的学生观。教师在与学生交流沟通时应体现平等民主、相互尊重的原则。教师对问题学生的态度直接决定着教师是否能真正地转化好他们。教师在面对问题学生时应以平等的方式进行交流，只有这样才能与学生之间建立深厚的情谊，才能促进问题学生的转化。

3. 热爱、尊重、公平对待问题学生

问题学生往往有着更强的自尊心，更好面子，更需要教师的关心和爱护。教师在与他们进行沟通和交流的时候切忌挖苦、讽刺他们，要尊重他们的人格，保护他们的自尊心，在学生面前给他们留面子。教师对学生的关心和爱护是多方面、全方位的，既要关心他们的学习，又要关心学生的思想道德，还要关心学生的身体和心理健康。在处理矛盾纠纷时，教师不应有任何偏袒，要以事实为依据，处理要公平，使学生心服口服。

4. 努力提高自我修养，健全人格

教授们需要持续提升自身的素质和完善个性特征以增加其个人魅力的同时也要注重他们的职业成长过程中的自我更新，这是他们实现这一目标的基础步骤之一。为达到这个目的，教员应该遵循四个原则并付诸实践：首先是要确保定期且系统的自省行为以便于理解自己在专业的道路上所处的位置及可能的发展方向；其次是在各种评估工具的支持下明确个人的起始位置有助于更有效率的工作计划制定；然后就是通过记述重要的事件，并且始终坚持对自己工作进展情况有深入思考的方式，使之成为一种常态化的习惯；最后也是最重要的是积极参与到同行的互动中，去分享经验互相学习共同进步，才能让我们的教育教学质量得到进一步优化进而赢得学生的喜爱，让他们更加乐意向我们敞开心扉倾听接受指导，这才是教育的真正价值所在！

（二）营造积极的班级氛围

1. 确定班级目标

目标犹如人生的灯塔，是一个人或集体努力发展的方向和动力。要想建立一个团结向上的班集体，首先应该明确集体奋斗的目标，只有目标明确了，学生才会围绕着目标努力。集体的目标应当由班主任和全体学生共同讨论确定。师生共同制订目标，充分体现了学生的班级主人翁地位，让他们真切地感受到自己的学习进步和见识的增长。集体目标的制订，有利于增强学生的合作意识，让每个学生在集体目标不断实现的过程中体验到成功的喜悦。问题学生之所以比较突出，是因为他们心智尚不成熟，意志力薄弱、自控能力差，学习目的和学习目标不明确。这就需要教师帮助其明确学习目的，制订学习目标，培养其集体荣誉感，从而逐渐地消除其问题，成功转化问题学生。

2. 培养良好班风

问题的出现通常是由于班级环境所影响的。对于青少年来说，他们的价值观和心理发展尚未完全稳定，他们很容易被周围的同学行为所引导。若班级文化健康且充满正能量，同学间友好相处，老师与同学们之间的互动也表现出公平和平等的态度，这将会为学生们创造一个有益于学习的环境，并能激起他们的求知欲望，从而构建一个互相激励、共同进步的学生群体。然而，倘若老师们和学生们的关系紧张，或者存在严重的冲突，缺乏一个舒适和谐的学习环境，那学生就难以专注于学业。所以，作为一名教师，我们需要努力塑造健康的班级气氛，打造一个富有活力和创新精神的学习空间。唯有如此，我们的团队才能够充分发挥它的教育潜力。班主任应该定期召开主题班会来让学生了解学校的规定、纪律、伦理准则等等。同时，也要密切留意学生的思维变化，一旦察觉到潜在的问题，就要立即采取措施予以改正，防止问题的进一步恶化。

3. 创建班级文化

教育者需构建内涵丰满且多样化的学堂风气，以塑造充满活力与协作的学习社区。对学堂文化的建立可分成两部分：一是明显可见的部分，它应该突出学生的核心角色，通过他们的视角去装点教室的环境，全面展示出他们的心境；二是隐藏于内的部分，旨在打造既有积极向上的气氛，又有民主和平等的精神。鼓励学生自我创造属于他们的课堂风格，让他们在一个能反映自身校园生活的地方学习，以此培育他们的亲切感、集体归属感和骄傲之情。

4. 建构班级活动

对于学生的身体与心理成长来说，学校团体活动的贡献是无法被忽略的，这其中包含了团队协作精神的培育。作为一名班主任，应该善于运用假期的活动及体育课程来策划出各种富有创意且多样化的群体行动。在此类活动中，我们应当积极发掘每一个孩子的独特才能，给予他们展现自我的机会。特别需要关注的是那些存在问题的孩子们的才华表现，让他们的个人价值能在团体内得到彰显，从而更有效地融于集体的生活中。这里提到的"班级活动"不仅仅指向课外的互动，也涵盖到教室内的学习环境。在授课的过程中，老师有必要适当安排些有趣的班内活动，以更好的调动课堂氛围，激发出学生的学习热情，提升课堂教育的效果。在挑选活动主题、内容和种类的时候，我们要考虑到它们是否符合社会的现实需求，能否满足并且推动学生的进步，给他们提供了施展自己能力的平台。借助这样的班级管理策略，老师们能够更加有效的应对和解决孩子们可能遇到的问题。

(三) 寻找问题学生闪光点

学生的发育是一个生命的生长过程，它的组成元素非常复杂，无论是老师还是其他人都无法完全理解这个事实。然而，只要他们能准确把握这种观念，就能持续改进自己的教育方法并应对各种挑战，尤其是在处理困难的学生的时候。

显然，学生的进步并非单一方向，不仅限于单纯的学习知识或者体验到情绪上的愉悦感，还包括了对深度理解、创造性的思考方式及提升自我毅力等多层面的发展。若是在孩子的教育过程当中，父母和老师过于关注他们的学习表现，却忽略了其他领域的成长，孩子可能面临心理或精神健康问题的风险。这也就是所谓的"问题儿童"。一旦老师们深入了解并融入孩子们的生活环境时，他们会意识到，实际上，孩子们跟老师一样，有全面发展的需求，他们在实际生活中，并不仅仅是专注于考试成绩或是学科成就，而且也涉及了对外部世界的多元化、深层次的联系。

发展中的问题学生涵盖了多种领域，因此教育者不仅需要关注他们的"问题"部分，还需要努力挖掘他们的优势并激发学习兴趣。由于"喜欢的人才会相信他的话"，这些问题学生通常对老师的关爱与呵护有更大的需求。尽管他们在日常学业中有诸多难题，但是问题的核心并非全然负面，其中也包含着积极的部分。这意味着老师必须能在教导的过程中敏锐察觉到问题学生的潜在亮点，发掘他们的优劣势，并在他们有所突破时立即予以赞扬和正面激励，让他们感受到成功带来的快乐，协助他们建立正确的人生观念、价值理念和生活态度。

在处理学生的问题时，教师不能急于求成，因为过快的进度可能无法达到预期效果。相反，教师应具备充足的信心和耐心，从细微之处开始，逐步有序地改变学生的问题。

## 二、多元评价策略

每个个体的学生都具有多样性和深度，因此在评估他们的时候，我们需要超越单纯的成绩指标，全面考虑他们的道德、智慧、身体、审美和劳动能力等各个方面的表现。如今，重视个体的整体素质已经成为一种趋势，我们要尽力去理解并掌握被评估者的全貌，这包括运用科技进步提升我们评估方法的同时，也要保持对于理想与人文精神的关注。

当代教育评估具有独特的特性，这是一种能有效激发教师和受评者的主动性的方法，旨在推动学生全面成长。这种评估方式不仅仅关注学生对于知识点的理解程度，还强调对他们的智慧、技能、创新精神以及道德品质、美学等多方面的发展状况进行衡量及评估。

评估方式通常可归纳为三大部分。依据其在教育流程中发挥的功能差异，我们可以将其划分为：诊断性的评估、持续性的评估及最终的评估；基于我们使用的方法与评判准则之异同，又可以区分为比较式的评估和定量式评估；最后，按照我们的角色区分，还包括了老师对学生的评估以及学生自身的自评。

在针对问题学生的评价上，起关键作用的应该是教师评价。教师评价是指任课教师与班主任对学生的学习状况与成果进行的各种评价。这种评价除了对比较正式的测验、考查、考试及其成绩评定外，还包括教师在个别指导、咨询、答疑和谈话中，对学生有意识地进行的不拘一格的评价。后一种评价具有广泛性、针对性和直接性。这种评价形式丰富多彩、灵活机动、客观公正，符合学生实际，其实施效果较好。因此，在对问题学生进行评价时，应从多方面着眼，寻找其长处和优点，并对其进行正面肯定和鼓励，培养其自信心。

教师在教学过程中实施多元性的评价，有利于使问题学生在评价过程中不断地认识自我、发展自我、完善自我。在新课程背景下的教学评价要求被评价者从被动接受评价逐步转向主动参与评价。学生自我、同伴、家长、教师、社区都可以参与评价体系或指标的建立过程，也可以直接参与对学生学习成果的评价。学生还可就教师对自己或本小组的学习成果做出的评价发表不同的意见，使评价者能在平等、民主的互动中关注被评价者发展的需要，共同承担促进其发展的职责。同时在相互沟通协商中，增进双方的了解和理解，易于形成积极、友好、平等和民主的评价关系，有利于评价者在评价过程中有效地对评价者的发展过程进行监控和指导，促使其不断改进、获得发展，提升问题学生的学习热情。

我们可以在评估有问题的学生时采用"四级评估法"。首先是由学生本人对自己的学业状况做出自评，并依据评分标准确定级别，以此来发现自身的优势与劣势，从而明确未来的进步目标。其次，可以采取团队评估的方式，让组长引导成员相互评价，这样能让他们从他人的优缺点中认识到自身的长处及短板，并在后续的学习过程中不断提升自我。接下来就是老师们的评价环节，老师们会用积极的话语去描述这些学生近期的行为表现，激励他们在未来取得更好的成绩。最后一步则是邀请家长们加入进来，每个月会对孩子的课后任务和活动给出评价，也可以通过家长开放日的机会对他们的作业和创作成果进行分析，真实记录下孩子们在家里做作业的情况，并且提出期望。这也有助于教师们更全面地掌握学生的日常行为表现，有助于改善那些存在问题的学生的学习习惯。

### 三、制度管理策略

有一个故事：曾经有两个人分别在一条河边定居下来，在离他们不远的地方有一棵苹果树。两个人都想抢先吃到苹果，于是在苹果还没有熟的时候，两个人就你摘一个，我摘一个，结果摘到的都是青苹果。三番五次之后，两个人都发现这不是长久之计，这种情况必须有所改变。于是两个人坐下来，商讨解决的办法，最终达成一项协议，规定双方都必须在苹果成熟之后才能采摘，而且各占50%的份额。这样两人终于吃到熟苹果了。这个故事告诉我们，制度的产生源自限制、约束人们的行为和协调人与人之间关系的需要。它是建立在人性是自私的，必须创设某些规则、制度来加以约束和规范这个假设之上的。

"规章制度是构建规则的基础。"为了创建合理且实际有效的校园管理体系，我们必须制定出合适的规范和规定。就像故事中的两位年轻人一样，他们都在未事先讨论前无法意识到自己的行为边界与自律的重要性。然而，当他们达成共识并设立了相关制度后，每个人都能顺利获得成熟的果实。这表明，有时候仅依靠个人自觉并不足够，还需要借助制度的力量来实施约束，如果有人触犯这些规则，则应该接受适当的处罚。只有这样才能实现完整的教学教育过程。

# 第八章 大学生的教育管理策略

## 第一节 大学生教育管理理念更新

当前,高校的学生教育管理工作既有优势也有压力。在新情势与新难题面前,我们必须让高校的管理人员对社会环境的变化做出新的理解,准确把握全球化、互联网化、数字化的影响如何作用于学生的管理工作,并努力寻找适应新时代背景下的学生管理的创新思维和观念,以确保大学生能在此种环境下获得最大的支持和协助,从而实现他们的全面发展和成功。

高校的教育管理工作观念被视为其培育学生的关键要素和引领全校教育的核心理念,它对其他相关因素有着明显的全面约束力和引导力。在我们研究大学生的心理健康的各种影响因子时,发现在这些因子中,学校的教育环境起到了重要作用。根据目前大学生的心理状况及其影响因素的综合评估,为了提高他们的心理素质,大学的教育管理工作观念需要做出调整。从全国范围内的高校发展的角度看,中国的高等学府正逐渐从扩大招生数量转向增强教学品质的路径上前进,并逐步实现从仅关注学生知识技巧的学习到更注重学生内心潜力挖掘的转型,这种变革过程必须要以教育工作管理的根本改革为起点。

## 一、在新的时代背景下,高等教育机构的学生管理工作所面对的新挑战

**(一)对高等学府教育管理工作的影响,全球化认识和社会主义市场经济的作用**

所谓全局观念是指在一个国际化的环境中逐渐发展并影响着整个世界的统一认识及跨国界的社会进步理念。这一概念正以日益增长的影响力扩散与传播开来。借助互联网技术的推动下,全球一体化已然成为一项实际的发展进程并且其规模之大、深入之处深远且强劲有力而快速地推进了起来。事实上,每个人不仅是一个特定国家的一员,同时还是这个星球上的居民——也就是所谓的"世人一族",无论身处何方发生的突发事件或紧急情况都能瞬间被全世界的人们知晓。年轻人的思维方式也在更广泛的世界观背景之下得到了进一步拓展,特别是在面对来自外国势力的挑战时他们需要应对这些威胁并对他们的价值观产生深刻理解。因此对于高校的管理人员来说,怎样引导大学生既能吸收借鉴到外部的先进知识又能够保持自身独立自主的精神立场就成了亟待解决的问题之一。

由于发展市场的不断进步和完善,中国的社区经济发展结构、组织模式、职业选择、利益以及分配方法变得越来越多样化。这也使大学生思想活跃的独特性、自由度和多样性逐渐提高,同时也对学生管理制度带来了新的挑战。

**(二)在信息化和网络时代,高等教育管理工作面临着巨大的冲击**

随着卫星通讯、数字科技、多媒体及电脑网络等技术的进步,高等教育机构受到了深远的影响。学校的网络化、信息化、智能性和个人化特征打破了传统的教育模式与学校边界的限制,使得知识创造、传输、转换和利用的过程得以加速到前所未有的程度。互联网已然催生出了一种新型的"无墙大学"。在这个以信息化、数码化和个人化为主导的社会背景下,大

学生们拥有了丰富的学习和生活选择，他们的知识来源和资讯获取途径相较于过去的人们更为广泛且高效。

## 二、在新的时代背景下，高等教育机构的学生管理工作应采取全新的策略

### （一）树立"以学生发展为本"的教育价值观

学校的教育观念不仅反映出教学目标与理念，同时也是衡量教育质量的关键因素。高校的教育观代表了大学教导活动的主要价值方向，并影响到大学的培养策略的核心行动。目前存在于大学中的众多问题中，最核心的部分是关于他们的教育观念的问题，这同样涉及学生的心理健康状况。为了满足大学生身心发展的需要，大学应该确立"以学生为中心"的教育观念，以此推动他们的工作管理。在此背景下，"以学生为中心"的教育观念应当理解为其具有三层意义。

1. 学生的"人的价值"是高等教育价值的中心

人类的价值包含了个性和群体两方面的特性。若一个人的价值取决于他的社交成果，那他的全能成长程度就影响了他创新工作的质量，并进一步地影响到了他在社会中的产出。基于此观点，学生自身的价值应与其产生的社会价值保持一致，这就是指学生既可以视为目标也可以看作工具的一种整合。所以，只关注学生个体的重要性而忽略他们自身的发展需求或否定他们的主导权，这种教育的观念是不理解人格自尊和他者及社群利益之间的关系，它会使高校的学生角色丧失，让高校变成"无生"之地，也无法培养出优秀的大学生。目前，很多高校只是表面上宣扬"以人为本"的原则，并未将其深植于内心，形成实际行动。当面临各类考核标准和短期的收益时，这些原则常常会被遗忘，这也成为引发大学生心理问题的原因之一。因此，不论是从哪一方面来看，高校教学活动都应该以学生的个性化发展为核心，即以学生的"人性价值"为主轴，这是高校培养优秀学

子的基本条件和基石，离开了这一点，高校的活动就不可能产生有效的社会价值、经济价值或者文化价值等等。

2. 提高高等教育机构的教学价值是通过增强学生的价值观得来的

人类透过学习获取生存技巧与知识，进而充实并拓展其心灵领域，使得他们的生命更具深意。这显示了教育的重要性在于它能推动个人成长及创新行为的发展设计上；而所有的教学元素也都在这个过程里展现出了自身的价值观。换句话说，大学生的需求被视为高校教导的核心目标之一：他们的心智健康和个人进步的需求是最主要的教育理念表现形式。然而，虽然文化的延续、社区的服务和社会的技术革新确实反映了一部分的高等教育教学质量，但从全局来看，真正能够凸显学校核心使命的是培养人才的能力——即提高个人的品质水平以奠定其他各种成就基础的人才培育能力。如果我们忽视这一重要环节的话，即使我们的教授们写下大量的文章或取得无数科学突破，也不能充分展示学校的本质职责所在（这是舍本逐末的行为），并且违反基本的社会道德准则。

3. 推动个人平衡成长是高校提高学子"人格尊严"的基础条件

高等教育的核心使命在于增强人类的尊严，也就是通过培养大学生来增加他们的个性品质与社会地位。为了达到这一目标，我们需要先让他们的潜力得以充分发挥，然后才能进一步推动他们价值的增长。因此，鼓励学生全方位的发展，这是提升他们自身价值的基础条件。根据教育学的观点来看，学生的全面进步指的是他们在各个方面的能力都有所成长。就像德国的心理学家艾德华斯普朗格说的那样："一个接受过良好教育的人不仅要掌握知识，还要懂得如何运用这些知识创造财富；他应该有审美观，愿意为社区做出贡献，并且深刻地认识生活的真谛。"这就是新的时代对于大学生全面且协调发展的标准，同时也是他们内心深处追求自我完善的需求。所以，只有当大学生具备完整的性格特征时，他们才能产生更大的影响力和吸引力；而一旦他们的社会价值被完全展示出来，那么他们会变得更为自信、积极向上，从而拥有更多的进取精神和坚定的决心。

## （二）确立正确的高等教育伦理实践成果观念

高等教育的存在意义在于它可以根据人类的发展需求和社会发展的自然法则来实施有目标性的、主动的教育行为，以达到推动个体全方位自由进步并培养出高质量创新型人才的目的。高校教育若要充分发挥这两个核心职能，就必须在二者间寻得一种和谐共存的关系，这既是高校教育道德实践效果的核心准则与期望，也构成了确保大学成功推行学生管理工作及培训的基础要素。

### 1. 在高等教育的伦理实践中，个人层面的价值作用应得到展现

高等教育的道德准则是一种指导教育过程中各方关系的道德规则，其设定的行为标准明确了应做之事及方法，引领人们追求"善"的目标，进而推动接受教育者的全方位进步。这种特定的教育领域的内化善恶原则，已然确定了受教者发展的方向与目标，并在开始教学前就规划好期望的结果和道路，以此来安排教育教学过程，使得受教者能够通过这些影响塑造出独特的个性和品德，沿着预期的路线达到个人自由全面的发展，最后成就了一个完全理解人类本性的完人。同时，高等教育的道德准则是高等教育参与者了解内部实质的教育手段，也体现了他们的价值观，指引他们做出关于实际教育活动的价值判断，这对提升个体修养和人格发展有积极意义。

### 2. 在高等教育中，伦理实践应该反映出社会的价值功能

高等教育伦理作为社会伦理系统的一个组成部分，在对象和内容上包含了社会的各个层次和方面，主要是通过受教育的人对社会产生间接导向作用。高等教育的基本功能是培养高素质创新人才，通过培养人才为社会生产服务，为经济发展服务，为政治活动服务，为文化传承服务，等等，实现高等教育的经济价值、政治价值和文化价值，即社会价值，因此，高等教育伦理的社会价值也要最终通过其培养的人去实现，并体现为一种社会功能。高等教育伦理作为调节教育主体教育活动的道德规范和价值精神，其实现自身社会功能的基本路径就是通过优化教育发展和提高受教育者的

整体素质和能力,进而促进社会现代文明的发展。从一定意义上讲,高等教育伦理这一社会功能具有一种特殊的人力资本价值,不但对社会的政治、经济和文化发展发挥着积极作用,而且对个体的自我效能、希望等品质的发展也起着特殊的作用。

高等教育伦理的个人和社会作用是密不可分的两个部分。通过高等学府的教育活动,我们能够实现其个人和社会作用的融合,从而推动这两者的协调发展。

(三)凝练全方位育人的学校育人观

大学生的心理问题在高校的教育中有着诸多触发点,例如:与教员的交流互动所产生的社会支持、激励学生的成功欲望、教授的个性吸引力及教学管理的质量等等,这些都是可能引发学生心理变化的关键要素。所以,建立全面性的培养理念对于提高大学生的管理是至关重要的。尽管许多大学的领导已经意识到全面教育的价值,但在具体实施方法上仍存在不足之处,比如怎样实行全面教育,并利用系统化的全方育人策略来改善大学生的心理状况和总体能力等方面尚未找到合适的解决方案。因此,我们需要继续深化和明晰全面教育的教育观念,让每个部分都能发挥其最大潜力,从而增强全体大学生的综合实力。

1. "全方位"要体现在一个立体的、系统的整体上

高校教育的全过程涉及对大学生心理健康的多种内外部因素,这既涵盖了教导者的主导角色,同时也囊括了环境元素。教育的主导力量包罗万象,它不仅仅局限于老师、生活服务人员及行政工作人员,还包括了学生自己及其父母等等。然而,就起关键性的主导作用而言,主要是由辅导员、教授、学生团体以及家长们所体现出来的。环境因素对于大学生心理发展的影响力巨大,其中包括无形的环境和有形的设施。在此背景下,环境的发展需要依赖于教育主导的力量,而这些力量则以各种形式产生积极的效果,如大学的内部影响因素具有多样化、互动性以及独特性,从而形成了一个与大学生个体内在因素相交互的外部立体体系。这个不断变化的综合

体中，各个影响因子在特定时期或特定的情境下的表现可能有所差异，他们之间的关系可能是正向的或是负面的。所以，全面培养人才就需要充分利用所有要素的协同效应、关联性和积极性，并使之发挥出多元化的效果，而不是把每一个部分孤立起来去看待，期待单一的贡献。

2. "全面性"也表现为对教育的多方面和多元化的影响力与效果

在大学教育的培养阶段，各种潜在的问题可能源自各个方向，形成多维度的情况。然而，对于任何一种情况而言，其效果可能会从不同角度显现出来，这种效应有时会相互推动，也可能彼此抵消，且每种效力的影响力程度并不一致。比如，老师可以利用良好的师生互动来给学生的日常生活带来正向的社会支持，从而对他们的性格塑造起到积极的效果；他们也能发挥自身才能，以个人魅力去感化并影响学生，甚至可以在课程设置与授课方式上下功夫，以此来影响学生的心灵。经过我们的研究，发现在所有教育者的角色里，社会支持是最重要的，它涵盖了父母、老师的社会支持，以及同龄人的社会支持等方面。所以，全面的教育不仅仅是关于教育者角色的多样性和系统的考虑，还应关注到每位教育者所起到的多元化的、复杂性的影响，全面的教育需要深入理解各教育者的教导优点，以便最大限度地发挥其潜力。

3. "全面性"也代表了学校文化的多维度影响

观察高校培养人才的过程时，我们需要站在更高的视角去理解全面的人才培育工作中的某一环节——那就是学校文化的角色及其如何同其他的教育参与者共同协作以实现这一目标。然而，如果仅看学校的文化和它的组成部分（包括理念体系及实际操作）的话，我们会发现这是一种多维度的网状系统：既有精神层面的内容也有实质性的元素存在于其中，例如校规管理模式、学风营造、团体互动形式和社会生活空间等方面都是这个系统的有机成分。它们之间会产生协同效应并形成一种统一体来推动整个人的发展进程中起关键引导功能。在价值观层面上有些东西可能被规则所反映出来或者表现为实际行动或是在长期的历史沉淀下得以彰显；而在具体实践的部分则可能是一些具体的物理场所或是学习设备等方式呈现出来的结果。无论哪种情况都会用自己独特的方式对其学生的思维状态和观念态度施加一定的影响力，并且这种力量大小可能会因为受众个体特征差异的影响而有所变化，同时也受到实施手段强弱程度的变化从而发生相应调整。所以对于高教机构来说不仅应该考虑到各类要素的具体运作机制，还要充分认识到每个特定的学生群体的内在特性，以便更好地开展相关的工作。

### （四）创新高等院校生涯教育观

大学生的基本能力和生涯规划能力是他们必须掌握的技能，这是他们在开始人生道路时所必需的基石，也是他们达到全面成长的关键因素。高校生涯管理的目的是协助学生制定他们的未来计划，并提高他们的生涯规划技巧，这包括对个人实施一连串的影响行为，以推动他们的决策过程，从而增强他们的生涯规划能力，让他们可以更有效的安排自己的人生轨迹，主动挖掘自身的潜力，以此为未来的生活打下坚实的能力根基。然而，中国的大学在这一领域的发展相对滞后，大部分学校的生涯教育主要关注就业与职业规划，缺乏具有中国特色的高校生涯管理思想体系，并且目前我们的高校生涯管理还面临着一些挑战，无法满足大学生生涯发展的需求。所以，我们有必要在学校的学生心理健康的维护及提升中，更新传统的生涯教育思维，建立起生涯管理意识，加强校园内的生涯工作。

**1. 主要的职责是培养大学生的职业规划能力，这就是高等教育机构的职业生涯管理**

高校生活管理指的是针对高校人才培育的目标，为了满足学生的个人全方面成长的需求而开展的学生生涯管理的指导与监督活动。它的核心职责在于塑造学生的生涯规划技巧，包括以下几个部分：首先，它致力于提高学生的生涯探寻和自我运营的能力，让他们更准确理解自己的优势和劣势，接受自身，有明确的生涯进步欲望，清楚地预见他们的职业前景，深入了解相关的行业状况和趋势，不断丰富专业知识，增强职业技能，寻找发掘自身的潜力路径等；其次，它旨在训练学生的生涯决定力，教会他们如何设立合适的生涯目标并在必要的时候适时修改之，如何选择适合自己的职业道路和未来职业范畴，当面临选择困境时，可以客观理性分析问题并做出明智的选择；最后，它还关注于提升学生的生涯实践和监测能力，让学生能在实行计划的过程中运用有效的日程安排、构建良好的社交网络、灵活应对环境变迁、创新解决困难等问题，确保计划顺利推进，及时修正不当计划，并且对于自身存在的不足之处采取积极的态度加以改进，以便更好地适应生涯发展带来的新的挑战。

2. 利用"人生道路管理"的基本思想来引导学生制定他们的职业发展计划

对于大学生的职业道路而言，他们正在经历寻找未来的职业并对其进行探究的过程。仅依靠个人经验与才能来准确地定位他们的职业生涯是困难的，并且需要合理的规划。通过高校实施职业规划辅导，能够协助学生更深入理解自身的爱好、职业倾向、潜在能力和职业品质等方面，以便他们在早期就确立了职业发展的目标和路线，进而适时优化专业的学习内容，填补实际操作能力的空缺，提升职业整体实力及求职竞争力。所以，我们必须摒弃将职业咨询视为只是解决就业问题或是增加就业率的错误认知，丰富就业指导工作的深度，转换就业指导的工作思维方式，让就业指导的核心转移到学生的职业规划辅导上来，持续激起学生关于职业规划的自觉意识，引领和辅助学生挑选出适合自身职业生涯的发展途径，以此达到满足学生期待的社会贡献的目标。

3. 全面的指导对于高等教育机构来说，是生涯管理

全面的高等教育生活管理是基于职业咨询的基础性的全领域引导，其关键点在于融合个人的成长目标、校内的全部教导流程以及国家及市场的需求对于人力的期望三者之间。大学生的生命历程管理则是一种旨在提升人生道路设计能力的培训课程和辅导项目，它可以通过制定规则、设定方案、实施教育行为以及构建教师团队等方式在学校内产生影响力。比如，高校可以让专业课老师把关于学生未来发展的理解、他们的职业观念等等

相关信息纳入授课主题里，也可以让导师们把人生的规划因素融进社交实践和社会活动的环节当中，从而无形之中提高他们的人生路径设计的思维能力和技巧。

4. 关注大学生涯管理的理论探讨

近几年来，国内高等院校为了适应社会对高等教育人才培养的需要，推动高等院校毕业生就业制度改革，纷纷开始了校园生涯管理的探索。但各高等院校的职业指导工作无论是实践层面还是理论层面，多数是对国外一些经验的复制和套用，还没有真正从个体全面发展的角度开展大学生涯管理，还需要系统开展职业规划辅导和生涯发展管理研究，需要开展高等院校生涯管理模式、职业心理测试量、就业评价体系等理论层面的探索，建立本土化的生涯发展理论体系。只有开展扎实的理论研究才能为高等院校生涯管理实践提供依据并指明方向。

（五）树立科学的生命意识教育观

生命的观念是对自身和其他生物存在的价值观的感知和领悟。拥有健康生命观的人们会珍视并尊重他们的生命，对待他们自身的生存和他人也是如此，并且对于生命及其关联有正确的理解和掌握。他们可以恰当地了解、解读和控制自我的生命价值，从而塑造出完整的个性特征。高校中关于生命教育的主要目标在于让学生建立优秀的生命伦理素质，让他们明白如何去处理个人生命和社会生态之间的联系，以达到各类关系的平衡协调，这样他们在寻求最大化生命价值的同时也能过上更加充实的生活，这有利于个人的全方位均衡成长。所以，高校中的生命教育的关键部分应该致力于激发学生的生命伦理精神。

人的社会属性决定了其在正常生活中时时刻刻都要与自己、他人、社会环境发生各种各样的关系，在这些互动关系中，每一个人都承担着对自己、对他人和对社会的各种责任。在这些责任当中，个体对自己、对他人及对人类生命的责任是最基本、最重要的，也是生命道德的基本要求。对生命的责任意识是生命道德的基本内容，生命道德是调整人与自己生命、他人生命、人类生命以及终极理想之间关系的道德。生命道德源于人对生命的关注，是人们对待生命的德行品质，是调节人们有关生命行为的特殊规范的总和。生命道德的意义在于追求生命神圣、生命质量和生命社会价值的和谐统一，是指导个人处理与自己生命、与他人生命、与人类生命以及与精神生命之间关系的行为规范。生命道德是人的生命关系的应然，心理健康是人的关系世界的实然反映，回归到人的生活世界，两者在本质上具有统一性，都是为了追求人与自我、人与自然、人与社会及人与精神信仰的和谐关系。这种"关系性"上的统一性，使得生命道德成了影响大学生心理健康的重要因素。通过倡导正向的生活理念可以引领学生克服生活上的挑战并消除负面心态；而他们的正面行动也能激发他们产生乐观的心情和社会的支持及成功的感觉。优秀的品德修养对学生的健康生长有很大的益处：它不仅解决了他们在人生道路上遇到的发展难题，而且还能增强其自尊心与满足度。所以，培养出优秀的学生是推动我们教育事业发展的关键所在！

## 第二节 大学生教育管理方法创新

针对当前大学生的精神卫生状况和所面临的精神困扰，高校应该根据实际情况来寻找能促进他们身心健康的教学策略。对于提升大学生教育的有效方式来说，我们需要坚持以思想观念的引领为基础，同时兼顾行动的管理；全面推动的同时也要注意到个体间的差异；并把理论的研究和实务的创新结合起来。

### 一、突出生命价值取向的建构

个体对于生命的态度是他们建立自己和他人的生活方式及与自然的联

系的基本要素，这会深刻地影响他们的个性特质塑造、社交互动模式以及核心价值观的确定等等。所以，大学阶段的教育应该更加关注学生们关于生命价值的态度建设，以促进他们在心理层面的成长进步。

（一）培养正确的生命意识

部分大学生之所以对来自自身的影响因素敏感性不高，主要是他们获得了家庭和社会的过多关注和关爱，个体缺乏对生命关系和生命价值的真正思考，缺少来自内部的自觉意识。生命意识是人对生命存在和生命价值的认知与感悟，是人在对生命存在的认识和理解的基础上，通过实践活动追求生命关系和谐、生命社会价值延续的自觉意识。大学生具备正确的生命意识，更有利于清晰定位人生目标，明确生涯发展目标，进而在实现生命社会价值的过程中，实现自身全面发展。因此，高等院校要强化大学生的生命意识教育，培养他们正确的生命意识，具体应从四个方面把握。

首先，指导大学生建立对所有生命的珍视。

人性的核心并非独立于社会的抽象概念，而是所有社交关系之综合体现。对生命的尊重不仅仅是对自身存在的维护及权益的需求，更是我们作为社群成员的责任和共存的基本准则。这意味着我们要保护自己的生命，同时也去关心他人的生活。那些忽视他人福祉的人也无法正确地认识自己生命的重要性及其价值所在。

我们无法期待拥有卓越品德和人际关系能力。对于重视生活的教学应包含个体及他人的权益平衡训练。"人们相互交往并提供支持；当有人生病时给予照顾——这样就能使人民相亲近友好"，人类之间的互动需要基于彼此间的关心、尊敬和平等对待来实现真正的价值感知的提升和生活质量改善。如果每个人都能理解到他们对他者的影响力和他者对自己的重要意义的话，那么就能够更加深刻地感受到自己和其他生物存在的独特性和不可替代的重要性了。因此，教育的核心任务就是让孩子们意识到他们的存在是有其独特的使命感的（即保护自己的同时也关注其他人和环境），让他们明白如何通过积极的方式处理生活中的困难问题以达到更好的结果而不是消极逃避或放弃希望。

(二) 培养大学生对生命的责任意识

人类的社会属性特征使得我们在日常生活里，必然会涉及自我、其他人和社会的关系，每个人都需为自己的角色、他人的权益和他者的生存负责。这当中，对自己的义务、对他人的关爱以及其他生物的责任最为基础且关键，这是道德的核心准则。对于生命的重视程度反映出生命伦理学的核心思想，也构成了个人社会责任感的基石和根源。大学生的生命伦理学责任感缺乏的现象是由多种因素共同作用的结果，主要包括两个方面的因素：首先是学校的教学缺陷或不足。长期以来，大学的生命伦理学教育深受传统的道德教育理念所影响，课程内容过分理想化，忽略了个体的需求和利益，教学过程中缺少有效的互动，显得较为刻板，未能构建完整的系统，实际效果有限。其次，社会的负面效应也不容忽视。现今社会的一些错误认知和不良风气可能会对人们的行为模式、价值观、思考方式等方面产生干扰，如贪婪、损害别人来谋取自身利益、唯物主义盛行等等，这些问题仍然普遍存在于我们的社会之中。因此，我们仍需努力营造一种更加注重人文关怀、珍视生命、寻找人生真谛、提高生命质量的积极的社会氛围。

(三) 鼓励学生积极寻找生命的含义和价值

人生的价值具有重要性，它构成了我们生存的基本条件和社会基础。对于生活目标和生命的社会价值的寻求，被视为生命价值的最深层次表现。生命教育的任务在于引领大学生摆脱对外部因素、利益导向及物质主义的目的过分依赖，鼓励他们主动探寻生活的真谛并尽力提高自身的生命价值。这不仅仅是指个人的生命意义，还包含了关于我们在宇宙中的定位以及对人类"类生命"性质的深度反思，这两者之间有着紧密的关系。所以，探讨生命含义和提升其价值的教育需要涵盖三个主要领域：首先是对生命价值的创新塑造；其次是在实践过程中感受生命价值的重要性；最后则是指导学生如何平衡自身个体的价值观和社会价值观，以达到生命价值最完美的呈现方式。作为一种社会关系的存在体，人是所有社会联系的集合，也是地球社区的一部分，通过扩大他们的生命视角至全社会、全球乃至宇宙，让他们的人格与社会、其他人或物以及大自然相互融合，才能真正展现出生命的最大价值。

### （四）帮助学生设定科学且合理的职务目标

人生的目的在于通过坚定地朝着自己设定的目标而努力拼搏的过程之中体现出来，这些日常生活中展现出乐观心态且拥有强烈的自我认同感及成功感受的学生，正是那些有着清晰的目标并且始终向前推进的人群。其中，关于生命教育的核心部分是指导学生设定正确的生涯目标，同时激励他们在充满满足感的活动里感受到生活的深意，从而实现其存在的价值。大学生的生涯目标不仅符合社会的需要，同时也契合他们的兴趣、喜好和个人理想，这包含了长期和短期的发展方向，从人生设计到个性塑造，都是一种全面平衡、可持续进步、雄心勃勃的目标。

### （五）创新生命道德教育

高等院校生命道德教育在传统道德教育思维方式的长期影响下，教育内容过于理想化、抽象化，教育目标脱离个人客观实际需要和利益，教育过程呆板僵化，互动不够，没有形成完整体系，实效性较差。创新大学生生命道德培养路径应注意把握三个方面内容。

第一，加强对"个体"的关注。强调个人品行修养的生命伦理教化，要求构筑全面性的道德教学框架以激发学生的主观能动性和个性特征。传统道德教育侧重宣扬社群或者团体的益处，"无私""忘我"的精神被赞赏，而对于个体自身的道德独立性、生命的尊严及自身权益的合理性则未予充分关切和适当尊重。在实际生活中，人们不仅是个体也具有社交属性，每个个体都是由其他人的存在所构成，其成长只能通过和其他人的互动来完成。每个人都需要为自己的利益着想，这意味着他们必须去做有益于他们的同伴的事，这些人是他们在社区中的伙伴，如家庭成员、朋友、同事等等。此时的私人利益已不再仅仅指向"自我主义"，因为作为一个个体，我的意义不仅仅局限于我自己,还涵盖了别人的利益,这个"大我"与纯粹的"小我"紧密相连,并非孤立、抽象且排斥他者的。所以,大学阶段实施生命伦理教育的重点不仅仅是培养利他的精神,而且应当更加关注"个体",即个体生命价值和权利在生命伦理教育过程中也需要得到同等程度的重视。

第二,开展生命叙事活动。所谓的"生命的故事分享行为",即为阐述自我生平历程的行为方式。这是一种描述个体的生存状态及其发展进程中所积累起来的对于生活的感知、体会、探索的方式方法;其中包含了他们自身的生涯轨迹、日常琐碎事件和生活目标设定等等内容的同时,还涵盖了他人的类似情况下的反应模式和个人价值观取向等方面内容的领悟程度。这种交流形式能够直观地反映出个人的或者他人的关于生活中重大事情的发生经过、内心感情波动状况、心理变化趋势等情况的变化规律,并且能重新唤起那些曾经经历过的事情带给他们的记忆深处的感动之情,同时也能激发他们在面对生活中的挑战时产生的勇气感和自信心,进一步增强其对自己的未来发展的信心度,同时也让他们更加明确如何去对待自身的人生道路选择问题以达到更好的效果。

第三,加强生态道德教育。自然的栖息地构成了所有生物的生活基础,而对生态系统的珍视及环保意识的需求也成为人类持续发展的关键因素。高校应当通过以下几个途径强化学生的生态道德观念:首先,我们需培养学生尊重大自然、爱护生态的美学情怀;其次,我们要激发他们关注生命、友善对待生命的道义感;最后,我们要倡导他们传承勤俭节约的精神品质。

## 二、突出大爱精神对学校文化的指引作用

高等院校大爱精神是高等院校广大师生在生活中表现出来的对自己、对他人、对国家和民族前途与命运的自觉关注、高度负责和无私奉献的精神,是高等院校文化的核心、本质内涵,是指导高等院校各种办学活动的核心精

神，是大学生成长的动力和发展的精神源泉，是大学生感受人间大爱，提升领悟社会支持的巨大财富，是大学生培养积极人格品质的最好资源。

**（一）在课堂教学中培养大爱精神**

作为主要的教育场所，大学教室肩负着传播大爱理念的重要责任。在此过程中，教育者需要关注对学科知识的学习，同时也要深入到爱国主义、民族自豪感、对他人的关爱、自我价值实现、无私付出及勇敢承担的责任感的培养之中。他们应努力使这些价值观和大爱观念紧密融合于课程设计当中，并通过这种方式逐渐渗透进学生的思想里，让他们能够深刻理解并且接受大爱的核心内涵。

**（二）在学术活动中培养大爱精神**

高级别的实践行为就是学术活动。在学校里，科学探索具有其特定的规则和原则，其中最基本的就是真实、实际与创新。这些在科学探究过程中产生的对于真相的渴望、广泛接受的态度被视为是对知识的敬畏、对科学的热爱的伟大之爱，这将会深远的影响到所有参与科学研究的人员，并逐步塑造他们的伟大的爱心观念。所以，通过学术活动来发展我们的伟大之爱，意味着我们需要遵从科学研究的发展法则，尊崇严谨、真实的理念，注重实用性和创新力。同时，我们也应该关心科学家们的工作，为我们提供一个开放且包容的研究氛围。在科学研究领域所展示出的对真相的执着、广泛接纳的态度，不仅是高校教育中伟大之爱的表现形式，也成为推动高校学术创新的关键因素，这对提升学生的创新能力及创新精神起到了关键作用。

**（三）将大爱精神融入制度文化建设**

大学应该在大爱的观念上深入到学校的规则构建里去，努力推行"人文主义"的治理方式，并鼓励教职员工和学生们全面地参与决策过程以促进校内管理的高效性和科学性。让大爱思想渗透进学校的规定文化建设当中，意味着要把这种价值观同学校的各种条例有效融合，使得这些条款充满了学校对于老师和学生的关心和尊敬，利用其"人性化"的功能调整人们的权益关系，约束他们的行动，用它增强学生自主学习和自我管理的意识，让他们自觉地把自己的成功和个人利益与学校的进步紧紧相连，营造出一种师生之间相互信任和关爱的环境。

### （四）将大爱精神融入高等院校教师行为文化建设

目前阶段，大学校园内的主要任务是强化教职员工的标准行动模式，并实施有效的教育工作者职业素养提升计划。根据教育部发布的"构建完善的教育工作者的价值观体系的长远规划"，学校需要推动全体老师去追求党与人民的认可度及信任度的优秀教学者角色；他们应当具备坚定的社会主义信仰理念、崇高的伦理观念、深厚的知识储备，并且拥有关爱他人的善良之心。这对于大学的教育教学团队的发展带来了更高级别的挑战需求。所以当执行这个政策的时候，我们必须关注到老师们严肃认真勤奋的工作态度，让他们的大爱情怀能够渗透进每一个动作中，来影响周围的人们产生正面的效果，从而激励更多的师生向这些模范人物学习，以达到更好的发展状态影响。

### （五）将大爱的精神融入高等教育机构的环境文化建设中

优质的环境文化可以深化教师和学生们对于生活美好的体验，增强他们对"美"和"爱"的认识及接受度，同时也有利于推动大学中的博爱理念的发展和延续。所以，在高校构建基础设施时，应把这种博大的爱心融入自身的教育模式之中，利用其独特的吸引力和感召力来激起教职工的爱校激情，培养出热爱自然、热衷于学校、关爱他人的、追求科学的精神品质。比如，某些大学的图书馆内部装饰以科技发展的象征为主题，通过精美的浮雕艺术展现科技如何助力人类前进；有些大学则选择采用古典建筑的设计风格作为入口，既展示了浓厚的民族气息，又成功地传递了民族的历史文化和优良传统。这些都是在校园建设过程中融合博爱思想的具体实践。

## 三、强调理论研究在推动教育管理创新方面的作用

对于当前大学生心理问题的现状，高等教育机构应该主要进行积极的

心理教育研究和生涯管理理论研究，以此来提升高校的心理教育和生涯管理水平。

（一）开展积极心理教育研究

近些年，一些中国专家已经开始把积极心理学理念延伸到如大学思政课、心理辅导课程等更具实操性的学科中去，这为高校积极心理学的理论研究及实际操作提供了新的视角。比如，有些专家正在研究如何将积极心理学融入大学生的思想政治教学当中；还有些专家则深入剖析了为什么需要结合积极心理学来开展大学的心理健康教育工作，并给出了具体的实施方案和策略。

尽管如此，目前高校对大学生的心理问题所做的理论探讨及实际应用仍存在诸多不足之处，这包括一些尚需改进和解答的问题，以及需要填补的研究空白。首先，高等教育机构并未构建出一整套适用于引导高校开展积极心理教育的完备理论架构，对于如何实施积极心理教育也未制定出任何有效的方法或策略，现有的研究手段和技巧急需融合并提升，而其研究主题和范围则应扩大和深入。其次，基于中国文化的本地化研究还需要加深。所以，我们必须认识到，中国的高校积极心理教育研究仍然具有很长的路要走，不仅需要构建完整的且有效的理论结构，还要扩展研究范畴，创新并提高现有研究技能，同时也要使其与传统的心理教育相协调发展，并在高等教育环境下推进积极心理教育的地方化研究。

（二）加速本土化创新的大学生职业发展理论和职业指导技术

当前中国大学生的职业指导主要是基于外国的相关概念及技巧展开的研究活动，这些来自海外的相关理念及其方法，对国内的高等教育机构实施此类服务起到了积极的影响，并提供有价值的学习参考资料。但是，怎样更有效地运用海外的方法来推动高校在中国环境下的就业规划管理工作？同时怎样在此基础上探索出适合中国特色的教育模式、建立符合实际需求的中国化的发展观念体系及相关技能培训机制呢？这正是我们需要深入探讨的问题所在。

为了让国内与国际的价值理念能够融合并相互促进，我们必须考虑到文化传统及历史背景对人们思考模式和心理反应产生的重要影响。就价值导向而言，某些国家的重点在于个人利益和个人成就，这反映了强烈的个人主义倾向；然而，中国的传统文化则更注重团体的重要性，主张个人应该为团队服务，并且以团体的价值为中心来构建其价值观。如果我们在高校职业规划过程中过于重视群体和全体，忽略了个人的需求和个性发展的空间，那么这种做法会抑制学生的积极性和创造力，从而降低高校职业规划的效果，这也违背了当今高等教育的改革趋势。但若全盘接受外国的理论框架，可能会导致水土不服的情况出现，使得学生陷入价值观困惑之中，进而阻碍这些理论在国内的实践运用和有效实施，最终偏离了人才培养的目标和路径。所以，如何在引入西方职业发展理论和方法的过程中，实现国内外价值理念的和谐统一，成为目前我国职业发展理论和方法本地化的主要课题。

构建针对大学生的本地化职业发展评价体系。有效的职业发展计划的关键在于对自我的准确理解与认知，而这种理解与认知可以通过专业的且符合中国人文化及心理特性的职业发展测试来实现。为了更好地满足这一需求，我们需要建立一套专门为中国学生量身定制的专业职业评测系统。这包括两个步骤：首先，我们要招聘并培养一批具备专业技能的人才，确保整个评测流程的标准性和结果解析的合理性；其次，我们要研发出一套科学严谨并且完备的评测工具，以此保障评测数据的真实性及其可靠性。对于本地化职业发展的评测工具的创建来说，这是个关键又复杂的过程，它需要我们充分考虑中国的大学生自身的心理特性和社会职业环境的特点，同时也需兼顾实用性、专业性和成本效益三者的平衡。

## 第三节　大学生教育管理途径拓展

对于大学生心理健康成长的需求，高等教育机构应该进一步扩展其教育管理方式。从提升大学生积极的精神特质、培养他们的职业规划技巧，以及建立来自家庭和同龄人的社交支持体系等多个角度出发，为大学生自身的心理健康成长提供优良环境。

### 一、开展积极心理教育

目前，大部分中国的高校都聚焦于推广心理健康的常识、处理学生的心理难题及防止学生出现心理危机上，同时也将减轻一些学生的心理困扰与避免产生新的心理问题视为首要目标，而忽略了对人潜在能力的挖掘和个体的积极性格塑造这一重要职责。他们只关注极少一部分存在心理问题的学生。因此，我们建议大学应大力度推进积极心理学教育，以推动大学生们积极性格的培育和潜力的发展。

（一）构建积极心理教育课程体系

应该以积极心理学为指引，对大学的心理教育课程进行改革，包括目标设定、内容构成、教学手段和效果评估等方面。

教学目的应该侧重于个人成长。心理健康教育的目标应当从主要处理一部分学生所遇到的困难转变为全面关心所有学生的正面性格发展。依据积极心理学原理，心理健康的受众群体涵盖了所有的学生，因此设置的教育目标需要考虑心理问题的防范措施、对负面心理行为的纠正及对积极个性特质的培养。核心在于突显出心理健康教育的进步性质，并需明确如何更有效地改善学生的心理素质以及挖掘他们的潜在才能，如塑造他们积极的心态、激发他们的热情、增强自信心、提高创新能力和管理情绪的能力等等。

这些都属于具体的技能和潜力，例如创意、观察力和情感调控等方面。

教学内容需结合个人成长的需求来制定。目前高校中的心理辅导课程主要从大学生的常见心理困扰及其防治入手，重点讲解了心理问题的表现形式、原因以及对应的预防和调整方法，强调了基础心理学原理、个人的心理运作模式、心理问题产生的根源及处理策略等，这使得课程更偏向于科学性和知识性，而非贴近学生的现实需要或关心焦点，尤其是在满足他们的心灵健康发展的需求方面存在较大的距离。因此，基于积极心理学视角的心理教育应该更加注重融合学生的全方位自主发展中去，并与他们的积极性格塑造相互关联，把心理学理念和生活实践有效地联系起来，从而激发和增强大学生个体的积极特质和团队精神，进而实现推动大学生个体和集体心理优势的发展和提升的目标。根据中国学者的研究成果，孟万金等人经过深入分析时间的维度（过去、现在、未来）、行动方式（日常生活、学业、工作、社交等方面）和人际关系的方向（针对他人、事物、自身）之后，确定了14种最适合在学校实施积极心理教育的主题，这些主题涵盖了如何提升主观幸福感和生活满意度，挖掘潜在的心理能量，充分发挥智商上的优势，改进学习效率，强化自我控制力，扩大专注度的享受，培养创造力和情商管理能力，建立良好的社会交往环境，掌握有效的抗压手段，保持积极的心态，确立自己的价值观念和信心，构建完整的积极个性。

教导方式需多元化。积极心理学强烈关注经验对于教育的意义，并坚信最有效的塑造积极性格的方法是让人们在教育和生活环境中经历积极的情绪感受、思维理解等等心理历程。所以，大学心理教育课需要添加更多的实践元素，引导学生去体会过去、现在及未来积极的情绪感触和思考认识，从而让他们深入理解美好的愿景，并在这个过程中培育他们的内生动力，激发出他们的工作热情和创新精神，最终推动他们积极个性的构建和成长。大学心理教育课程必须紧密连接理论和现实，强调把知识传授、实践操作和心智锻炼融合在一起的教育模式，并且在授课时要注意把知识讲解、行动练习、心理体验等步骤有效地衔接起来，依据教学主题灵巧运用知识讲述、团队培训、案例解析、生活故事、心理场景戏剧、集体指导等方式，拓宽学生的内心体验范围，使得他们在体验中学会、感知，以便他们能够熟练掌握调节自我心态和发掘自身潜力技巧。除了课堂上的教授之外，大学也应当把心理教育延伸至日常生活的各个方面，生活中的积极事件的体验和反思，可以增强学生的积极感情意识和深度参与的效果，这有助于学生积极个性特征的建立和完善。

对于教育的成效评定应该多样化。由于人类的心智特质是内在且复杂的个体属性，难以以明确的标准去度量。同样的，心理教育课的效果也有其内在性、抽象性和个性化的特性，使得我们不能仅依赖单一固定的评估系统对其做出有效的判断。所以，我们在实施积极心理学教育时，需要保持关注进步与进程，并采取多维度的、灵活的评估方法。这其中应当包含基础知识的理解程度、学生的积极心态的发展变化状况以及他们应对问题能力的提高水平等方面。同时，我们要着重于观察课程如何推动学习者的全方面成长，并且看重评估的过程性和环境因素，以便更准确地揭示出学生们的积极心智素质的改善状态及潜在能量的释放或者激活等情况。

（二）开展发展性心理辅导

鉴于大学生的身心健康的进步要求及制约要素，高校的精神援助应从现有的主要关注问题性和应对性的精神支援转变为更注重发展的方向上。这种新的方式被称为"发展型心灵指导"，它基于个人心智发育的基本规则及其特性，来提供协助并推动他们实现自己的全面的心灵成熟过程；这有助于让他们更好的理解自己、接受自我的价值并且调整自身的情感状态，从而达到更加完美的人类性格特质的发展目标和社会能力的提高水平。其核心工作是针对个人的自觉认知程度、感情调控力、毅力和社交技巧等方面的训练，旨在塑造良好的心态和人品素质的同时增强对社会的融入度和个人独立生活能力和团队合作的能力。

在大学生的个人进步历程里，他们的正面性格特征主要依靠内外部环境对他们已有的实际技能和未发掘的能力的激活及增强而塑造。一旦他们在学习和生活中，持续地发现并加强了自身的某项实际才能或是潜力，这种过程就会逐步演变成一种生活方式，从而形成了那些基于此种才华和潜力的人格特性或者是得到进一步的发展。所以，高校心理咨询需要以积极人格理念为指导，根据每位受助者的具体情况，唤醒并提升他们的部分实际能力和隐藏能力，抑或是协助他们自己去挖掘和提高一些实际能力和潜在能力，以此推动他们的一些正向心理素质的生成和完善。而在心理咨询的过程中，鼓励学生经历积极的心情和感情体验是最有效的手段之一，可以有效地助力他们自身去激发生成和增强自己的某些实际能力和潜在能力。

## 二、加强高等院校生涯管理工作

高校的职业发展工作对学生的心理健康状况有直接的影响，同时也会受到学生自我管理能力的反馈。为了更好地满足大学生身心健康的需求，我们必须继续优化并扩大其职业规划的能力。因此，对于高校的职业发展服务来说，除了明确正确的理念和策略外，还需要探索新的方法来提高他们的职业规划水平。

### （一）确立正确的工作指导思想

观察当前的社会对于人才的需求趋势，高校的职业发展管理实际上是对学生的技能教育与培训，其主要职责和核心的目标在于塑造并提高大学生们的职业规划技巧。加强高校的职业发展管理需要积极吸收中华文化的精华，深入理解马克思主义的人类全方面成长理念，确立以全程性和多维度为基础的职业发展管理观念。所以，建立高校的职业发展管理系统应遵循以下四项准则：

1.我们需要坚守并融合国内外的优秀观念，同时也要从我们的文化底蕴汲取智慧

虽然国外的职业成长理论在中国被广泛应用了很长时间，并且学界也

在这项本地化的研究工作中有所建树，但当面临着经济转型的关键时刻及高校毕业生就业问题的严峻挑战时，现有的成就似乎无法有效地解决问题。所以，怎样创建一套符合中国特色的高校职业发展教学系统成为人们思考的新焦点。为了达到这个目标，我们必须兼顾对外国先进理念的学习吸收和国内文化的精髓传承，这样才能形成具有地方特色的高等学校职业发展理论，进而推动针对中国大学生的职业工作。具体来说，这包括以下几个方面：第一，强调品行修养的重要性，即在职业规划与管理的过程中，首先要培养学生的道德品质和人格魅力；第二，要在大学生个人的职业规划里融入人类与自然共生共融的思维方式；第三，指导学生在制定职业计划的时候要坚持以自我价值和社会责任相协调的方式来考虑；第四，教导他们正确理解失败，让他们明白人生的成功并非总是追求卓越，有时也需要懂得适时的妥协和灵活应对；第五，要把职业管理与人文素养、世界观和价值观的教育紧密联系在一起，充分发挥传统教育的优势。

**2. 遵循着以满足社会需求和个人进步的需求并重的原则**

高等教育的角色不仅在于提供社会服务的责任，还包含了对个体的培养。我们应该努力平衡这两种需求，即满足国家的经济发展要求及文化的提升，同时也要兼顾个人的成长和事业的发展。然而，对于这种多元化的职责，人们的看法可能因不同的环境因素或认知角度产生变化。比如，某些高校曾误解生涯规划就是教授学生寻找合适的工作或者教导他们怎样更好地服务社会，这使得学校的生涯管理过于注重短期效益，忽略了个人的独特性和自我发展。因此，我们必须从中汲取经验，让学生的生涯规划能够融入国家和社区的长远目标之中，既能照顾到他们的特殊需求，又能保持社会的主流观念作为指导方向。这样可以防止过分追求眼前的利益，确保生涯管理的有效性。

**3. 遵循着持续性和分段性的原则，同时注重整体性和焦点问题**

大学生的职业生活管理涵盖了他们在学校及毕业后可能面临的所有职务和身份。所以，大学的职业生活管理是一个全方位的教育指导框架，它应基于学生的成长发育实际状况，并依据他们的各个时期的心智变化和生活需求来设定合适的教学目标，执行适当的教导任务，逐步推动学生自我管理和计划自己的人生道路。在学校实施职业生活管理时，不仅应该为每一种类型的学生设立长期的学习目标，也应当为其在校期内的每一个阶段设置明确的目标；除了对各种职业生活的相关方面提供广阔的支持外，还需按照不同的阶段要求给予特定的支持。唯有通过这种方式，才能使学校的职业生活管理工作达到预期的效果。

4.遵循整合式教育和个人化教学相融合的基本原则

大学生的职业成长不仅涉及共同的问题，而且也有个人特有的挑战。所以，高校对学生的职业规划需要同时关注公共性和私人性的需求。执行时，应以团体常见的职业发展难题为基础开展全面的教育活动，例如课程讲解、专场研讨会或者班级讨论等等。而对于每个个人的独特职业困惑，除了团队式的支持之外，还需要重视单独的咨询服务，理解并尊重每个人的不同之处。独立的辅导应当深入了解每个人独特的性格特征，根据他们的实际状况提供相应的建议和指导，协助他们发掘自身的优势能力，挖掘潜在潜力，引领他们找到适合自己发展的方向，让每一个人都能够在这个方面获得最大的进步。

（二）拓展高等院校生涯管理实施的途径

单一的职业规划执行方法及操作模式是导致目前中国高校职业教育成果有限的关键因素之一。所以，为了提升其影响力和效率，大学必须采取多种策略来推进职业教育，如构建职业成长课程系统、优化学校氛围营造、提供专业的辅导与建议服务、利用校友网络等手段，从而实现全面覆盖并产生最大效益。

1.生涯发展规划指导课程

设立大学生职业发展指导课程的目标是引领他们掌握职业规划的知识和技巧，帮助他们确定自己未来的职业发展路径，并协助他们策划和规划人生道路。现阶段我国的大学生职业发展指导课程主要有五个任务：

（1）我们需要准确理解自身的教育过程

大学生的生命历程规划辅导课主要是阐述关于个人探究的理论和技巧，以引领他们更深层次地理解他们的能力和偏好、爱好、个性和其他相关情况，并理性评估、确定他们的生活目标、职业理想和生活路径等等。这种结合学生的内在感知和外部评判（如学校的教员、同窗）的方法有助于让他们更加理智且全方位地审视自己。而这个基础来自于学生对自己状态和他人的价值观有深度的理解，所以，自我意识的教育成为这门课程的核心部分。

（2）我们必须增强学生的生涯规划观念并提供相关的生涯规划知识培训

作为生涯规划的主要执行者，大学生们有必要具备明确的生涯规划认知，这有助于激发他们的自主规划动力。所以，高校生涯管理的第一步就是提升学生的生涯规划认识。而生涯规划知识的教育主要在于让他们理解生涯规划的基础概念、原理，熟悉各类工作的基本特性和未来走向，以便于他们能够领悟到生涯规划的核心含义、特点、遵从的原则及影响要素，同时学习如何实施有效的生涯规划策略和技巧，从而为其寻找合适的生涯道路打下坚实的理论根基。

（3）我们需要提升大学生的生涯决定力

这是一种贯穿于整个人生历程的关键技能，也是高校的生涯发展规划辅导课所关注的重点问题。该课程应教导学生理解生活中的各类潜在选项，并能在做出决策时有效地利用现有的信息资源，对不同选择间的优劣进行比较和评估，从而做出合适的生涯决定，例如职业类型、人生道路、目标设定及执行策略等等。

（4）我们需要对大学生的职业环境有更深刻的理解并提升他们的职业素养以应对各种挑战

通过开展生涯发展的教学活动，我们可以让他们更加透彻地认识到社会现状及其相关的职业领域，包括他们所学习的专业可能面临的工作环境变化，特别是对于未来的工作需求如技能掌握程度、公司策略以及经济、政治和社会文化的变迁等方面要有充分的了解。这样可以使得他们在自我评估的同时也能更好地把握外部因素的影响，从而提高计划的实际效果。此外，我们也应该关注学生的职业品质、伦理观念以及身体心理健康等多方面的培训，鼓励他们既有宏伟的目标也有扎实的基础，形成优秀的职业适应力。

（5）提升大学生的自我潜力挖掘能力至关重要

这部分教育和训练构成了高校职业生活设计指南的核心教学元素之一。根据心理学的研究结果显示，人们通常只利用了他们全部能力的4%而已，剩下的96%则尚未被激活或使用过。所以，作为导师需要为每位学员提供充足的表现机会以让他们意识到自己潜在的力量所在；这些力量可以在各个领域里展现出色表现并且对于个人的成就有着重大影响，从而也直接关系到他们的未来计划能否顺利实施。此外，我们还需教导他们在整个生命历程中的探索及识别自己的内在优势的过程，以便让每个人都能自主地去激发自身的无限可能性和创造力。

2. 校园文化活动

大学校园文化的主题涵盖了众多领域，其丰富的表现方式对于塑造学生价值观、提升他们的品德修养、深化思维深度及引导他们的行为习惯有着关键性的作用。所以，举办各种多姿多彩的活动，成为高校实行职业规划指导并产生深远影响的关键手段。从职业管理的角度看，这些活动的主要形态包括班级会议、俱乐部活动和社会实践等等。

首先，我们需要关注的是班会活动。这是高校校园文化和学习生活的一个重要组成部分，同时也是对大学生自我教育的核心场所。这种活动不仅仅有其教导的功能，也包含了其他诸如娱乐性的元素。作为一种激发大学生创造力的平台，班会活动中涵盖了许多种类的活动，比如模拟演出、小组竞争、互相提问、专场演讲、节庆纪念、实地考察、经验分享、专题讨论、真实表达、总结回顾等等。这些活动可以有效地激励广大同学们的热情与创意。以体验式的场景训练为例，这已逐渐成为班级生涯辅导的新颖方法，受到了众多学子的喜爱。近些年，一些高等学校开始采用这一新颖的方式来组织他们的主题班会并实施生涯辅导。这个过程主要是通过设计职业发展规划的活动模式和模拟职场环境，使同学们能在最短的时间内获取到更多的实践经验。根据教育心理学的相关研究结果显示，这样的体验式场景训练能让学生们更深入地理解所学内容，远比传统的授课方式更为高效。

其次，我们谈论的是学生的社会团体活动。这是一种自主发起且具有特定的主题活动的在校生群体，他们负责自身的管理和服务，同时受到学校的团委监督。高校的社会团体活动是最广泛参与、最大规模覆盖及最具丰富内容的校园活动之一，它能极大地激发大学的活力，吸引众多学生的喜爱，已经成为展现个人才艺的主要平台和校园文化的核心力量。对于高校来说，应该把生涯指导的相关元素巧妙地融合进学生社团活动中，利用社团活动为大学生提供生涯教育的媒介环境。社团活动对大学生的全方位发展有着多层面的影响，总体而言可以归纳成以下三个方面：第一，学生可以通过社团学会如何处理人际关系和掌握领导技能，并且有机会展示他们的天赋，这对他们在未来的职业生涯中有所裨益；第二，参与各类活动和人际交流有利于学生更深入地认识自己、明确目标和促进自我发展；第三，参与各种各样的趣味活动可以让学生获得情感上的放松和满足感。采用这样的非压力方式开展生涯教育，显然会令学生感到更加轻松自在。研究显示，投入更多时间和精力于社团工作的人，往往能在学业和个人成长上取得更好的成绩。所以，高校应当激励大学生积极加入学生社团，以此提高他们的发展潜力。

最后，我们必须强调的是，通过参与社会实践活动，大学生的实际操作技巧和职业技能得以提升。这种方式不仅能强化他们的毅力和能力，还能让他们更深入地理解社会环境并对其学习的专业领域有所感知，从而有助于他们建立起符合自己期望的技能体系和知识架构。此外，他们在这些实践活动中也能感受到职业角色需求的变化如何影响到他们的职业能力，并且会相应地修改自己的职业规划和设定新的职业目标。同时，他们也可以了解到当前就业市场上对于基础职业能力和基础职业素养的需求标准，这有助于他们确定奋斗的目标，增加行业的关注程度和敏锐度。所以，为了给学生提供更多的机会去参加实践训练项目以获得经验和社会认知，我们可以组织诸如大学生志愿者的行动、"三下乡"的活动、社区信息服务等等具有明确目的性的社会服务型实践活动。

**3. 开展生涯规划咨询**

高等院校生涯咨询是高等院校为了满足大学生生涯发展需要组织开展的一种由专业人员参与的咨询指导服务，目的是帮助学生提高自我认知能力和自助能力，指导学生求职，帮助学生做出生涯决策，最终促进学生的职业成功与生涯发展。

首先，我们需要设立职业指导中心并启动其热线功能。作为高校生涯管理的其中一种方式，创建职业指导中心并且设置专门的热线来为学生们提供职业发展的支持和服务是非常必要的。高校的职业发展指导应该包括两个部分：一是关于个人职业成长的发展心理学的咨询；二是针对个人的心理咨询。这些任务都应当交由具备丰富实践经验的专业人士负责执行。而对于职业发展的咨询来说，它的实施主要是通过一对一的交流、团队讨论或者电话沟通的方式展开。

其次，构建学生的职业档案包。这是高校生涯管理的核心职责之一，即通过创建职业档案包来协助和引导大学生的职业规划及成长。主要方法包括使用专业的测评工具如性格评估、技能评定、职业爱好评价等对大学生进行周期性的检测，以更深入地理解他们的职业喜好、能力和个性和社交观念等特质。然后收集这些数据，形成个人的职业档案包，作为未来学生自我认知和导师们针对学生的教育建议的依据。通常情况下，学校会在大一和大三阶段分别进行两轮的专业心理测试，第一轮旨在获取学生的整体情况，而第二轮则用于给他们的工作选择提供指引。在此过程中，学生需要不断地更新和充实他们的职业档案包，学校也应该保存所有关于学生参与工作咨询、职业活动的记录，以及能体现出个人职场发展的相关材料，这样才能更好地支持他们在未来的工作中做出决策。

4. 开发校友资源

作为一所大学的珍贵资产，校友们既继承了该校的历史传统，也拥有深厚的社交经历和社会知识储备。通过向优秀且成功的校友学习并分享他们的故事，可以起到模范带头的作用，同时也能激起学生的求知欲和创造力。这有助于鼓励学生们积极地参考这些前辈们的成功历程，理性而明智地确定自己的职业目标，避免错误选择，发扬优势，从而更好地满足社会的需要。

### 三、构建积极人际支持机制

从调查数据看，在对大学生心理健康具有重要影响作用的十个因素中人际支持因素排在第一位，来自家庭的、同学的和知心朋友的信任、帮助、理解、关心等对于大学生心理健康的影响最为明显。因此，在大学生教育管理过程中积极构建来自家庭和同龄人的人际支持机制就显得非常重要。

（一）建立促进家庭支持的沟通机制

"从家庭成员中获得理解、支持及协助"这一项在对大学生心理健康的因果关系调研中被评为最具影响力的指标，这揭示了家庭环境对其心理发展的关键作用。众多学者们的研究成果进一步证实，父母给予的支持能有效地提升学生的社交信赖度、乐观态度、抗压能力及自我满意程度等方面。作为大学生长达十几年的居住和生活场所，家庭为他们提供了无尽的爱护和依赖，无论是在物质方面还是情感层面，两者之间的紧密关联都是无法割舍的。这种亲密的关系使得大学生们能够在面对困难时寻求家庭的庇佑，而家庭也在他们的心理健康过程中起到了至关重要的角色。所以，高校应主动推动学生与其家人建立更深入的了解和支持，这也是大学生心理健康教育的核心环节之一。

利用合适的方法使家人们认识到学校的存在及学生的状态。如今，随着科技的发展，地理位置已不是交流的阻碍，学校可通过网络平台如校网专题、QQ群、微信等途径，同家庭的家长保持紧密的联系渠道，定期向他们传达关于学生所处的专业领域或是研究方向的信息，包括他们在学习上的进步表现、他们的成就记录以及相关领域的最新动态等等，让他们了解到孩子的日常学习和生活环境，知晓孩子未来的就业前景及其可能遇到的问题，从而增进父母们对于高校生活的认知和对子女的支持力度。

定期举办各种类型的父母会议是必要的。由于我们的学子来自于全国各地，他们的父母学历水平和生活经验各异，对于问题解决的方式也千差万别，因此他们在对待高校教育的认知上有着很大的差距，同时也在关心孩子发展的问题上有不同的深度和广度。这种情况下若仅有单一方向的教育信息传递效果有限。为了让学校的教学工作得到更好的反馈并促进学生全面健康的发展，我们需要采取多样的方法来加强家校之间的对话及合作：比如组织网络在线讨论平台或每年固定时间召集一部分家庭的聚会活动等等。此外，我们也应充分考虑假期的时间安排以方便实地考察每个孩子的学习环境及其家人对其的支持情况以便更好地指导其未来的人生道路选择。

实施面向父母的特殊教育指导服务。鉴于学生的父母群体各有差异，如他们的知识背景、经验和生活环境等因素都可能影响他们对孩子的了解和支持力度，所以孩子们的学习状况也因而有所区别。虽然孩子们可以在校园内向专业的咨询中心求助，但仅靠此种方式解决问题的效果往往有限。因此，我们需要在学校设立专属于父母的咨询服务中心，并邀请特定的教职员工加入其中，以协助那些无法有效地与子女沟通的父母们。通过这种方式，我们可以帮助这些父母重新建立起良好的亲子关系，让他们能更好地理解和支持自己的孩子，让孩子们也能体验到家的温馨。

(二) 引导学生群体开展互助活动

大学生群体年龄相仿、生理与心理发展特征相近，在学校朝夕相处，相互之间沟通和帮助便利，也更容易相互接受和理解，因此，引导学生开展互助活动，有利于大学生获得人际支持，增强自信心，促进自我接纳。同学之间的互助主要包括学习与生活方面的互助和心理互助。

指引学生团体执行广泛的学生志愿者服务工作。当前，大学生群体中存在的主要学生团队（此处特指正规机构）包含党派、共青团、学联、班级委员会和各类俱乐部等，它们在协助高校的管理、提升校园文化的多样性和推动社区志愿行动等方面具有重要影响力。然而，这类志愿服务的焦点通常放在向社会上的弱势人群提供援助上，而对于在校生间的志愿服务行为则相对忽视。所以，我们建议学校应主动引领学校的师生团体在学校内部展开志愿者服务项目，这种类型的志愿者服务不同于对外部的公益事业所做的贡献，它更强调的是同侪间互相扶持的行为，其涵盖了以下几个层面：一是生活习惯调整的支持，主要体现在对一些生活方式不太适应的同学给予支持；二是学业进步的助力，主要表现在对某些学科确有难度的同学提供辅导；三是对家庭的关爱，主要表现为对家中有所担忧或财务压力较大的同学予以支援；四是职业发展的促进，主要在于对部分缺乏明确未来计划或者求职难易度较高的同学提供帮助。

实施学生的心理援助行动。大学校园内可采用"隐秘型"及朋友间的心理支援模式展开此类工作。"隐密型"的心理支持方法是利用学生之间的无记名交流，向他人透露自身在心理方面所面临的问题并寻求大家的协助。具体操作流程包括以下几个阶段：首先，让学生用无记名的形式表达他们内心的困扰与忧虑，交由级或班里的若干个成员负责搜集、整理，此举能避免学生担心个人隐私被泄漏；其次，把收齐的求助信息按随机分配的形式发放到每个参与者的手上，使每个人都能拿到一份来自其他人的求助信，基于这封信中的问题，给出个人的意见；接着，按照每个人的编号返还所有人的回复信；最后，汇总所有的建议并对其中典型的情况进行分析，召集小团队针对这些情况进行深入探讨，以此提升每一个参与者的认知水平和应对能力。所谓的朋友间心理支援就是指同年龄段的人们互相提供心理指导。实施策略如下：首先，我们从学生团体中选拔出一批同龄的辅导员；

然后，鼓励他们主动参与并接受筛选，只有那些满足基础条件的候选人才能获得专业的训练和认证。一旦通过了测试，这批经过专门培训的志愿者的任务就是利用他们的专长来给有需求的同学提供专业的意见或者引导，从而拓宽他们的视野，减轻他们的压力，进而帮助他们走出心理困扰。

## 第四节　高等院校教育管理主体素质提升

在对大学生的教导管理过程当中，主导力量主要是高校的辅导员及授课老师这两大角色，他们作为直接接触并影响学生生活的两大团体，占据着重要的位置。研究表明，他们的品质素养和人格特质对于学生的心理状态有着关键性的作用。

### 一、增强教育管理团队的全面素质

一位杰出的高校教务主管不仅需要引领学生的思维方向并担任他们的学业指导员及榜样人物，还应该成为他们生活中的可靠伙伴与倾听对象。所以，针对大学的进步而言，高校教师队伍的专业素质起着重要作用。从这个角度看，学校应当注重提升教学管理核心成员们的优良人格特质，如高尚的道德修养和个人魅力；坚定的工作责任感和社会使命意识；深厚的知识储备及其出色的交际技巧等方面的综合实力。

（一）建立准入机制

大学应该消除对辅导员职责视为常规管理的误解及只看中学历的教育领导者的选择偏见，并构建出一套针对教育领导岗位的专业资格认证体系与淘汰标准，制定严谨且标准的招聘流程，确保人才进入门槛的高质量。他们应严格按照《高校辅导员团队建设规则》所提倡的"政治素质高、业务能力优、自律意识强、品行端正"的原则来挑选候选人，以真正的优秀教育家作为辅导员人选。在选拔过程中的关键阶段，需要加强评估工作的力度，包括实地探访、查看文件记录、做心理测评等方法，特别关注被推荐人的政治认识、道德修养、个性特点等方面的情况，同时还要设置实习期，以便于在实践环境下观察他们的表现，从而保证教育的核心角色能顺利入职。

### （二）改革教育管理主体的工作评估制度

首先，我们必须从"单向评估"过渡到"多种评判标准"，目前高校通常制定了年终的教育管理工作绩效考查制度及评分系统，每年只做一次性全面检查，主要是让学校的相关部门依据该系统的分数做出标准化判断，这个决策者是较为固定的一群人。经过实际验证此种方法并无法满足个人发展的需求或产生有效的刺激作用，因此应采用更具多样性的评审模式，把学生的观点也纳入其中作为参考因素之一，扩大评选者的范围并且增加他们的角色影响力，这样可以使得对于教育的整体管理的全方位考察更为真实准确。其次，"设定明确的目标而非达成的过程"的传统观念也需要被打破。大学应当摒弃那种一年结束时才决定一切的方法，转而在各个时期都实行定期审查与持续跟踪观察的工作机制；同时也要给每一个教务工作者创建一份关于他们能力和品质的发展情况报告书，详细记载他们在工作中所做的每一项事情及其存在的不足之处以便于监督改正这些问题。

### （三）给予教育管理主体人文关怀

高等院校要加强对教育管理主体群体的人文关怀，将人文关怀作为高等院校教育管理主体综合素质培养的"催化剂"。从"双因素"激励理论看，在日常工作中，高等院校不但要满足教育管理主体的"物质激励因素"，更要满足教育管理主体的"保健激励因素"和"发展性激励因素"。学校管理层要进一步强化针对教育管理主体这一群体的政治关心、业务关心、发展关心和生活关心，从业务提升、职级晋升、实践锻炼和文化生活等方面给予关怀和支持，增强教育管理主体自身对职业角色的认同感。

## 二、提升教师人格魅力

教师人格魅力是建立良好师生关系的基础，良好的师生关系又是学生获得人际支持的重要资源。教师人格魅力是教师在教学活动中表现出来的，能够吸引学生积极参与教学活动，并对教师产生敬佩感、亲近感的一种感召力量。教师人格魅力所产生的感召力，能增强其对学生的情感吸引力，使学生心悦诚服地认同教师的观点、思想和行为，提升学生对其所教授课程或专业知识的兴趣和喜爱度，增强教育教学效果，有助于学生自信心、主观幸福感的提升。教师的人格魅力对大学生有显著影响，从促进大学生健康全面发展的视角审视，高等院校应从以下方面引导教师树立人格魅力。

（一）树立正确的教育理念

教育的观点是由教员们从他们的教学经验及文化的积累过程中所塑造出的对于知识及其应用方式的主张和个人理解；这是一种有着稳固持续且导向性质的教育思维模式系统。而作为这种思考的具体体现——课堂上的行动则是在师生间的交互过程里激发并鼓励他们去探索新的可能性，从而推动其精神状态和生活状况朝更为健康的方向发展。除了传输文化和解答疑难问题之外，教授们的责任还包含了培育人的个性特征和人文素养：他们在生活里的各种表征，如信仰目标、生命哲学、选择标准等等，都能够以微妙但深远的影响，来塑造成年大学生的见识视野和社会意识形态乃至个体的特性特质。所以高校内的老师需要用自身的崇高美德、开阔的心境、严格的学习风格、真挚的态度、健全的精神面貌还有良好的习俗规范等方式启迪年轻一代的人类智力并且浇灌出一颗颗充满活力的灵魂之花使人类社会的优秀传统得以延续下去，同时引领年轻人走向正确的道路，建立坚定的人生信条，以此进一步提升他/她个人的伦理素质与人际交往能力。

（二）增强关心爱护学生的意识

首要的是说教活动的本质是一个老师跟同学间的交互过程，这个过程涉及老师的思维方式、言语表达及动作反应等多方面因素来互相沟通，从而塑造或改动他们的想法或者行径的方式方法。现在的师生关联被理解成一种公平对话且彼此尊敬的状态下才可能实现的教育模式；因此作为一名优秀的教授必须始终保持一颗关爱的内心，并且有责任感去履行他的职责以提高他对于学员们的影响力，最终达成教育的目标。授课不仅仅只包含着讲师讲解这一环节还有指导激发他们积极参加讨论等等其他元素存在其中。如果一位导师能够公正地看待每个孩子并在课程里把孩子们视为主角的话，那么这些孩子的自我意识就会得到增强，同时也会更加愿意投入这种学习环境当中。除了上课时表现出对他人的关心外，这位名师还会把自己的经验教训和生活理念传递给同学们，以此激励他们在遇到困难时不退缩，而是勇往直前继续前行寻找新的知识领域的同时也能增深自己和他人之间的感情纽带。曾经担任过清华大学的校长兼学者——梅贻琦用这样的比喻来说明了他眼里的师生间关系的真谛即"如同一条河流一样，我们都是其中的生物（指人类）就像我们在水中畅泳一般，大的动物在前方引领小的紧跟着它们一起前进，这就是所谓的同伴相处久了之后自然会受到对方的熏陶感染而且不需要刻意去做就达到了预期的目的"。

（三）提升个人学术素养

所有高等院校教师在职业生涯中都应该始终把自己当作知识的学习者、科学规律的探究者，将学术研究活动当作是教师职业的必修课贯穿教师整个职业生涯。高等院校教师只有自己爱好学习、善于钻研、勤于探索，才能引导学生端正学习态度，养成学术思维和习惯。所以，潜心学术研究，广泛涉猎学科领域知识，积极关注学科发展前沿问题，不断发表研究成果等既应是高等院校教师的学术志趣，也应是高等院校教师培养人才的必备条件。作为一名高等院校教师，只有经常从事科研实践才有可能将学科前沿成果引入课程教学，引导学生从多学科和跨学科视角分析复杂问题，引导学生掌握科学研究方法，鼓励学生质疑书本，开拓知识边界，激发学生的求知欲和探究欲。高等院校教师在教学中扮演着知识传授者与开发者的双重角色,在教学活动中不仅要传递书本知识,同时还需要传递自己通过科学研究发现的新知识,并建立知识与当前现实问题的联系。因此,教师的学术素养间接影响了所教授课程的质量,决定了课堂教学内容的前沿性和创新程度。中国当代著名教育家张楚廷曾说"学识水平(或学术水平)与教学水平是教师业务能力的两翼,须两方面同时提高自己。我们的教学艺术是靠这两翼齐飞而翱翔的"。

(四)掌握教育教学行为艺术

教育实践并非仅凭热忱即可完成,其不仅涉及一定的科学原理,也展示了行为艺术的一面。在教导过程中,老师必须深入了解并且遵守学生的认识法则,依据科目特性来设定教学材料,适当地调整授课时间,使课堂内外相互融合,确保理论与现实相连,把专业的知识教授、行动能力的塑造、心态素质及品德修养完美地整合在一起,然后用适当的方式传达给学生,这样才能够达到"授人以渔而不只是授人以鱼"的目标。教育的实施是师生的思想、言语和行为互动的过程,要求教师针对学生对于讲解主题的理解深度和反应状况,灵敏应用启迪式、对话式、探究式、研究式、案例式等多种教学策略,激励学生学习主动性,触发他们的兴趣焦点和好奇心,指导他们自主思索,提升他们的创造力。

## 第五节 激发学生个人的主观积极性

### 一、积极推进大学生的自我教育

提升个人成长是青年大学生塑造自我特质的有效方法。最优秀的个人成长应以社会发展的必然规律为基准,正确看待自己,持续提高自我。

(一)正确地认识自我

了解和评价自身是一个激励、鼓励并控制自身的基石。"人类最可贵的品质就是对自己有着清晰的认知。"这表明准确理解自己是非常具有挑战性的。这种难度主要体现在两点上，首先，人们对自身的内心感受很难像衡量他们的血压或高度一样保持客观的标准，即便借助了心理学测试工具，普通人通常也不能完全掌控；其次，人们对自身的认识往往缺乏主动性和持续性。所以，出现"当局者迷"的现象也是很常见的。为了更准确地认识自我，我们可以从以下几个角度出发。

首先，我们需要掌握如何准确理解和评估社会及个人生活的能力。个人的价值观和社会定位息息相关，若对社会的运作方式及其发展趋势缺乏认知，则无法领悟到生命的价值所在。当我们在衡量自己的时候，如果没有找到适当的社会标准作为参照，可能会误入歧途，使用负面指标来评估自身。所以，大学生的首要任务就是学习运用马克思主义的角度观察社会和个人生命，并通过历史唯物主义的方法来审视自身的存在。

其次，我们需要主动参与社会活动和交际。个体对自己的理解是通过特定的参照系统来实现的。积极参与社会活动和交际，有助于我们找到正确的参照系统来了解自我。这方面的参照系统主要包括：

1. 在社会中，尤其是那些与自身条件相似的人。
2. 社会上其他人对自己的态度。
3. 自己活动成果的社会效应。

对于自我的理解实际上是对自己的审视，然而这种认知的基础来自于实际环境，是由脑部处理各类信息的产物。这类信息只能从社交互动及行为中获取，并需要经过实践来取得回馈数据。不过，我们不能断言只要参与了活动或交流就能准确了解自身，关键在于能否有效解析所获信息并加以整合对比。比如，是否有能力运用不同方法进行比较：包括把"现在的我"同"过去的我"和"理想中的我"做对照，同时也可以和其他人和事进行比较，如与优于或者类似自己的人相比，同时也与略逊色一些的人相较量。如此一来，才有可能更公正且全方位地了解自我。

最后，要经常反省自己。虽然个人认识自己的信息来源之一是他人的行为态度和自己的活动成果，但个人对自己的观察与思考也是自我认识的一个重要方面。他人对自我的评价不等于自己对自我的评价，两者往往存在着相当大的差距。这里既有认识方面的原因，又有动机方面的原因，即是否勇于和善于将自己作为一个认识的对象，是一个重要的原因。

所以，为了准确理解自我，我们还需要频繁进行自我反思，对自己进行全面的剖析，勇于剖析自我，并敢于批判自我。

（二）正确地对待自我

学会正确地对待自我，包括两方面的含义。

首先，我们需要拥有健康且积极的个人情绪感受。这是自我教育的主要驱动力，没有这个驱动因素，我们就不能把"实际的我"转变为"理想的我"。

自尊感是积极健康的个人体验中的关键要素，具体来说包括以下几个方面。

1. 在自我肯定与否定的体验上，应以肯定性为主导，例如对自己有较强的喜爱感、成功感、顺利感和快乐感等。

2. 在积极与消极的自我感受上，应以积极的感受为主导，比如乐观、开朗，对生活充满热情，对未来怀有美好的期待。

3. 在自我感受的紧张与舒适度上，应当保持恰当的紧张和适度的舒适。

4. 对于自我感知力而言，我们需要维持适当的敏锐度，但不能过于敏感，这样才能理性而非情绪化地处理我们的成功和失败，积极并自信地了解自身的优点和缺点，用愉悦的心态去面对不足之处，发挥优势，并对未来的期望抱有乐观的态度。我们既不会通过虚假的自我安慰内心孤独感，也不会对现状采取逃避或忽视态度，更不会因为悲伤或者反感就全盘否定自己。

对于年轻人来说，拥有积极健康的心态是建立在他们对未来有明确的目标之上。就像中国现代著名的作曲家冼星海曾经提到的那样："每一个人都会经历生活中的困难与磨难。有些人会在困境面前只关注自己的感受，从而变得悲观、消沉并产生绝望的声音；而另一些人则会把目光投向他人，考虑团队、家族、历史传承、国家和全球人民等因素，这样的人就会保持乐观和信心。"宏伟的梦想驱使我们在奋斗的过程中克服负面情感，提升面对挑战的能力。

其次，我们需要实施有力的、积极的自我管理。这是一种主动引导自身发展的行为，同时也是个体对自身的看法和行动的具体化体现。通常情况下，自我管理会借助内心对话来实现，即一种主动调整"现状的我"到"期望的我"的行为。这个过程中能否产生积极且有效的结果，主要依赖于以下三点因素。

一是理想自我的正确性和适宜性。当代的大学生都应该有理想、有道德、有文化、有纪律，热爱社会主义祖国和社会主义事业，具有为国家富强和人民富裕而艰苦奋斗的献身精神；都应该不断追求新知，具有实事求是、独立思考、勇于创造的科学精神。这是"理想的我"的正确性的标准，应当在此基础上设计自我。而所谓理想自我的适宜性，是指要面对现实，从实际出发，确定自己具体的奋斗目标，把远大的理想，分解成一个个远近高低不同的具体目标，从而由近到远、由低到高逐步加以实现。这里的关键在于小目标要适当、合理，即每一个小目标不是轻而易举就可以达到，而是需要努力才能够达到的，以免失去信心。

二是对实现目标的坚持性。对自我的监督与修正，也与人改造客观世界一样，需要以意志的力量作为保证的条件，如对目标认识的自觉性、主动性（不是模糊的、外加的），对实现目标的决心和克服困难的能力（不是只在一帆风顺时才能坚持目标），对成功的正确态度和对失败与挫折的容忍力。大学生的这些心理素质处于发展之中，因此要特别注意增强自我控制的自觉性、主动性，将社会的需要转化为主观上实现"理想的我"的内在动机，增加自信心和坚持性，准备为目标的实现做反复不断的努力，增强自制力，防止消极情绪对自我控制过程的干扰。

三是拥有自尊和自爱的意识，它构成了自我约束的力量源泉。根据苏联著名的教育实践者苏霍姆林斯基所言，每个学生都应以自信的态度行走于世。身为大学生的我们应当意识到自己的价值所在，认为自己是一个对社会有益的存在，充满着未来发展的可能性和成功的信心；同时我们也需感受到来自老师、同伴、父母及团体的喜爱与需求，他们也需要我们并认可我们的存在，反之亦然。这种相互依赖的关系会激发我们在追求改善自身现状的过程中更为积极地投入到行动中去。

简而言之，有效的自我管理需要三个条件：首先，必须有明确的目标作为前进的动力；其次，需要坚定的决心作为支持；最后，需要积极的情绪作为驱动力。

### （三）完善自我的方法

为了提升高校学生自我教育的成果，我们需要他们准确理解并接受党的工作原则，同时也要找到合适的方法来优化自己。唯有当他们的目标明确、策略得当且决心坚定时，才有可能持续地推动自我教育的发展。通过参与群众实践活动来培养自己的品质，这正是遵循了马克思主义关于实践是认知基础的基本观点，使得个人修养有了科学的理论支持，进而能根据社会主义伦理标准为自己制定出合适的学习路径与技巧。所以，学生们应该重视以下几个方面来改善自身：

1.我们应当积极地学习和理解马克思主义的基本原理以及现代科技文化知识，并且要全身心地参与到建设社会主义现代化国家的过程中去。

2.我们需要弘扬无所畏惧、为国家和人民坚韧不拔的奉献精神。

3.可以使用各种实际有效的自我教育手段，比如写日记，并将名人的格言作为自我反省、激励和提升的准则等。

## 二、实施灵活的管理策略，以增强大学生的学习热情和积极性

### （一）学生管理中的柔性方法

根据灵活的管理原则，大学生的管理工作强调的重点在于"减少对他

们的控制，而更多地关注他们的人格发展和指导"。这种方式旨在促进学生的个人进步，同时也履行了其作为教育工具的功能。目前，大学的弹性管理策略主要是通过人性化的关心、心理辅导、幸福的价值观培养及模范行为等途径来实现的。

1. 人文关怀

高校被视为知识和文明的高峰，其对于学生的管理应聚焦于"用文化塑造人"，也就是借助文化和教育的潜移默化的影响来推动学生全方位成长。人文主义的关键在于理解与满足学生的文化需求，以此为基础开展工作。实际操作过程中，学生管理的重点是在构建优秀的学校氛围、关爱学习生活的细节、重视学生的文化经历等方面下功夫。在高校的环境中，培育学校的文化也即是培育学生自身。教育管理者需把对学生的爱护融入他们的文化需求之中，例如："他们应该阅读哪些书籍？""他们是否喜欢参加某些讲座？""他们在学习的空间环境怎么样？"等等这些都值得我们去思考。过度关注学生在校期间的生活琐事并不合适，这更像是对待婴儿的方式，然而把握住人文关怀这一关键点却是必要的且能产生深远的影响。针对具体的学生活动管理来说，首要任务包含设立学生援助中心、学生党组织活动室及"新生适应学院"等项目。

2. 心理疏导

管理本质上是对人类内心世界的塑造和指导，以此来调整并引领人们的行动，实现特定的目标。对于高校学生的管理来说，理解他们的心理成长是至关重要的。当前，许多大学生都面临着各种程度上的心理困扰，其中最常见的问题包括缺少基本的心理学知识及较低的心理调适技能。构建由学校、学院/系部和班级组成的三级心理保护系统是一个有效的尝试，并且取得了显著的效果。然而，就学生管理而言，大学的核心任务是在于缓解学生的情感压力，激发他们积极的心态，以便更有效地投身于学业和生活之中。值得关注的心理需求主要集中在消极的学习态度、过度的比较心态等问题上。近些年，大部分高校已经开始高度重视咨询辅导的工作，例如为大学生提供心理咨询、支持和服务等等，但是应用积极心理学的方法还远远不足。心理干预的核心意义在于培育出积极向上的精神面貌、增强对大学生活认可度、提高对青少年时期心理认识和接受程度。为此，我们采取了诸如集体心理辅导、交谈交流、激励演说等多种方式。

### 3. 幸福观教育

关于幸福的问题没有其他原因，它是人类的核心议题。对于大学生而言，他们对幸福的认知对其身心健康的发育和社会的稳定至关重要。随着文化的多样化日益显著，尤其是西式文化对我国学生的冲击较大，享受快乐的生活方式和崇尚金钱的社会风气正在渗透他们的思维。因此，建立正确的人生价值观变得尤为关键。所谓"幸福教育"主要是指推广马列主义的幸福观念。这种观点强调的是人性的解放及全面的发展，并把人性动态平衡下的满足感和安宁作为其核心理念，也就是所谓的动态幸福感、和谐幸福感和人格独立且全然发展的幸福感。在大学生管理过程中，幸福教育的地位举足轻重，它也成为引导学生形成正确的世界观和生活态度的重要入口。通过实施幸福教育，可以使学生更深入地了解自己的需求和目标，同时也能有效调整心态。一旦大学生能够明确感知自身的幸福状况，那么他们在面对工作挑战时的积极性和效率也会大大提升。为了推动大学生实现幸福理念的教育，我们尝试了多种方法，如研究幸福学说、剖析幸福实例、举办有关幸福话题的班级讨论等等。

### 4. 榜样示范

尽管教育的核心任务在于引领人们走向善良之途，然而这并非仅仅意味着告知他人何为良行或提供实现其方法；相反的是，我们需要透过实际行为产生积极的社会影响以吸引更多人的参与——也就是"做好自己该做的，让更多人为你的行动所动"的意思所在。对于高校的管理工作而言，主要目标之一便是指导学子追求真实、美好及正义之道：怎样才能达到这个目的——观察一位老师是否有才干的关键因素是对他的教学方式做出评价，而更为关键的部分则是在实际行动上体现出来，优秀的老师的影响力巨大无比且具有持久力，因此充分发挥身为学子的领导者角色能有效提升管理的长期效果并且确实带来对他们的教育教学的影响。顶级名师是以自身的行为做表率，次一级的导师会教授技能技巧，最差劲的可能只会照顾生活起居而已。根据这种理解基础之上，作为一个大学的讲师兼工作人员应尽量减少过度关注细节琐事的情况出现（如只顾照料），适度增加技术性的辅导内容，同时全力以赴去展示自身的楷模形象。具体到身体力行的层面来看，就是要展现出良好的品德风貌、掌握各类学科的专业能力和人际交往的能力等方面的优势给同学们做出良好示例。此乃是从师生关系中师长的角色的视角出发阐述的内容，另一面也包括了借助社会的经验教训和社会中的正直人士的事迹，启发同学们的思考进而形成正确的价值观导向。

（二）学生管理柔性化的现实意义

现今的社会环境下，我们往往倾向于把控制理解成通过硬性规定来迫使他人顺从的方式，以此达到领导者预期的目标。然而这种观念并非完美无缺且可能引发强烈反抗反应。近些年来，越来越多的学者开始关注并且接受了软式管控理念，尤其当涉及的是和平共处的人群或者团体时，它的影响力更为显著。对于高校的学生服务来说，这是提升及优化思政教育的焦点区域之一，它直接影响着国家的走向和社会的发展方向。大学生的将来决定了一个社会的进步程度及其未来的繁荣状况；因此，他们需要得到最优质的教育资源和服务保障。为了确保他们的健康成长，学校必须深刻意识到教导的重要性和引领的作用力，坚持用马克思主义理论作为基础框架去实践中国特色社会主义的核心价值观，同时，采用柔软的管理方式为主轴心，最大限度地保护每个个体的独特性格特征的同时推动他们在各个方面的均衡而全方位的健康发育。

1. 有利于推进校园的和谐稳定

如同施加力量后产生的反向反应一样，大学生的抵抗情绪往往也会随着强制措施而增强。在这个对立心态较为明显的时期，若高校采用严格的管理方式来约束学生，可能会在短时间内取得一些成效，然而长期来看这种做法必然会导致反弹。相反，采取温和的管理策略能够降低他们的对抗意识，通过让他们接受并参与其中，有助于营造出稳定的校园环境。同时，这样的氛围也有助于培养他们更加理性和平静的心境，进而推动实施更为宽松的管理政策，实现良好的自我反馈机制：用温柔的方法维护校园秩序，然后借助这个有序的环境强化其使用温和方法的能力。

2. 培养良好的社会心态和公民道德

现代社会的主要力量或者说是大学生，他们是否拥有积极的心态。

对优良的社会心理状态构建和社会整体进步有着关键的影响。由道教创始人大师老子提出的"上善如水"理论表明了人类本性和社群性质应具备柔软特性，然而这可能因社会管控或监管引发负面效应。为了塑造学生积极的态度，我们必须首先从自身做起并采用温和、理性且富有同情心的管理策略。提升社会心理素质并非一蹴而就之事，需持续推进，通过每个阶段的教育及管理方式逐步完善，才有可能达到理想目标。即将步入大学的年轻人们将会引领社会心理走向何方。此外，因为它秉持道德管理的核心理念，即通过强化学生的基本伦理准则和行为规则来促进实际管理工作，因此能为大学生的公共道德修养提供有效的引导力。

3. 有助于人的自由全面发展

终极的教育目标在于促进人类的全然自主与全方位成长，这意味着释放人们的思维及行动，而非对其施加束缚。然而，有些人却企图利用教育手段去约束或限定人们的行为，其效果微乎其微，甚至可以说是无法达到的目标。对大学生管理的核心任务便是借助管理方式引领学生自发地开展自我管理，进而提升他们的知识储备和技能水平，以促成他们整体的发展。学生的全然自主与全方位进步对于社会的持续发展具有巨大的推力，同时亦为社会前进的主要动力来源。人性本就倾向于寻求自由，大多数人都渴望掌控他人而不愿受制于人，然而这一理想状态并不能完全达成，那么怎样才能尽可能接近既满足管理需求又能保障个人自由的平衡点呢？只有采用温和的教育和管理策略才有可能实现。

## 第八章 大学生的教育管理策略

高校承担了培育优秀人才、推动科研进步、提供社区支持、继承并革新文化和促进全球互动等重要责任。关于高等教育的核心问题是：我们应该培养何种类型的学生？以怎样的方式来培养他们？他们的目的是为了满足哪个群体的需求？这些问题的答案直接影响到学校的发展模式和价值观，也关系到教育部门对于学校的管理，更深远的影响则是社会主义事业的延续。因此，作为高等学府，必须明确坚定地执行党的指导原则，遵循党的教学理念，确保高等教育的走向符合中国的实际需求和未来的愿景。

推动大学生的个人成长是高校学子教育的核心目标与深层需求，对他们的个性和发展给予更多的重视和支持，有助于构建和谐的学校环境，也有利于学校的长期进步，同时这也是培育全方位且富有创造力的新型人才的需求所在。高校的学生管理应该把学生放在首位，理解并尊重他们独特的特性，激发他们的自我表达能力，助力其个性化的发展，以此来提高学生管理的效果。

高校的核心职责包括培育优秀的人才并推动科研进步和社会服务的实施。其中，有效的教学管理工作对于学生的心理与生理成长至关重要，同时也会对其世界观及道德观念产生深远的影响。作为学校的一项主要任务，关注并且支持学生活跃个性和全面提高其能力是一个重要的步骤，这有助于达到我们育人目标的关键路径。把个体的发展融入大学的教导系统中，去重视他们、关心他们的需求可以创造出多样化的方法来激发学习者的主动精神，从而建立起一种有益的教育方式。同样地，这也是体现着我们的责任感——即如何对待这些年轻人的自尊心、个人意义和生活轨迹的问题上表现出的态度问题。一所优秀的学院应该有自己独特的观点：这种思想应该是以鼓励年轻人发挥自我潜能进而改善整个高教水平的目标为中心而展开的思考过程的结果。

### 三、"理想的价值观"对于大学生的个性成长而言,是教育的管理工作所带来的影响

作为社会中备受瞩目的存在并具备鲜明时代特性的是一群年轻的大学生们。他们每个人都会强烈地表达出他们的自主与独特的重要性;同时也有许多学生热衷于成为"异端",这无疑对学生的全方位成长带来了深刻的负面影响。而大学的教育管理工作正是为了给这种个体的发展提供支持的基础条件之一:没有了高等教育的引导就无法有真正的个人化发展的可能。所以我们需要持续优化我们的教学方法来协助年轻人建立起正确的人生观念及道德准则——包括对于世界的理解方式和生活目标的选择等方面的内容,从而使他们在追寻梦想的过程中找到自己存在的意义,并在其中发现自我的真正价值,以推动个人的全方面进步达到整体性的提升水平。

#### (一)对于大学生个性发展的教育管理历史回顾

中国的历史进程历经了从原始时代到奴隶制再到封建社会的转变,最后进入社会主义阶段。这种变化是由生产力的进步所驱动的,它不仅促进了社会结构的变化,还推进了教育的进展。正如韩愈所言:"师者,所以传延受业解惑也。"(教师的责任在于传递智慧和技能并解答疑难问题)然而,传统的教学方式却有着诸多缺陷,如过分依赖教科书和过于重视个人利益等观念已经深深植根于教师的心灵之中。尽管按照既定程序来授课确实能在特定的社会环境里起到一定的积极效果,但这同时也阻碍了一些优秀教育理论的引入。长期以来,传统的教育思维更倾向于提倡平衡与和谐,而忽视了个体的自由发挥,这对学生的个性和成长产生了负面影响。因此,知识被视为高校持续发展的核心动力。受限于传统的教育体系和观点,高校的发展受到了限制,这是导致其缺乏活力和无法实现创新的关键因素。自改革开放开始,我国的高等教育取得了飞速发展,学校越来越关注以学生为主导的、开放式的教学方法。通过研究高等教育发展的历程,我们发

现，为大学生提供个性化的教育是提高高等教育水平的关键措施，也是培育优质人才的必要途径。在这个现代化大学的框架内，教育管理的方向正朝向个性化、主导型、自主型和人文型的多样化管理策略迈进。

**（二）教育管理推动了大学生个性成长的独特性**

独特之处即为优点也即是力量所在，把握住独特的特性也就意味着掌握住了进步的机会。对于高校的学生教学管理工作来说，其核心任务在于推动大学生的个人化的发展并协助他们在生活中塑造出美好愿景。每位在校生均拥有各自的生活经验与特质，这便构成了他们的个别特点：彰显自我是个人的基本欲望，而大学的个人的特殊品质则期望获得社会的承认和社会的支持及同伴们的理解。曾有一位西方的教育者指出过每个人皆渴望展现自己独立的特点，此种内心的渴求能激发学生的正向思维方式和个人明确的目标设定。以学员本人为主导的方式来促进全方位且有效的生长过程，被视为通往成功人生的必然途径——这是教育的理念之一，并且已成为一种显著标志。强调自我的培养是在校学子的生命健康持续提升的关键因素。它不仅代表着一代年轻人在行为上的总体体现，而且还体现了所有成员中存在的各种潜在性和稳定的精神状态之综合体。因此说"世上没有任何两个完全相似的事物"，同样人类之间的差异也不容忽视，每一个存在于世之人均为唯一的存在。随着社会进步的浪潮涌动，人类既存在如保守、依靠、僵硬、柔弱等负面特质，也具备像开创、自主、革新、坚韧等正面特性。唯有以尊崇学生个人差异化的成长观念来指导教学管理工作，我们才能够塑造出富有创意、包容和自我主导的专业人士，并为其提供优质的环境及发展机会，从而助力其成为有创造力的人才。

**（三）在教育管理中，我们应该强调大学生个性的成长**

高校生构成了主要的教育管理群体，同时他们也担任着这一角色的核心部分。其目的是通过有效的教育管理来培育全方位的学生，以发掘他们的独特性和潜力为起点，并在整个教育过程里最大化利用他们的主动性。对于现代教育管理来说，关键在于挖掘出大学生的个人特质，包括自主意识、自我评估、社交互动、团队协作技巧等等。我们需要关注的是这些特性如何在教育进程中产生内驱力，从而构建起由自己设定目标、规划、执行及反馈构成的主导框架。因此，我们在教育管理的过程中应重视对大学生在自我学习阶段获取的知识、技能、能力和适应社会的程度做出评判，也要注意他们在已有基础上取得的进步和学识成就，还要鼓励他们积极融入集体、热心公益事业的精神，引导他们在教育管理下实现全面成长，有效应对来自学业、感情、职业、人际关系和社会竞争力等多方面产生的巨大压力，拓宽自我的发展空间。

## 四、对现行教育管理中大学生个性发展教育的反思

观察目前的情况，高等教育机构在发展过程中遇到了许多新的问题和挑战。这些问题需要由高校的教育管理者根据时代特性来重视并认真处理。

一是，我们在教育管理中对大学生自身个人成长的关注不足。对于那些注重学子个性和全人教育的高校来说，他们必定会充分尊重学子的自主意愿并积极推动他们的全方位进步。然而目前部分学院却受限于过度的行政干预及过于死板的学习方式而未能给予足够的关注到学生的个体需求上。传统式的填鸭型教导方法依然占据主导地位且并未融入创新思维；其管理的认识程度也相对较低。过度强调老师的重要性导致了一些大学的自由度被削减，从而阻碍了个体的自我实现过程。就专业的学习环境而言，许多学校并没有做到让老师们能够亲身接触每一个同学，并且用一种更贴近的方式去了解每个学员的需求。此外，过多使用单一化的教材来授课也会使同学们感到疏离感增强，而且缺少提问的机会也不利于激发思考力，进而引发激烈的探讨活动。在此种框架下的学科教授过程中，我们很难看到有任何关于个人特质的发展迹象出现。再来看一下思政课的管理情况：有些学校的领导们往往通过制定严格的规定条例，或是采用奖赏处罚机制等方式，替代人性关怀作为主要手段实施管理工作。这样的操作手法无疑是把

个人的独立精神给束缚住了无法真正释放出来。所以要想有效改善这一问题，就需要我们的教育教学工作者更加关心每一位孩子的独特之处，而不是仅仅停留在表面上的应付工作而已。

二是对于教育管理中对大学生的自主性培养不足进行反省。现代高校生具有强烈的主导观念并寻求解放自己；然而他们的经验不足可能阻碍他们准确理解事物的判断能力，也削减了他们在约束自身方面的力量——这使得一些年轻人难以区分真伪而做出错误的选择或行动方式。这种状况可能会使部分学生的伦理观点和生活习惯表现出不如理想的状态。为了实现真正的尊重个体的发展需求，学校必须确保其教育的实施能够落在实际操作层面。目前有些学校的行政单位并未完全意识到职责转换的重要性并在提升服务的质量方面有所欠缺：比如设立的学生服务中心往往形式大于内容或者根本就不具备这样的功能，而且还有些地方过分注重盈利而不是关注满足同学们的需要和服务水平的问题。此外，许多的教育实践过于强调命令式的教学模式，而不去考虑如何发挥学员们主动参与的作用，从而限制了个体的成长空间及自立性和独创力的培养。这些问题都直接关系到我们对于个人独特价值理念塑造的需求度量标准，以及其重要程度评估体系建设工作的推进情况。

三是大学生个性成长与教育管理之间的冲突。大学生个性发展是高等院校办学特色形成的重要影响因子。大学生的个性发展培养路径是多元化的，高等院校由于受传统的教育管理影响，更多的是把学生当成温室里的花卉来培育，教育管理以安全为依据，提倡校园就是家的理念。从课程设置层面来看，绝大多数课程都是在学校课堂上讲授的，很少有课程是在企业、法院、博物馆以及与专业课程相对应的社会单位进行讲授的。从教育管理层面来看，一方面受高等院校地理位置影响，许多高等院校都建设了新校区，学生从事社会活动的时间和地点受到了限制，学生出校门就要用车，用车就要经费，因此，学生只能在校园待着；另一方面，教育管理过程重视学生的学业，忽略学生的社会适应力，从而导致学生足不出校园。

然而，现代基础教育改革对教师教育的专业化与职业化提出了新标准与新要求，大学生的综合素养将决定学生的职业定向和就业趋向，社会适应力是其中起决定性作用的因素之一。而现行的教育管理模式与强化大学生个性发展的社会性之间存在许多矛盾，解决这些矛盾的关键在于转变教育管理理念，采取切实措施，着力解决课程设置与教学管理的社会化问题。

## 五、在教育管理过程中，对大学生进行个性化发展教育的途径

高等院校担负着为社会发展培养大批高素质人才的光荣使命，培养具有个性张扬和全面发展的人才是实现这一目标的重要保证。随着社会转型的深入，高等院校转型加快，高等院校办学规模不断扩大，已经形成了自身的教育管理模式。为实现培养目标，高等院校要确立"以人为本"的理念，以科学发展观为指导，推进教育管理的理念和体制的改革与创新。

首先，我们需要利用制度政策的引导功能来完善个性化人才培养体系。优秀的创新机制能够赋予高校更多的生命力，并进一步提升学生的独立思考能力，推动他们的个人成长。教育的目标在于塑造人材，而优质的教育体制则是达成这一目标的关键基石。教学需要从根本上建立起对道德观念及行为准则的学习，以此作为基础来深化品行认知和行为操守等方面的教导。高校的人才培育改革不仅仅可以影响教师和受教者的精神世界，同样也可以改良他们周围的环境。全面且有效的政策支持能让学生有自由表达观点的机会，鼓励他们在创新中展现勇气，敢于领先他人，展示自己的独特之处。高校始终把学生放在首位，根据历史背景和社会现状制定出合理的策略方案，构建了最佳化的制度政策框架，让学生能在宽容的氛围里积极参与到教育管理之中，享受其带来的益处。此外，高校持续改进和调整其制度政策，这有助于满足学生的个性化需求，并且符合当前的时代趋势，从而形成了高校在新时代的特点。

其次，利用专业教育课程的引领作用，推动大学生个性化成长。老师

需要全面激发和鼓励学员的主观参与度与学习的热情，以增加课室的教育环境活力。"教书育人并行"，作为一名优秀的导师不仅要有渊博的专业素养还要有崇高的道德品质来影响他人，特别是高校的学生们。对于这些受过更高层次训练的人群来说，他们的领导风格对其影响力更为显著。因此，我们必须重视他们个人性格的发展，并在严谨且标准严苛的授课过程中，运用其专业的优势去启发及培育出独特的个性和特质。现代化科技如互联网可以成为推动个体独特性的工具：通过在线教室让同学们能够轻松地获取信息资源；提供线上交流的机会使大家更广泛接触到新知识；扩大了同学们的视野，增强求知的欲望，使得原本被动的接受转变为了自发的探索，进而形成了良好的自学习惯，并且进一步促成了独立思考的能力，这有助于个人的成长进步，也同时推进了个体的多样化进程。

再次，通过校园活动作为实践平台，我们能够达成教育人才的目标。大学生的精神生活是校园文化形成独特的价值体系的主要因素。科学合理地运用校园文化资源不但能丰富高等院校的大学精神，而且能促进校园环境和校园设施的更新和规划。例如，通过宿舍、图书馆、体育馆、电子阅览室、多媒体教室、实验室、黑板报、校刊等载体体现大学校园文化活动是大学生创新的源泉。校园文化活动全面培养学生各方面能力的同时，也提高了校园的人文氛围。培养学生个性发展还要丰富文化载体建设，培育和打造校园文化品牌，加强网络文化建设，引导和培养学生适应社会发展的个性品质。因此，要加强校园文化建设就必须继承和弘扬学校优良的文化传统，营造富有地方特色、专业模式、历史内涵、时代风格和学校特色的校园文化环境，实现高等院校在转型中培养学生个性发展的育人功能。

最后，进行多元化的社会教育实践活动，以增强大学生的社交适应力。高等院校应该利用自身服务区域、服务地方的优势，全方位地组织大学生走出校园，融入社会，增强大学生参与社会教育实践活动的能力，培养其内敛、平衡、竞争、协调、适应等良好的心理品质，在个性发展的过程中，增强对社会发展的认知，提升适应社会的能力。高等院校可以通过社会调查、青年志愿者、咨询服务、社区家政、家教实践、教育实习、教育见习、网络教育、自学自考、设计竞赛、技能培训、职业资格、文体展示、文化实践、科技宣传等活动，培养适应社会的综合能力。高等院校应该构建大学生社会适应力的培养体系，把教育管理过程与大学生个性培养以及社会教育实践活动紧密结合起来，促进大学生创新意识的形成，以及对大学生全面教育的动力机制的形成。

高等院校学生教育管理对大学生个性发展培养的支撑作用是当前高等教育的重要功能，在高等院校学生管理中培养学生个性发展是高等院校转型发展的需要，它体现了教育以人为本，体现了高等教育的人文关怀。应该充分利用转型发展的机遇，推动对大学生个性发展的培养，实现管理平台多元化体系的构建，提升高等院校学生教育管理水平，为社会发展培养更多、更好的创新型人才，为中华民族的伟大复兴奠定人才基础。

# 参考文献

[1] 邓军彪. 地方高校大学生管理工作的创新与实践研究 [M]. 汕头：汕头大学出版社，2021.

[2] 奉中华，张巍，仲心. 大学生教育管理的创新与实践研究 [M]. 长春：吉林人民出版社，2021.

[3] 甘雪梅，宗宝璟，王佳旭. 高校大学生管理研究 [M]. 长春：吉林出版集团股份有限公司，2022.

[4] 贺芳. 教育管理与学生心理教育 [M]. 长春：吉林人民出版社，2021.

[5] 黎海楠，余封亮. 高校学生管理与和谐校园 [M]. 长春：吉林出版集团股份有限公司，2019.

[6] 李玲. 高校学生管理工作创新研究 [M]. 长春：吉林人民出版社，2020.

[7] 李宁. 大学生心理健康与自我管理研究 [M]. 秦皇岛：燕山大学出版社，2019.

[8] 林琳. 高校艺术类专业学生管理理论与实践探索 [M]. 北京：北京工业大学出版社，2019.

[9] 刘青春. 信息时代高校学生管理模式的转变及创新 [M]. 沈阳：辽宁大学出版社，2021.

[10] 刘燧. 新时代地方高校学生管理与辅导员工作创新研究 [M]. 长春：

吉林大学出版社，2021.

[11]刘长海.教育性学生管理研究[M].武汉：华中科技大学出版社，2022.

[12]陆宝萍.高校学生公寓管理及文化建设初探[M].北京：北京理工大学出版社，2021.

[13]聂娟.高校学生管理的艺术[M].长春：吉林出版集团股份有限公司，2022.

[14]祁素萍.高校学生管理工作创新与研究[M].长春：吉林人民出版社，2021.

[15]沈佳，许晓静.基于多视角下的高校学生管理工作探究[M].北京：现代出版社，2022.

[16]石月皎.高校学生管理的法治化建设研究[M].北京：北京工业大学出版社，2021.

[17]万敏，罗先凤，王利梅，等.新时代大学生管理能力培养与提升[M].长春：吉林大学出版社，2021.

[18]王炳堃.高校大学生管理教育与校园文化建设[M].长春：吉林出版集团股份有限公司，2021.

[19]王凯.和谐校园建设下高职院校学生管理研究[M].长春：吉林出版集团股份有限公司，2020.

[20]王晓晴.高等职业院校学生管理过程控制模式与实践[M].昆明：云南人民出版社，2014.

[21]王新峰，盛馨.信息化思维下的高校学生管理[M].长春：吉林文史出版社，2016.

[22]王瑛.高校学生管理创新模式研究[M].长春：吉林大学出版社，2016.

[23]邢良.高校德育引导与学生管理创新研究[M].北京：北京工业大学出版社，2022.

[24] 杨金辉. 校园文化建设和学生管理工作的互动机制 [M]. 北京：原子能出版社，2020.

[25] 杨逍，林怡冰. 高校学生管理工作的行与思 [M]. 天津：天津科学技术出版社；天津出版传媒集团，2022.

[26] 杨潇. 高校学生管理工作与法治化研究 [M]. 北京：北京工业大学出版社，2021.

[27] 姚丹，孙洪波. 高校教育信息化管理与学生管理工作 [M]. 北京：中国纺织出版社，2021.

[28] 赵威. 基于应用型人才培养的高校学生管理创新模式研究 [M]. 长春：吉林出版集团股份有限公司，2021.

[29] 钟贞山. 权益诉求视域中的大学生管理法治化研究 [M]. 南昌：江西人民出版社，2017.

[30] 邹礼均. 大学生安全教育与管理 [M]. 重庆：重庆大学出版社，2018.